人民有信仰，民族有希望，国家有力量。实现中华民族伟大复兴的中国梦，物质财富要极大丰富，精神财富也要极大丰富。

——习近平

# 中国有力量

## 中华民族伟大复兴的大国气场

李江源 ◎ 编著

江西人民出版社
Jiangxi People's Publishing House
全国百佳出版社

# 目 录

## 第三章　中国特色社会主义：民族伟大复兴的制度力量

## 第四章　社会主义核心价值观：实现中国梦的精神力量

## 第五章 民族大团结：中华振兴的凝聚力量

## 结束语

# 引言：什么是中国力量

　　一个人的力量，可以通过他的强壮体魄、深邃思想、高尚品格、建功立业的个人魅力展现出来；

　　一个群体的力量，可以通过信仰坚定、同心同德、以苦为荣、慷慨奉献的集体主义精神展现出来；

　　一个民族的力量，可以通过共同信仰、共同文化、共同习俗、共同对外的民族性格展现出来；

　　一支军队的力量，可以通过不畏强敌、勇于亮剑、敢打敢拼、舍生忘死的大无畏精神展现出来；

　　一个国家的力量，可以通过该国各民族人民热爱祖国、同心协力、众志成城、排山倒海的合力展现出来。

　　什么是中国力量？习近平总书记在阐述中国梦时，对中国力量作了一个通俗的解说："实现中国梦必须凝聚中国力量。这就是中国各族人民大团结的力量。"

　　他还强调了实现中国梦与发挥中国力量之间的辩证关系："中国梦是民族的梦，也是每个中国人的梦。只要我们紧密团结，万众一心，为实现共同梦想而奋斗，实现梦想的力量就无比强大，我们每个人为实现自己梦想的努力就拥有广阔的空间。生活在我们伟大祖国和伟大时代的中国人民，共同享有人生出彩的机会，共同享有梦想成真的机会，共同享有同祖国和时代一起成长与进步的机会。有梦想，有机会，有奋斗，一切美好的东西都能够创造出来。全国各族人民一定要牢记使命,心往一处想,劲往一处使,用 13 亿人的智慧和力量汇集起不可战胜的磅礴力量。"

中国共产党的诞生至今，已经走过 90 多年的艰辛历程。

年轻共和国的成立至今，已经走过 60 多年的曲折历程。

我国实施改革开放至今，已经走过 30 多年的辉煌历程。

在历史的长河中，这都不过是短暂的一瞬。

但是，中国却发生了翻天覆地的巨大变化。

以往被西方列强视为积贫积弱、不堪一击的中华民族，今天已经挺直腰杆，在世界民族之林中拥有自己重要的一席之地。

以往被西方列强视为一盘散沙、被贬为"东亚病夫"的中国人，今天已经充满自信、自尊、自强，近代以来受凌辱被欺压的屈辱时代已经一去不复返了。

在这令世人惊叹的奇迹背后，正是在中国共产党的坚强领导下，中国各族人民用智慧和力量汇集起来的不可战胜的磅礴力量！

让我们穿过时空隧道，去探寻中国力量形成和发展的历史轨迹吧！

# 第1章
# 中国力量的历史积淀和民族基因

中华民族具有 5000 多年连绵不断的文明历史，创造了博大精深的中华文化，为人类文明进步作出了不可磨灭的贡献。

中华文明有着 5000 多年的悠久历史，是中华民族自强不息、发展壮大的强大精神力量。

中华文明源远流长，蕴育了中华民族的宝贵精神品格，培育了中国人民的崇高价值追求。自强不息、厚德载物的思想，支撑着中华民族生生不息、薪火相传，今天依然是我们推进改革开放和社会主义现代化建设的强大精神力量。

——习近平

我们都耳熟能详一首著名的歌曲《龙的传人》，其中唱道："古老的东方有一条龙，它的名字就叫中国。古老的东方有一群人，他们全都是龙的传人。""龙的传人"世世代代所居住并繁衍生息的这个国家，就是在地球东半球的一个古老而辽阔的东方大国——

## "中国"一词的由来

"中国"一词最早出现于距今约 3000 年的西周初期。1963 年在陕西宝鸡贾村镇出土的一件西周武王时的青铜器何尊上的铭文中有"中或"二字，据考证即"中国"。这是青铜器上首次发现"中国"二字，也是"中""国"二字首次以一个词的面目出现。载于史书

西周青铜器何尊

则最早在《尚书·梓材》："皇天既付中国民，越厥疆土于先王，肆王惟德用，和怿先后迷民，用怿先王受命。"这段话，并没有具体说中国的位置。但既是周公之言，所指应是关中、河洛地区，用现在的行政地理来论，即陕西河南一带。

不过，在古代的"中国"一词并不是一个国家的概念，而是一个地域的、文化的概念，它的含义是随着历史的发展而发展变化的。"国"的含义是"域"或"邦"，"中国"即"中央之城"或"中央之邦"。所以，"中国"并非指国家，而是指国都。在周朝，"中国"一般仅指京师。《诗经·大雅·民劳》："惠此中国，以绥四方。""表此京师，以绥四国。"以"中国"对"京师"，故《毛传》解释："中国，京师也。"

东周时，"中国"的称呼由周的直接统治区扩大到各个华夏诸侯国，但是衡量"中国"与"夷狄"的条件主要不以地域而是以文化为转移。当时夷、夏杂交，只要是吸收周文化、尊行周礼的，即使是"夷狄"之国也可称"华夏"，

否则即便是周王室的同姓诸侯国，亦贬斥为"夷狄"。因而秦、楚、吴、越这些"蛮夷之邦"就受到许多诸侯国的歧视，直到后来才被列入诸夏，承认也是中国。进入战国后，随着统一条件的成熟，"定于一"的大一统思想广泛流行，"中国"的称号逐渐成为华夏诸侯国所在的中原地区的通称。

战国七雄不仅以"中国"自居，也相互认可皆是"中国"。所以，随着各诸侯国的"另立中央"意识增强，皆称中国，进而使"中国"的疆域越变越大。

从汉朝开始，连不属黄河流域，但在中原王朝统辖范围之内的地区，皆称为"中国"。值得注意的是，人们不仅把汉族建立起来的中原王朝称为"中国"，而且各少数民族入主中原后，也以"中国"自居。如南北朝时期，鲜卑人建立北魏，自称"中国"，把南朝叫"岛夷"；而汉族建立的南朝虽然迁离中原，但仍以"中国"自居，称北朝为"魏虏"；辽与北宋、金与南宋都自称"中国"，不承认对方为中国。可见在古人心目中，"中国"既有地域的定位，又有文化的传承，还有正统的含义。

但是严格说，在古代"中国"是个形容词，不是专有名词。而且实际上，古代各个王朝都没有把"中国"作为正式国名。汉朝国号是汉，唐朝国号是唐，清政府与外国签订的条约上签署的国名还是"大清"。不过，到清朝时已经实现了全国空前的大统一，中国的疆域已确定下来，各个民族共同融合成为中华民族的历史过程

中俄签订《尼布楚条约》

业已完成，"中国"的涵义大大拓展，实际上包含了中国的整个领土和所有民族。所以清朝在外交中有时也称自己为"中国"，如 1689 年（康熙二十八年）与俄国签订《尼布楚条约》时，全权使臣索额图自称"中国大圣皇帝钦差分界大臣"，条约中作为中国主权国家的名称也使用了"中国"一词。不过此时清朝国号是"大清"，仍然没有冠以"中国"二字。

"中国"正式作为国名，始于 1912 年"中华民国"的建立。国际上通称 Republic of China，简称 China（中国）。中国也有了明确的地理范围——中华民国的全部领土。从此，"中国"一名才成为具有近代国家概念的正式名称。

1949 年新中国成立，国际上通称 The People's Republic of China，仍简称"中国"。

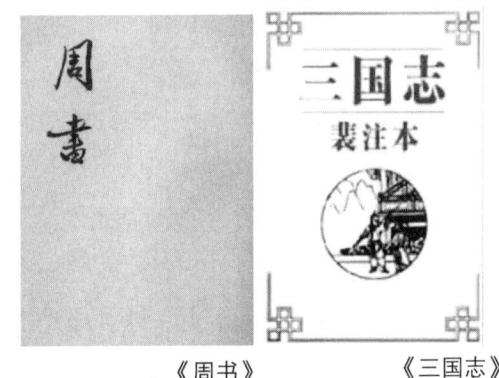

《周书》　　　《三国志》

另外，"华夏""中华""九州""四海""赤县""神州"等词也曾是中国的别称。"华夏"二字，最早见于《周书·武成》："华夏蛮貊，罔不率俾。"孔颖达疏曰："华夏为中国也。"《说文解字》说：华，意为荣（华部）；夏，意为中国之人（夂部），古时华夏族居于中央之地，称其四境民族为蛮、夷、戎、狄，故自称中国。《左传》云："中国有礼仪之大故称夏，有服饰之美谓之华。"《尚书》则注曰："冕服采章曰华，大国曰夏。"

"华夏"一词，最基本的含义在于文化。自秦汉开始，随着各民族之间文化交流的日益频繁，以及"中国"范围的不断扩大，华夏文化也随着发展、扩大。后来，凡是接受华夏文化的各族，大体上都纳入了华夏族的范畴，华夏因此逐渐成为中华民族的代名词。

"中华"一词最初指黄河流域一带，《三国志》裴注中最早出现了该词。随着版图的扩大，后来凡属中原王朝所管辖的地方都称为"中华"，泛指全国。

"九州"之名，起于战国中期。当时列国纷争，战火连天，人们渴望统一，于是产生了区划中原的思想萌芽。因而，在《尚书·禹贡》中便有了冀、兖、青、徐、扬、荆、豫、梁、雍九州。《淮南子·坠形训》又载，中国古代设置九个州：神州、次州、戎州、弇州、冀州、台州、沛

禹贡九州图

州、薄州、阳州。《周礼·职方》《吕氏春秋·有始览》等都有"九州"的记载，从此，九州成了中国的代称。

"赤县""神州"：赤县、神州之称，最早见于《史记·孟子荀卿列传》。其中提到齐国有个名叫邹衍的人，他说："中国名为赤县神州。"后来人们就把中国称为"赤县神州"。但更多的是分开来用，或称赤县，或称神州。

至于国外，对我国也有多种称呼。

——唐：时至今日，很多国家都有"唐人街"，远在异邦的华侨要回祖国也喜欢称回"唐山"。这其中的"唐"，就是外国对中国的称呼之一。在唐朝，我中华国势强盛，声名远播，因此外国便有了称中国为"唐"的习惯。一些有关中国的词汇均冠以"唐"字，如唐家、唐舶、唐山、唐装，等等。如《明史·真腊国传》中说："唐人，诸番呼华人之称也，凡海外诸国尽然。"至于华侨当中，谈到祖国也有叫"唐山"的，自称则叫"唐人"。

——秦、秦尼：与称"唐"相类似，称中国为"秦"。春秋时代，秦穆公兼并了许多西北部的游牧民族，并把翟（狄）人部落赶到漠北，即日后一直与秦汉为敌的匈奴。秦始皇又击退匈奴七百余里，迫其西迁。汉武帝时对匈奴进一步打击，迫使匈奴人从东方跑到西方，自然也把秦的威名到处传播，使得西方人认为秦就是中国的国号。甚至汉朝取代秦朝之后的一段时期，西方人还是把汉人称之为秦人。《汉书·西域传》载："驰言秦人，我丐若马。"意思是此来告诉中国人，我送给你们马匹。晋代僧人法显出访西亚、南亚诸国，归来后写下《佛国记》，其中提到西域称中国为"秦地"。由于"秦"的音转演变，外国也有称中国为"秦尼""秦尼斯坦""摩秦""马秦尼""秦尼策""秦那斯坦"等。现在伊朗的波斯语、印度的印地语、意大利语、英语中对中国的称呼，通常都被认为是从"秦"的发音转化而来。

——汉：汉朝国力强盛，曾多次派遣使臣出外。汉代以后，中国人常以汉来称呼自己的国家，外国人也常称中国为汉。现在我们常用的"好汉"一词，原是汉时北方匈奴对汉族士兵的一种称呼，后来才转化为好男儿的意思。直到现在，在外国一般还是称研究中国文化的学者为"汉学家"。

——契丹（Cathe）：契丹是我国古代北方少数民族，907年建立辽国。辽代时期，当时的北方民族如女真、蒙古等都把中原地带叫做"契丹"。随着这

法显　　　　　　　法显传校注　　　　　　罗摩衍那

些民族和北方或西方的交流融合，"契丹"这一名称逐渐表示中国。契丹作为中国的代称在西方也流传很广，现在俄语中对中国的称呼即从契丹音转来。

——震旦（Sinian）：古代时印度对中国的称呼，又译作"振旦"或"真丹"。一种解释是："东方属震，是日出之方，故云震旦。"由此可见，"震旦"之意是指日出之地。通行的说法，是"震"为"秦"的音转，"旦"乃"斯坦"的简称。

——赛里斯（Seres）：意思是"丝的"或者"丝来的地方"，也即"丝国"之意。在公元前古希腊、罗马等地学者的著作中，已出现"赛里斯国"之名，因为那时外国已知中国是世界上唯一能够制作轻柔美丽丝绸的国家，汉代通过陆上和海上丝绸之路，曾向世界各国输出大量丝绸。据记载，古罗马共和国末期的恺撒大帝曾穿着中国丝绸袍子去看戏，引起轰动，被认为是空前豪华的衣裳。所以，西方学者在提到"赛里斯"时，多是赞誉之词。

还有一种说法，即英语单词 china 意为瓷器。但是，当第一个字母 C 为大写时，又专指中国。"瓷器"和"中国"两义集于音、形相同的一个单词，无疑是因为中国乃是瓷器的故乡之故。

但是，为什么会用 china 来表示呢？对此虽然有几种说法，但都认为这一单词与汉语中的某些字词的发音有关，其中最为流行的说法是：china 是汉语"昌南"一词的音译。

"昌南"是指昌南镇，是瓷都景德镇的旧称之一。古代最初在现今的景德镇所设的镇叫新平镇，又因其位于昌江之东南，故别名昌南镇。到北宋景德

景德镇

年间（1004—1007），由于此地开设了专门烧制皇家官府所用瓷器（贡瓷）的官窑，并于贡瓷上署以"景德年制"的字样，昌南镇也就随之更名为景德镇了。然而此地所产的瓷器却早在名为昌南镇的时期就已驰名中外，西方人亦早已将这种瓷器称为"china"（昌南），并进而以此来指称产瓷之国的中国。China 既指瓷器又指中国，就是由此音译而来的。

**链接：**我们现在生活和居住的中华人民共和国简称中国。位于亚洲大陆的东部、太平洋西岸。领土总面积约为 1430 多万平方公里，其中陆地面积 960 万平方公里，内海和边海的水域面积约 470 多万平方公里。领土东西跨经度有 60 多度，跨了 5 个时区，东五区到东九区。领土的中心位置在陕西省泾阳县永乐镇石际寺村。

我国的大地原点

中国领土北起漠河以北的黑龙江江心（北纬 53° 30′），南到南沙群岛南端的曾母暗沙（北纬 4°），跨纬度 49 度多；东起黑龙江与乌苏里江汇合处（东经 135° 05′），西到帕米尔高原（东经 73° 40′），跨经度 60 多度。从南到北，从东到西，距离都在 5000 公里以上。

1935 年，地理学家胡焕庸发表《中国人口之分布》。他绘制了一张与众不同的中国地图，这张地图被一条线分为两半。这条线从黑龙江的瑷珲，也就是今天的黑河，直到云南腾冲。线的西北一侧是占中国 64% 的土地，是草原、沙漠和雪域高原的世界，大约只有占全国人口 4% 的游牧民族生活在这里，原因是生存环境太恶劣；线的东南方，土地面积占中国的 36%，

胡焕庸

以平原、水网、丘陵、喀斯特和丹霞地貌为主要地理结构,养育着96%的中国人。就是说,同中国平均密度相比,东南部高出2.67倍,而西北部仅及其1/16。

中国陆地边界长达2.28万公里,东邻朝鲜,北邻蒙古,东北邻俄罗斯,西北邻哈萨克斯坦、吉尔吉斯斯坦、塔吉克斯坦,西和西南与阿富汗、巴基斯坦、印度、尼泊尔、不丹等国家接壤,南与缅甸、老挝、越南相连。东部和东南部同韩国、日本、菲律宾、文莱、马来西亚、印度尼西亚隔海相望。

中国大陆海岸线长约1.8万公里。海岸地势平坦,多优良港湾,且大部分为终年不冻港。中国大陆的东部与南部濒临渤海、黄海、东海和南海。海域面积473万平方公里。渤海为中国的内海,黄海、东海和南海是太平洋的边缘海。

我国内海有两处:山东半岛与辽东半岛之间的渤海、雷州半岛与海南岛之间的琼州海峡。中国最大的岛屿是台湾岛,第二大岛是海南岛,第三大岛是崇明岛,第四大岛是舟山岛。山东半岛是中国最大的半岛,辽东半岛是中国第二大半岛,雷州半岛是第三大半岛。

在中国海域上,分布着5400个岛屿。其中最大为台湾岛,面积3.6万平方公里;其次是海南岛,面积3.4万平方公里。位于台湾岛东北海面上的钓鱼岛、赤尾屿,是中国最东的岛屿。散布在南海上的岛屿、礁、滩总称南海诸岛,为中国最南的岛屿群,依照位置不同称为东沙群岛、西沙群岛、中沙群岛和南沙群岛。

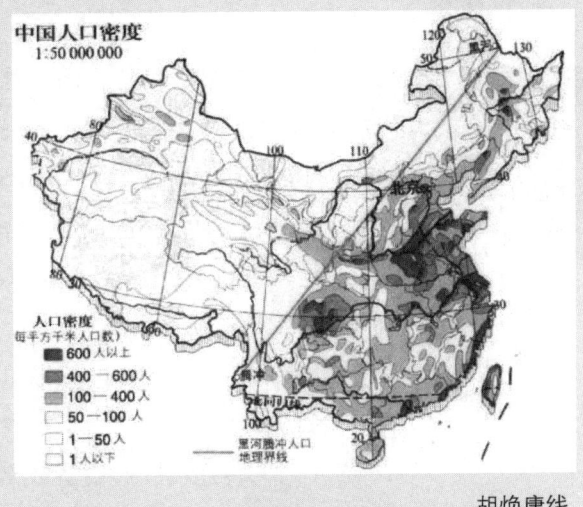

胡焕庸线

我国现有23个省、5个自治区、4个直辖市、2个特别行政区（香港特别行政区、澳门特别行政区）；6个国家级新区（上海浦东新区、天津滨海新区、重庆两江新区、舟山群岛新区、甘肃兰州新区、广州南沙新区）；6个经济特区（汕头、深圳、珠海、厦门、海南、喀什）；15个副省级城市（沈阳、大连、长春、哈尔滨、南京、杭州、宁波、厦门、济南、青岛、武汉、广州、深圳、成都、西安）；5个计划单列市（大连、青岛、宁波、厦门、深圳）。

世界上有两条地震带，一条是地中海—喜马拉雅地震带，一条是环太平洋地震带，中国正好在两大地震带的中间，所以中国是一个多地震的国家。我国冬季最冷的地方是黑龙江省漠河县，夏季最热的地方是新疆吐鲁番。

这就是生于斯、养于斯且传承于斯的中国。

这也就是每一个中国人都应该认知的中国。

在古老而辽阔的中国，生活着一个历史悠久的族群，它就是中华民族——

## "中华民族"一词的由来

《天演论》

"中华民族"一词，首创者是梁启超。在此之前，中国人基本上没有现代的民族观念，甚至连"民族"一词也没有使用过。习惯上所说的"华夏""汉人""唐人""炎黄子孙"，乃至外国人称中国为"大秦""震旦"等，都不是现代意义上的民族国家的称谓。

1840年鸦片战争之后，特别是1894年中日甲午战争之后，救亡图存的热潮迫使先进的思想家们去重新思考许多问题。在"保国、保种"的呼声中，严复翻译的《天演论》传递出一种世界民族之间相互竞争的族群理念，从而使国人意识到"合群"的重要性。遗憾的是，严复没有进一步介绍西方的民族主义理论。梁启超则沿着严复"保种""合群"的思路，逐渐以现代民族主义理论来思考问题。

1898年秋，梁启超流亡日本后，比较系统地研究了欧洲的民族主义论著，并结合中国的实际，在民族问题上提出了许多新见解。1902年，梁启超在《东籍月旦》一文中，通过对欧洲世界史著作的评介，使用了"民族"一词。

1901年，梁启超发表《中国史叙论》一文，首次提出了"中国民族"的概念，并将中国民族的演变历史划分为三个时代："第一，上世史。自黄帝以迄秦之一统，是为中国之中国，即中国民族自发达、自竞争、自团结之时代也。""第二，中世史。自秦一统后至清代乾隆之末年，是为亚洲之中国。即中国民族与亚洲各民族交涉繁赜竞争最烈之时代也。""第三，近世史。自乾隆末年以至于今日，是为世界之中国，即中国民族合同全亚洲民族与西人交涉竞争之时代也"。梁启超在这里反复用了三次"中国民族"，而且从宏观上勾勒出三个时期的不同特点，显然是经过了较长时间的思考之后得出的结论。

在"中国民族"一词的基础上，1902年梁启超正式提出了"中华民族"的概念。他在《论中国学术思想变迁之大势》一文中，先对"中华"一词的内涵做了说明："立于五洲中之最大洲而为其洲中之最大国者，谁乎？我中华也；人口之居全地球三分之一者，谁乎？我中华也；四千余年之历史未尝一中断者，谁乎？我中华也。"接着，梁启超在论述战国时期齐国的学术思想地位时，正式使用了"中华民族"一词："齐，海国也。上古时代，我中华民族之有海权思想者，厥惟齐。故于其间产出两种观念焉，一曰国家观；二曰世界观。"

《论中国学术思想变迁之大势》

从"民族"到"中国民族"，再到"中华"和"中华民族"，梁启超最终形成了"中华民族"这一中国人家喻户晓的称谓。

**链接**：中国自古以来就是一个统一的多民族国家。1949 年中华人民共和国成立以来，通过识别并经中央政府确认，中国共有民族 56 个，即汉、蒙古、回、藏、维吾尔、苗、彝、壮、布依、朝鲜、满、侗、瑶、白、土家、哈尼、哈萨克、傣、黎、傈僳、佤、畲、高山、拉祜、水、东乡、纳西、景颇、柯尔克孜、土、达斡尔、仫佬、羌、布朗、撒拉、毛南、仡佬、锡伯、阿昌、普米、塔吉克、怒、乌孜别克、俄罗斯、鄂温克、德昂、保安、裕固、京、塔塔尔、独龙、鄂伦春、赫哲、门巴、珞巴和基诺族。其中，汉族人口占绝大多数，其他 55 个民族人口相对较少，习惯上称为"少数民族"。

我们中华民族，就是由这五十六个民族组成的一个和谐大家庭。正是：人口十三亿，祖国大家庭。民族五十六，和谐一家亲！

在中国历史上，中华民族曾经几次攀登上辉煌的高峰——

# 中国历史上的四大盛世

当西方人还处在蒙昧的时期，中国人就已经创造了辉煌的文明。在漫长的历史长河中，出现过四次大的盛世。

中国历史上第一个盛世，首先是西周成王康王时代的成康之治。它大约始于公元前 1017 年，到公元前 901 年结束。这 50 多年的盛世，是由大政治家周公旦奠定基础的。当时放弃刑法达 40 多年，社会安定，国家太平，没有发生大的动乱和战争。《诗经·周颂》中就有歌颂成康之治的诗篇。直到春秋

周公旦

汉文帝

汉景帝

唐太宗

时人们还在怀念，称成王"静四方"，康王"息民"。

第二个盛世，是西汉前期的"文景之治"。汉文帝和汉景帝在位 39 年（前179—前 141），他们采取道家清静无为的政治思想，推行"休养生息"的基本国策，十分重视经济的发展；并在法律上进行了一些改革，禁止苛政，减轻刑罚；削弱诸侯势力，平定吴楚七国之乱，巩固中央集权；大搞水利和城市交通等基本建设；对外则文武兼施，力推中外的经济文化交流，使汉帝国达到了它的鼎盛时期，成为当时与西方罗马帝国并驾齐驱的两大帝国。

第三个盛世，是唐朝的贞观、开元盛世。这是中国封建社会发展的另一个鼎盛时期，对世界影响很大。在海外的华人至今仍称自己是唐人，聚居的地方多设有唐人街，把中国称为"唐山"，把中国古装称为唐装。这一盛世的基础始于唐太宗的贞观年间，即从 627 年到 649 年。唐太宗把隋朝的灭亡作为警戒，以古为镜，善于用人和纳谏，做到任人唯贤，唯才是举，从谏如流，广开言路，刑罚宽简，推行"国以民为本，民以衣食为本"的政策，轻徭薄赋，使社会经济迅速恢复，整个社会出现空前繁荣的景象。后人评价贞观年的盛况是："商旅野次，无复盗贼，门不闭户，行旅不带粮。"

世界性大都市——长安

到唐玄宗前期的"开元之治"，唐代的经济繁荣和文化兴盛达到顶峰，历史上称为"盛唐气象"。著名诗人杜甫的《忆昔》写道："忆昔开元全盛日，小邑犹藏万家室。稻米流脂粟米白，公私仓廪俱丰实。"当时外国留学生达 3 万多人，外国侨民达长安一百多万人口的2% 到 5%。长安当时已是世界性大都市。从敦煌壁画的飞天来看，当时唐朝女人的着装美丽、潇洒、大方、开放，实为西方所不及。唐代的文化艺术更是中国古典文学的全盛时期。唐代文化的开放、

康熙

雍正　　　　乾隆

拓展、阳刚和博大，有力地推进了世界的文化发展。

到了清朝前期的康熙、雍正、乾隆年间，又出现了又一个盛世——"康雍乾盛世"，而且这一阶段长达 133 年（1662—1795），是中国历史上发展程度最高、最兴旺繁荣的盛世。汉朝盛世只有 5900 万人口，唐朝盛世时期在玄宗天宝年间是人口高峰，达到 8000 万。而在乾隆后期，耕地面积增加百分之四十，全国人口约 3.6 亿。当时全世界人口约 9 亿，中国就养活了占世界三分之一的人口。其最大特征是实行民族统一政策，加强了多民族国家的大一统，蒙古、新疆和西藏问题都在这一时期得到解决。以乾隆二十四年（1759）为准，当时清朝的疆域西到喀尔巴什湖（现在俄境内），东到库页岛，北抵西伯利亚南部撒彦岭和外兴安岭，南及南沙群岛，将 50 多个民族置于清政府的统一管辖之下，建立起空前统一的多民族国家。

**链接：**1924 年 6 月 23 日，孙中山在菲律宾劳动界代表的谈话时说："二千年前，中国甚强，不独雄踞东方，且威震欧洲。"

1956 年，毛泽东在《纪念孙中山先生》一文中说："中国是一个具有九百六十万平方公里土地和六万万人口的国家，中国应当对于人类有较大的贡献。而这种贡献，在过去一个长时期内，则是太少了。这使我们感到惭愧。"

郑国渠、都江堰、灵渠并称"秦代三大水利工程"，至今仍在发挥作用，堪称——

# 巧夺天工的水利工程

中国古代长期以来以农立国，而农业离不开水。

因此，是水养育了中华民族，浸润了中华文明。

特别是我国耕植业发达最早，在很古的时候就已经脱离游牧生活而进入农业社会。为了保障和发展农业生产，减少水患，更好地利用水资源，我国古代很早就开始兴建水利设施。

在春秋战国时期，我国已有水利工程的伟大成就。如魏国西门豹引漳水灌邺，使河内一带地域富庶起来；楚相孙叔敖在庐江起芍陂稻田，陂长百里，灌田万顷。但是当时最有名的，还是并称为秦代三大水利工程的郑国渠、都江堰和灵渠。

郑国渠

**郑国渠**是我国古代最大的一条灌溉渠道，这个源于一场政治阴谋的浩瀚工程，不仅在当时发挥了巨大的水利作用，千百年来仍恩惠绵延。

在陕西北部群山中，泾河自仲山西麓的峡谷冲出，行至礼泉便缓缓流入关中平原。公元前246年，秦国采纳了韩国一位著名的水利专家郑国的建议，在洛水和泾水之间开凿一条大型灌溉渠道，在泾河谷口一带开始兴修关中最早的大型水利工程——郑国渠，工程长达十年。秦国举全国之力，才得以完工。

郑国

韩国君主韩惠王通过郑国建议秦国修建郑国渠，原是一个"疲秦之计"，即希望以这个浩大的工程来消耗秦国的实力并牵制其兵力，以便让这个"战国七雄"中疆域最小、处于各个强国之间且已势如累卵的韩国能多苟延残喘几年。但在施工过程快要结束时，韩国"疲秦"的阴谋败露，郑国的身份和使命也被发觉。此时已亲理朝政的秦王嬴政勃然大怒，要杀郑国。郑国慷慨陈词，表示虽然自己为韩国延缓了几年寿命，但却为秦国建立了万世之功，秦国才是真正的受益者。同时，由于秦国的水利工程技术还比较落后，在技术上离不开郑国。此时的秦王嬴政表现出了一位卓越政治家的伟大之处，对郑国一如既往加以重用，命令他修完水渠，并命名此渠为"郑国渠"。

郑国渠渠首起于泾阳瓠口（今陕西泾阳境内），西引泾水东注洛水。泾河从今陕西北部群山中冲出，流至礼泉，后进入关中平原。郑国充分利用关中平原西北略高、东南略低的有利地形，在礼泉县东北的谷口开始修干渠，使干渠沿北面山脚向东伸展，很自然地把干渠分布在灌溉区最高地带，不仅最

郑国渠遗址

大限度地扩大了灌溉面积，而且形成了全部自流灌溉系统。

郑国渠由西向东横跨渭北高原，工程西引泾水东注洛水（北洛水，渭水支流），长达 300 余里，可灌田地 200 多万亩。而且因渠水中含有大量泥沙，不仅可以用来抗旱，还有改造盐碱地之效，关中平原遂成为沃野千里、旱涝保收的一块宝地。从此，郑国渠和都江堰一北一南，遥相呼应，使关中平原和成都平原都赢得了天府之国的美名。

1986 年，经对郑国渠渠首工程进行实地调查、勘测和钻探，终于发现并确定了当年拦截泾水的大坝残余。它上距泾河出山口 2.5 公里，下距泾河与沮河的交汇处 3 公里。大坝河谷部分约长 450 米的坝体已经不存在了，但在河东西两岸阶地上仍分布 2000 多米坝体，其中河西约长 110 米，河东约 2100 米。两岸坝体一般呈梯形断面，顶宽 20 米上下，底宽 100 米至 150 米，坡度很低，其筑土总厚约 5 至 10 米，足见工程浩大。

同样令人称奇的是，大坝坝体轴线呈正东西方向，以今天的标准来衡量，仍误差极小，这也反映了古代测量技术的高度发达。郑国渠首拦河大坝遗址的发现和认定，被视作是近年来我国水利考古的一件大事。这也是我国目前所发现时代最早、规模最大的古代拦河坝工程，也有国外的水利史研究者曾认为郑坝高 30 米，是公元前世界上最高的土石坝。虽然郑国渠已经几近湮灭，历代以来在泾河谷口地方不断改变着河水入渠处，但谷口以下的干渠渠道始终不变，可见郑国渠对后世贡献良多。

**都江堰**原名"都安堰"，是公元前 300 年左右秦昭襄王时，由蜀郡太守李冰父子率众修建的。它是世界上唯一一处保持完整的 2200 多年前的"生态水利工程",创造了世界单项水利工程灌溉面积之最和世界古老无坝引水工程之最的纪录,被誉为活的"水利博物馆"和"水文化摇篮"。

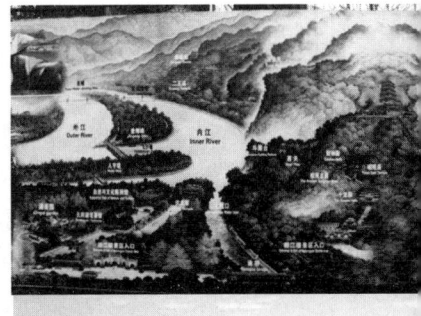

当时之所以要修建都江堰,是因为四川西部的岷江流到成都西面灌县一带后,分为外江和内江两条支流。但是内江滩浅口狭,水流不进去,江水只能外流,导致内江一带农田常常苦于干旱;而外江一带土地,却嫌水多。李冰通过观察地势和水情,选定灌县为堰址。

都江堰

都江堰渠首工程位于都江堰市城西,岷江中、上游交界处,建筑在山川与平原的咽喉要冲。李冰创造性地发明了"深淘滩、低作堰"和"遇湾截角、逢正抽心"的治水思路,其工程采用"无坝引水",主要由鱼嘴、宝瓶口、飞沙堰三大部分组成。

鱼嘴是岷江江心的分水堤,形如鱼嘴,伸入江心,将岷江分为内外两江,外江是岷江正流,内江水则通过宝瓶口引入成都平原灌溉千万亩农田。宝瓶口由人工开凿,进水口仅有十多米宽,控制内江水量。飞沙堰是中段的泄洪道,洪水期间涌入内江

宝瓶口

多余的水量和泥沙可从这里自动排出外江。三者的有机配合,科学地解决了江水的自动分流、自动排沙、自动排水和引水的难题,使内外江的水量始终按洪水时四六分成,枯水时六四分成。两千多年过去,这一伟大的水利工程至今完好。每岁淘江修堰,也还是遵循着李冰"深淘滩,低作堰"的六字遗教来施工的。

都江堰工程原理之科学,设计之精密,技术之巧妙,营构之宏伟,被誉为是人类科技史上的一大创举,世界水利史上的一座丰碑,更是古代水利工程至今仍在造福人类的罕见范例。它的创建,使成都平原"水旱从人,不知

饥馑"，使四川成为闻名中外的"天府之国"。

从此，在中国古代大型工程史上，便形成了"北有长城，南有都江堰"的格局。

2014 年，在四川成都温江区红桥村宝墩文化晚期遗址中，曾发现一处距今 4000 年左右的护岸堤，比都江堰水利工程要早近 2000 年，这也是目前在成都平原发现的最早的史前水利设施。

据了解，这处护岸堤为宝墩文化三期的遗存。目前能找到的护岸堤长约 147 米，大体呈西北—东南走向，剖面呈梯形，上宽 12 米，下宽 14 米，现存高约 1.3 米。据介绍，遗址建筑方法为夯筑，中间平夯，两侧堆筑，和同时期宝墩文化城墙的建造方法比较一致。最大的区别在于护岸堤上发现 8 道人工开挖的沟槽，内有较为密集的柱洞，表明在建造的时候曾经在沟槽内安插木桩，以起到加固的作用。

在堤坝的近水一侧，一排排鹅卵石清晰可见。经专家分析，这应该是当时人用竹笼装着石头，将堤坝固定起来。都江堰水利工程就利用了竹笼固定沙石的原理。

此前，在护岸堤东侧已发现一处宝墩文化的聚落，清理出灰坑 200 多个，房屋 5 座，还有由 54 座墓葬组成的家族墓地。成都博物院副院长江章华认为，该护堤的主要作用是保护这一聚落所在的台地。成都博物院院长王毅表示，此次发现的护岸堤，与传说中的大禹治水年代相当，比战国时期李冰在都江堰主持的水利工程要早近 2000 年，和此前发现的良渚文化水坝均为目前国内已知最早的史前水利设施。

**灵渠**秦灭六国统一中原之后，为了向秦岭以南的广袤地区继续扩张而修筑了一条全长 37 公里、运送粮草的水渠——灵渠。

由于大军南下，粮草需求量大，如果走陆路翻山越岭困难较大，而走水路的话，相

史禄

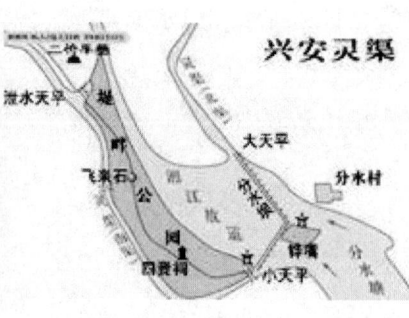

比陆路而言要省时省力得多。当时，派来设计这条贯通南北的航运路线的人名叫史禄。从秦朝所在的关中平原到岭南地区要横跨黄河、长江和珠江三大水系，而南岭是众多河流的发源地，向北流的水多进入长江水系，向南流的水大多进入珠江水系。为了找到连接这两大水系最近的地方，史禄经过实地考察后，选择了湘江和漓江。他从湖南湘水一路上去，走到兴安县后发现，在那里湘水和漓水就相差几十里，山势也不是很陡，是连接湘水和漓水的最佳地点。

史禄首先在湘江上建渠首工程（即拦水大坝），连接漓江的部分称为南渠，连接湘江的部分称为北渠，建成后的灵渠工程就是由这三部分组成的。人字形的拦水大坝斜向南渠的一侧叫"小天平"，长120公尺，坪下即灵渠；斜向北渠的一侧叫"大天平"，长440公尺，坪下便是湘水。它们将湘水一分为二，一部分经由南渠流入漓江，从而达到分湘入漓、连接长江水系和珠江水系的作用，而另一部分曲折一段之后则回到湘江的主河道。

这座拦河大坝还是溢流坝，即一部分来水可以从坝顶越坝而过，这样就可以控制水位，平衡水量。人字形长短边之比是3∶7，江水也是按这个比例被分开，水满时恰好使得南北渠两边水量一致，都是1.5米深。通过适量分水，就使多余的水能越坝流回湘江故道，而且在洪水来临的时候，它也可以保护坝身不被冲垮。

拦河大坝的坝身，是由许多每块重达千斤的巨石所砌筑而成。在两块巨石之间有凿出的"X"形石槽（被称之为燕尾槽），槽里被搁上铁锭，用铁锭把两个石头锁紧。这样可以确保两块石头始终紧密相连，既能有效分解洪水的冲击力，也使整个大坝浑然一体。在大坝后面的倾斜面上，则竖插着许多高高低低、参差不齐的石头，这些直竖砌筑而成的石头能在江水的冲击下阻挡水流中夹带的泥沙，这样就分担了江水对坝身的冲击。这些石头由于远远望去像鱼背上的鳞片，所以被形象地称之为鱼鳞石。

另外，在水运交通方面，遇着水位高低不平、船难上行时，灵渠的建造者

鱼鳞石

们也想出了极聪明的办法：用水闸把水一级一级积成楼梯那样，每一级的水都是平的。所以船用人工拉上一级以后，就可以航行了。这样一级一级地拉上去，便可爬到高地，沟通南北航行。上下共置陡门三十六道，壅水分成阶级。舟船循着一道一道地盘过陡门上来，到了最高处，又可循级而下。这种方法，在水利工程上叫做"累级加水闸"。

1941年湘桂铁路通车后，灵渠在航运方面的作用被逐渐取代，近代主要是以灌溉为主，现今仍承担着灌溉和供水的任务。

由于独具匠心的设计，地理位置的独特，灵渠与郑国渠、都江堰一道，被誉为"秦代三大水利工程"。我们的祖先在两千多年前就能创造出如此令人惊叹的奇迹，充分展示了他们的聪明才智和创新能力。

**链接：**美国汉学大师费正清在《伟大的中国革命》一书中，由中国的河道和水利作为切入点，分析中国的历史。

《中国大历史》

有学者认为，黄河和长江从四个方面影响着中国历史的进程：

首先，河患可覆灭古代的文明，考古学家发现长江的泛滥导致良渚文明的灭亡。

其次，有效的治河可促成统一的局面。史学家黄仁宇曾经做过统计：在1911年中华民国成立前的2177年内，共有水灾1621次和旱灾1392次，平均每年约有1.392次。他认为历史上只是治水一事，中国已无法避免需要一个统一的中央集权政府。因此，秦统一中国的一个常被忽略的原因，是人民期望一个统一的集权政府，防止水患（《中国大历史》）。

再次，治河失效又可导致朝代衰亡。美国史学家窦得士认为元代的灭亡是由于黄河水患，在14世纪中期，在黄河流域地区，水灾与旱灾十分频繁。虽然元末的政府尽了最大努力赈济和治河，但也束手无策，难逃亡国之运（《剑桥中国史》）。

最后，黄河更有"护国"的功能。1938年徐州失陷后，蒋介石政府炸开黄河郑州花园口的大堤，制造大规模的水患，阻止日军向西推进，但河南、安徽、江苏三省44县变成泽国，80多万人民被淹死。由此可知，黄河和长江见证了中国一代又一代的兴衰。

王景

而中国历史上治河最有效的人是谁呢？很多水利史学家认为是王景，他的治导之法，使东汉以后黄河"千年无患"。著名历史地理学家谭其骧持否定态度，他认为王景的水利工程只能收一时之效，而真正减少黄河水患的原因是黄河中上游之土地运用。黄河水患是随着这两个地区由畜牧业转农业带来的原始植被的破坏和水土流失而开始的，并随着农业人口所占比重的变化而变化。黄河在东汉以后出现"千年无患"的局面，原因在于黄河地区中上游在特定的历史条件下，由农业为主转变为以畜牧业为主的生产方式。

在我国北方辽阔的土地上，横亘着一条巨龙延伸长达万里。它就是——

## 万里长城：众志成城的结晶

举世闻名的万里长城，雄峙在中国的北方。

据2012年6月国家文物局发布的数据，中国历代长城分布于北京市、天津市、河北省、山西省、内蒙古自治区、辽宁省、吉林省、黑龙江省、山东省、河南省、陕西省、甘肃省、青海省、宁夏回族自治区、新疆维吾尔自治区等15个省区市，总长度为21196.18千米，包括长城墙体、壕堑、单体建筑、关堡和相关设施等长城遗产43721处。

长城始建于战国时期。那时秦、赵、燕、楚、齐等国分别在国境筑城，既抵御北方的游牧民族，也互相防范。因为春秋战国时期我国进入了一个由分裂到统一的历史大变革、大动荡、大发展的时期，在不到三百年的时间内，

万里长城

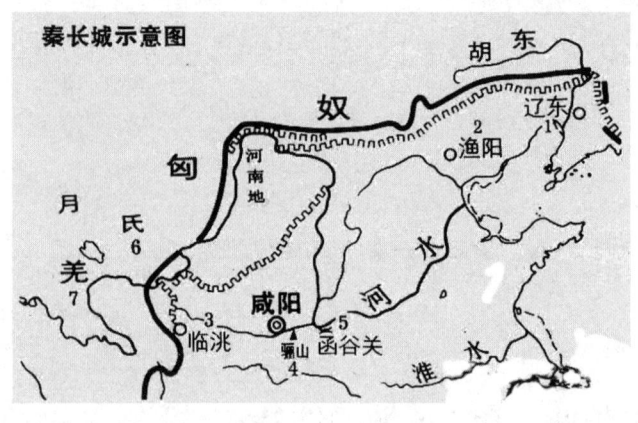

秦长城示意图

就发生过规模不同的战争 480 余次。而各国之间不断的战争，又迫切要求加强防御工事，所以修筑长城是各国当时通用的手段之一。因此，各国在边界形势险要处修筑烽火台和城堡，后又用城墙把它们联系起来，从而构成完整的防御体系。

我国见于记载最早的长城是楚长城。春秋战国时期，处于江汉平原的楚国欲争强中原，筑列城于北方。列城就是修筑一系列城堡、烽火台，依托陡峭的山岭、河流的堤防，用长墙将其连成长条形的防御工程，屯兵戍守。结合文献和前期掌握的情况，现已查清楚长城主要分布在豫南的平顶山、南阳、驻马店、信阳 4 个地级市的 25 个县（区）。通过调查，确定的楚长城墙体 30.51 公里，被历代破坏而消失的楚长城墙体约 25.37 公里、山险 81.34 公里，共计 137.22 公里。

战国时期的秦长城有两道。公元前 5 至公元前 4 世纪，秦国力不振，东部领土屡被魏国攻占，遂退守洛水西岸，在魏河西长城的对面削掘河岸，而成"堑洛长城"。另一道西北边地长城始建于秦昭王时代，西起今甘肃岷县，向东北横贯黄土高原，止于内蒙古托克托县黄河南岸，长达千余里，是为了防御西北草原地区匈奴部族的袭扰。如今，尚能找到数段痕迹。

秦始皇统一天下以后，为防御北方游牧民族的南侵，动员了30万人，经过了20年，才把秦、赵、燕的长城连起来，形成了"西起临洮（今甘肃岷县），东止辽东，蜿蜒一万余里"的万里长城。

汉长城在秦长城的基础上修建，延长了距离，而且修筑了外长城，总长度达到2万里。此后历代对长城都有增修，而尤以北魏时动员了100万人，北齐时动员了180万人，隋朝时动员了百余万人的几次大的修造，工程实为最大。最后到明朝永乐年间，才完成了像今日规模的伟大长城。

明长城东起辽宁虎山，西至甘肃嘉峪关，跨越10个省、自治区、直辖市的156个县，总长度为8851.8千米。虽然中国历史上曾有20多个诸侯国家

和封建王朝修筑过长城，但是明长城是历史上修筑的最后一道长城，也是修建规模最大、工程最坚固的长城。现存留于世的，也主要就是明长城。

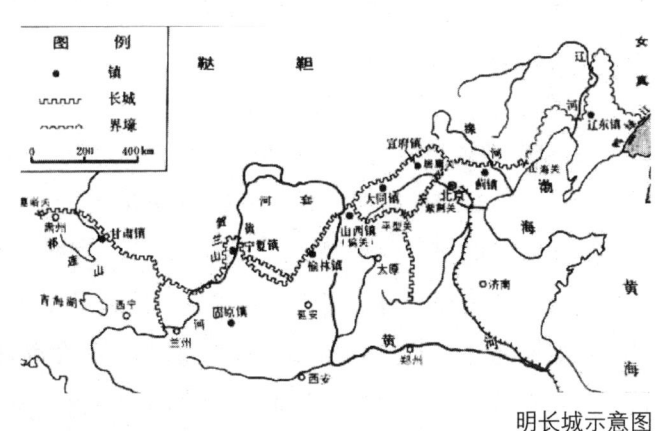

明长城示意图

由此可见，在我国古代，修筑长城经历了近2000年的漫长过程。现在我们通常称"万里长城"，但是如果把各个时代修筑的长城加起来，总长约50000公里，也即10万华里。"上下两千年，纵横十万里"，万里长城业已成为中华民族精神的象征。

长城的功用，首

万里长城

先在于它的军事性。其军事功能主要体现在抵御抢掠、迟滞大规模进攻、掩护部队出塞歼敌等方面。长城防御的特定作战对象主要就是为了抵御游牧民族的侵扰和进攻，尤其是中国北方草原上的游牧民族侵扰中原长达数千年。所以早在战国时期，秦、赵、燕等与游牧民族接壤的诸侯国为了保护农业生产和人民的安全，开始在北方修筑长城。

过去一直认为长城是防御扰掠的，目的在于封闭。但是著名长城学家罗哲文指出，长城还有保护通讯和商旅往来的重要的对外开放的功用。秦始皇时沿长城 12 郡有大道相通，传递文书，商旅往来络绎不绝。长城和烽燧正是保证这些交通大道畅通的重要条件。汉代又打通了西域的交通大道，使节往来，商旅往还还是走这条大道。长城、烽燧正是沿此道修筑，用以保护被称作"丝绸之路"的中西交通大道。

长城还有另一种功用：防止汉族人民向北方少数民族地区逃亡。自先秦以来，长城以北就是少数民族生活栖息的地方。那里的少数民族虽然经常变换，因时而异，但其兴起时多半处在原始的部落社会，剥削制度还不发达。而那里的水土十分肥沃，利于游牧，也利于耕作。因此，如果不发生战乱，那里人民的生活比内地相对要安定。这样，汉族人民在遭受压迫和动乱时，自然就视长城以北为乐土，而趋之若鹜了。譬如西汉元帝时，南匈奴与汉朝和好，请求拆除阻碍双方交通的长城，熟悉边事的大臣侯应疏言不可，举出十条理由，其中三条就是说长城有防止汉族人民向北方少数民族地区逃亡的作用。

据《汉书·匈奴传》载，长城一是可以防止往日征讨匈奴当了俘虏的将士的子孙不安贫困，越境投奔亲人；二是可以防止边境奴婢因不堪愁苦而羡慕"匈奴之乐"，向北逃亡；三是可以防止被迫起义的汉族人民，在情况紧急时北奔投敌。两汉以下，直到明朝，汉族人民翻越长城投奔少数民族的事例仍史不绝书。所以，各代封建统治者大多有修补长城之举，目的不仅仅限于防御北方少数民族的侵扰，而且可以防止汉族人民向北方少数民族地区的逃亡，古代长城的这种作用也是十分明显的。

对于长城的重要性，孙中山曾以宏大的战略眼光指出："由今观之，倘无长城之捍卫，则中国之亡于北狄，不待宋、明而在楚汉时代矣。如是则中国民族必无汉唐之发展昌大而同化南方之种族也。"

罗哲文曾指出，过去人们认为长城是汉民族用于防御少数民族的，这实属又一个误会。其实，若把先秦各诸侯国家修筑长城除外，秦始皇以后汉族统治的朝代大规模修筑长城的只有汉、隋、明三朝，而少数民族统治的朝代则有北魏、北齐、北周、辽、金五个朝代。所以，长城是我国各族人民共同劳动和智慧的结晶。

万里长城作为一个历经2200年、累计有10万公里以上的防御性的军事工程，其参与人数之多、延续时间之长、工程难度之大，在人类历史上无出其右。

它的修建充分证明了中华民族是一个爱好和平的民族，同时它也是中国力量在古代中国的一个完美体现，见证了中华民族生生不息的强大生命力！

**链接**：今人所说的万里长城，指的是明代最后完成的长城干线。但除此之外，我国还有七条古老的小长城，其遗址至今仍保存完好。

——穆陵齐长城：位于山东省沂水县城北50公里穆陵关两侧。系战国时齐国所修长城的遗址，长约45公里。

穆陵齐长城

——华阴魏长城：在陕西华阴县华山脚。长城由此向北蔓延，穿过韩城到达黄河边，长约150公里。

——烧锅营子燕长城：在辽宁建平县张家湾村。乃燕时所筑长城遗址，长约7公里。

临洮秦长城

——围场古长城：在河北围场满族蒙古族自治县岱尹上村附近。是乾隆十七年乾隆帝狩猎时发现的一座燕、秦长城真迹，城东西绵亘达200余公里。

——宁夏战国秦长城：在宁夏西吉县境内，甘肃镇原县有一部分。

德国古长城

古罗马长城

越南长城

印度长城

——临洮秦长城：在甘肃北部临洮县，是秦统一六国后所建长城的西向起点。城南北走向，高约1米，全为黄土结构。

——疏勒河汉长城：在甘肃西北疏勒河南岸，是汉朝所筑长城，长约150余公里。

2011年秋，英国探险家威廉·林赛领导的探险队在蒙古国距离中蒙边界约40公里的南戈壁省发现一段约100公里长且目前地图上没有标明的中国古长城，是以沙土和当地灌木为材料建成的。林赛肯定地说，他发现的长城部分建于汉代，后来经过修复和续建。

另外，长城不仅中国有，外国也有。比较著名的国外长城有：

——德国古长城：1世纪时，古罗马人在莱茵河和多瑙河之间修建了一座防御墙，以后不断扩建加长，总长584公里，是国外最早的长城，但比中国的长城仍要晚4个世纪。

——古罗马长城：修建于2世纪初，是罗马帝国的边墙，从现今的英国、德国至黑海、红海经北非直至大西洋岸，长达数千公里，其中尤以英国的哈德良皇帝（117—138）命名的哈德良长城最为有名。考古及历史学家认为，中国长城曾对罗马长城的修建产生过影响，人类历史上的两个伟大军事工程存在"血缘关系"。

——英国长城：沿着英格兰与苏格兰的分界线，有一条逶迤低矮的土墙，称之为英国的哈德里安长城。它从东海岸至西海岸，全长约118公里，高约5米，底宽3米，顶宽约2米，上面筑有堡垒、瞭望塔等，工程动用了

3个军团的人力耗时6年才修筑完成。作为古代罗马帝国在英国不列颠岛的北部疆界，它是古罗马皇帝哈德良下令建造的。

——朝鲜长城：从朝鲜西北部的鸭绿江下游起，沿着崇山峻岭伸展到东海的东朝鲜湾海滨，有一个370多公里的城墙，被称为朝鲜的千里长城。这条长城是1033年至1044年修筑的。

——印度长城：500多年前印度人民为了抵御外来侵略，修建了一条全长70公里的长城，建有烽火台32座，是国外至今保存最完好的长城。

——越南长城：北起越南中部的广义省，南至平定省，全长127公里，1819年由越南名将黎文悦接受越南嘉隆皇帝阮福映的命令开始建造，这段城墙有些部分是用石块垒成的，有些是由泥土建成的，其最高处可达4米，被部分越南历史学家称之为阮氏王朝时期"最伟大的工程业绩"。

——澳大利亚长城：建于20世纪60年代，位于昆士兰州，长达5531公里，高1.08米，是国外最长的长城。

但是，这些国外长城无论从时间、规模还是长度、宽度、高度等方面而言，都无法与中国的万里长城相比！

在古代，中国为人类文明的进步做出了巨大的贡献。其中最著名的，是——

# 中国的四项伟大发明

四大发明，是指中国古代对世界具有很大影响的四种发明，即造纸术、指南针、火药和活字印刷术。此一说法最早由英国近代生物化学家和科学技术史专家李约瑟提出，并为后来许多中国的历史学家所继承，普遍认为这四种发明对中国古代的政治、经济、文化的发展产生了巨大的推动作用。而且这些发明经由各种途径传至西方，对世界文明发展史也产生了很大的影响。这四大发明是：

——造纸术的发明：东汉蔡伦在总结前人制造丝织品的经验基础上，发明了用树皮、破渔网、破布、麻头等做原料，制成适合书写的植物纤维纸，才使纸成为普遍使用的书写材料。东汉元兴元年（105）蔡伦向汉和帝献纸，受到汉和帝的赞誉，并向各地推广，造纸术由此广为天下所知。汉安帝元初元年（114），朝廷封蔡伦为龙亭侯，所以后来人们都把蔡伦造的纸称为"蔡侯纸"。到了三四世纪时，纸就基本上取代了简帛成为主要书写材料。造纸术的发明为人类提供了经济、便利的书写载体，从而掀起一场人类文字载体革命。

——印刷术的发明：印刷术始于隋朝的雕版印刷。雕版印刷是用刀在木板上雕刻成凸出来的反写字，再上墨印到纸上，速度极慢。平民出身的北宋刻字工人毕昇经过反复试验，在宋仁宗庆历年间(1041—1048)制成了胶泥活字，实行排版印刷。他的方法是用胶泥做成长柱体，刻上反写的单字，一字一个印，用火烧硬，形成活字，可循环使用。毕昇的胶泥活字版印书方法，如果印

印刷术

量较少，并不算省事，如果印成百上千，工作效率就极其可观了。不仅能够节约大量的人力、物力，而且可以大大提高印刷的速度和质量，比雕版印刷要优越得多。这种印刷方法虽然原始，却与现代铅字排印原理相同。毕昇的发明，使"死版"变成"活字"，这在人类印刷史上是一个根本性的变革。直到电脑出现之前，印刷术的改进还没有脱离毕昇的基本思路。造纸术、印刷术对文化、教育的普及，有着不可估量的意义。它的发明加快了文化的传播，改变了欧洲只有上等人才能读书的状况。

——指南针的发明：指南针是利用磁铁在地球磁场中的南北极性而制成的指向仪器。传说轩辕黄帝大战蚩尤时已经用上了指南车，但史家一般相信，指南针的前身"司南"在战国时已普遍使用，它利用天然磁石琢磨而成，样子像勺，底部圆，可以放在平滑的盘上保持平衡，亦可自由旋转，转动停下后勺柄总是指向南方。宋朝，人们发明人工磁化方法加强磁性，制成指南针。其后将其装置

指南针

在方位盘上，称为罗盘。虽然国内外公认正式的指南针发明于宋朝，但是现在发现早在唐朝中期已有记载用罗盘测定坟墓方向，把指南针的发明推前了300 年。

大致在北宋时，指南针就被用于航海。北宋时出现四种指南针，其中水浮法指南针用于海船导航，开创了世界航海史的新纪元。1119 年，宋代朱彧在《萍州可谈》中写道，当时，广州的一些海船出海，遇有阴雨，就用指南针指示方向。这是世界航海史上使用指南针最早的记载。指南针的发明，促进了中国人的航海事业。中国人配合对潮汐、季风等的观察，在航海中创造了一套实用性很强的导航技术。正是凭借这样的导航技术，才出现像郑和下西洋那样的海上壮举，将中国人的航海事业推进到一个新时代。而且，指南针的发明也为欧洲航海家进行环球航行和发现美洲提供了重要条件，大大加速了航运的发展，促进各国间的文化交流与世界贸易的发展。

——火药武器的发明：火药用硝石、硫黄和木炭混合制成。秦汉以后，炼丹家用硫黄、硝石加木炭等物炼丹，从偶然发生爆炸的现象中得到启发，找到火药的配方。在写于 850 年左右的《真元妙道要略》炼丹书中，记载了原始火药的第一个配方：有些用硫黄、雄黄与硝石同蜂蜜（蜂蜜中含有碳，蜂蜜越干，含碳量

火药

越多）混合一起烧，生烟起焰，就会烧着手和脸，甚至他们工作的整个房屋都会被烧毁。还有一种说法是在 9 世纪（唐朝时期），一位炼金术士在一次使用木炭、硫黄和硝石的混合物时碰到火，结果发明了火药。唐朝末年，这种黑色粉末状的火药开始应用于军事。994 年，人类在战争中首次使用火药，将点燃的火药包抛射出去烧伤敌人，这是最原始的火炮，是近代枪炮的老祖宗。此后不久，就开始在工厂制造以几万、几十万计算的"火箭弹"。

火药的制造法，在 11 世纪普及到了整个中国。后来随着火药工艺的改进，爆炸性能越来越强，新型的火器也层出不穷。约十二三世纪，火药、火器通过阿拉伯地区传到欧洲。成吉思汗率军西征，围攻巴格达时使用了"震天雷"，后在大马士革作战失利，火器制造工匠落入阿拉伯军队之手。据史书记载，

欧洲人是在与阿拉伯人的战争中，接触和学会了制造火药和火药武器的，英、法各国直至 14 世纪中期，才有了应用火药和火器的记载。由此可见，火药的发明改变了作战方式，帮助欧洲资产阶级摧毁了封建堡垒，加速了欧洲的历史进程。

这些凝聚着古代中国人民无穷智慧的发明和发现，先后经陆上和海上丝绸之路传播到东亚、东南亚、西亚、非洲和欧洲，极大地促进这些地区生产力的发展。尤其是传播到欧洲后，与其内在经济结构的深刻变化结合起来，西欧各国实现了从封建社会形态到资本主义社会形态的飞跃。例如，印刷术传入欧洲

欧洲教堂

之前，全欧洲仅有 50000 本图书，而且大多为教会所拥有。在中世纪，欧洲很多贵族都是文盲，文化知识完全控制在教会手里。到 15 世纪中期，印刷术传入欧洲后，极大地降低了图书及获取知识的成本。仅仅过了 50 年，到 15 世纪末，欧洲的图书就激增了 200 倍，达到 1000 万本，内容涉及各个领域，其中很多是技术和农业方面的书籍。这些书大部分掌握在商人和有土地的贵族手里，从而打破了教会对知识的垄断。正如习近平总书记指出的那样："中国的造纸术、火药、印刷术、指南针四大发明带动了世界变革，推动了欧洲文艺复兴。"

意大利数学家杰罗姆·卡丹早在 1550 年就第一个指出，中国对世界所具有影响的"三大发明"，即司南（指南针）、印刷术和火药，并认为它们是"整个古代没有能与之相匹敌的发明"。

英国哲学家、思想家和科学家弗朗西斯·培根曾在 1620 年这样颂扬中国人："印刷术、火药和指南针，这三项发明已经改变了整个世界的面貌和事物的状况。第一项发明关系到学习，第二项发明关系到战争，第三项发明关系到航海。这三个领域内的变化将引起其他领域内的无数新发现。"还指出，"不管什么帝国，什么宗教，什么星座或人类的任何影响都不会像发明这些东西来得巨大。"

培根　　　　　　马克思　　　　　　恩格斯　　　　　　艾约瑟

1861—1863 年，马克思和恩格斯更是将这些发明的意义推到了一个高峰。马克思在《机械、自然力和科学的运用》中写道："火药、指南针、印刷术——这是预告资产阶级社会到来的三大发明。火药把骑士阶层炸得粉碎，指南针打开了世界市场并建立了殖民地，而印刷术则变成了新教的工具，总的来说变成了

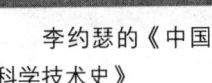

李约瑟的《中国科学技术史》

《自然科学大事年表》

科学复兴的手段，变成对精神发展创造必要前提的最强大的杠杆。"

恩格斯则在《德国农民战争》中明确指出："一系列的发明都各有或多或少的重要意义，其中具有光辉的历史意义的就是火药。现在已经毫无疑义地证实了，火药是从中国经过印度传给阿拉伯人，又由阿拉伯人和火药武器一道经过西班牙传入欧洲。"

来华传教士、汉学家艾约瑟，最先在上述三大发明中又加入了造纸术。他在比较日本和中国时还特意指出："我们必须永远记住，他们（指日本）没有如同印刷术、造纸、指南针和火药那种卓越的发明。"

**链接：** 事实上，中国"四大发明"的说法来自西方。此说一经提出，就有学者提出不同的看法。英国皇家学会会员、世界著名科技史家李约瑟博士曾经列举了中国传入西方的 26 项技术，认为中国重要的发明技术不止

这四大发明。他通过30多年对中国古代社会生产和科学技术历史发展的研究后指出，中国的发明和发现，远远超过同时代的欧洲，特别是在15世纪之前更是如此。

事实上，早在距今7000至4000余年前的新石器时代中后期，中国曾出现第一个科学技术发明创造的繁荣时期。当时中国境内的原始人已擅长制作和使用石器、玉器；开始栽培植物和驯养动物；7000年前就创造了原始农具耜，随后发明陶器和冶炼铜器；还在医药卫生、工艺冶炼、航海工具、天文气象、数学物理等诸多方面都有发明创造。这些数千年前的首批科研成果，有些方面在世界上是空前的。例如在甘肃大地湾遗址发现古代房址地面铺有人工烧制的混凝土，其挤压强度相当于现今的100号水泥。又如彩漆的应用，养蚕术和蚕丝织造技术，都属于世界最早的发明创造。此后，中国历朝历代的能工巧匠们都曾创造发明了许许多多举世惊叹的科技成就。

据1975年出版的《自然科学大事年表》记载，明朝以前，世界上的重要的创造发明和重大的科学成就大约300项，其中中国大约175项，占总数的57%以上，世界各国才占42%多。

1986年，罗伯特·坦普尔在李约瑟博士指导下，在英国出版了一本名叫《中国：发明和发现的国度（西方对中国的债务）》的书，这本书在学术界被公认为是李约瑟博士的巨著《中国科学技术史》的浓缩精华本；李约瑟本人也在序言中称赞此书是对《中国科学技术史》的精彩提炼。它用通俗的语言列举了中国古代的一百项天才的发明和发现的世界第一。这一百项发明是（按发明先后顺序）：

《中国：发明与
发现的国度》

1. 鼓；2. 二进位制；3. 绳索；4. 指南针；5. 养鱼法；6. 赤道式天文仪；7. 十进计数制；8. 印刷术；9. 漆——世界第一种塑料；10. 铜镜；11. 伞；12. 风筝；13. 米酒；14. 弓箭；15. 古代机器人；16. 分行栽培与精细耕地法；17. 铁犁；18. 大定音钟；19. 长明灯；20. 算盘；21. 地毯；22. 双动式活塞风箱；23. 水涌钵；24. 空位表零法；25. 化学武器；26. 马胸带换具；27. 石油照明法；28. 铸铁术；

29. 马肩套挽具；30. 硝石鉴别方法；31. 世界上第一条等高运河灵渠；32. 立体地图；33. 吊桥；34. 记谱法；35. 造纸术；36. 降落伞；37. 焰火；38. 微型热气球；39. 墨水；40. 曲柄摇手；41. 耧；42. 旋转式扬谷扇车；43. 平衡环；44. 白兰地与威士忌；45. 豆腐；46. 走马灯；47. 百炼法——用生铁炼钢法；48. 指南车；49. 曲柄；50. 独轮车；51. 密封实验室；52. 传动带；53. 滑动测绘仪；54. 水力风箱；55. 龙骨水车；56. 船尾舵；57. 瓷器；58. 地动仪；59. 催泪弹；60. 船中水密舱；61. 平衡四角帆；62. 定量制图法；63. 纺车；64. 纯硫提炼法；65. 七根桅杆船；66. 车前横木；67. 马蹬；68. 自动控制机；69. 人造金；70. 初级砷提炼法；71. 卷线钓鱼器；72. 直升飞机水平旋翼和螺旋桨；73. 桨轮船；74. "西门子式"炼钢法；75. 油印技术；76. 水力磨面机；77. 海滩航行；78. 指针式标度盘装置；79. 火柴；80. 国际象棋；81. 弓形拱桥；82. 浮板；83. 熨斗；84. 纸币；85. 火药；86. 扑克牌；87. 火焰喷射器；88. 枪炮；89. 麦卡托投影；90. 链式传动装置；91. 凸轮；92. 运河船闸；93. 种痘免疫法；94. 机械钟；95. 水雷；96. 大炮；97. 火箭；98. 眼镜；99. 古代直升飞机；100. 回音壁。正是这些发明，曾改变过世界发展的进程。

近年来，也有不少中国学者提出了新的四大发明。有的专家认为，新四大发明是丝绸、青铜、造纸印刷和瓷器；有的专家认为，现代中国的四大发明是：杂交水稻、汉字激光照排、人工合成牛胰岛素、复方蒿甲醚；还有的专家认为新四大发明是被称为"吴方法"的数学家吴文俊发明的数学机械化方法；杂交水稻的发明（袁隆平）；人工合成牛胰岛素；陆相成油理论的发明（李四光）。

李约瑟

目前在各国的学术界已经达成这样的共识：中国在古代和中世纪的大量发明创造遥遥领先于其他国度。正像李约瑟博士所指出的："中国文献清楚地向我们展示了一个又一个不平凡的发明与发现，考古证据或绘画实物证实中国的发明与发现比欧洲类似的或照搬的发明与发现往往领先很长一段时间……不管你探究哪一项，中国总是一个接一个地位居'世界第一。'"

通过这些介绍，让我们能够系统地了解到中国古代文化的伟大成就和对人类文明所作出的杰出贡献。其实，我们并不在意这些林林总总的发现和发明是否是世界第一，但它们是我们每一个中国人都应该了解的有关我们过去的富强与辉煌。我们为自己的祖国感到骄傲！

一场大战，改写了中西文明的交流史——

# 怛逻斯大战与我国文明的西传

历史上，中国人一直认为中国是世界的中心，四周都是蛮夷之地。而且认为世界上其他地方应该主动到中国来接受教育，因此并没有主动传播自己文明的传统。

7—9世纪，世界上出现了两个强大的帝国：唐朝和阿拉伯帝国（当时我国史书中称为黑衣大食的阿拔斯王朝）。到唐中晚期的唐玄宗天宝十年（751），两大帝国之间发生了一次重大的军事冲突。

起因是此前一年，西域的石国（现乌兹别克斯坦首都塔什干一带）国王"无藩臣礼"，唐安西节度使高仙芝带兵讨伐，石国国王不敌而降。但因高仙芝在处理石国问题上举措不当，激起西域各国义愤，帮石国到大食求救。751年，唐朝军队与阿拉伯军队在今哈萨克斯坦的怛逻斯城（现今的江布尔城）相遇，双方展开激战。关键时刻，随唐军远征的西突厥的葛逻禄部落突然阵前倒戈，使唐军腹背受敌，遭到惨败。几万战俘中有很多工匠，如织造工、金银匠、造纸工人等。阿拉伯最早的造纸工厂，就是由中国人帮助建造起来的，造纸技术也是由中国工人亲自传授的。中华文明亦随着这批战俘的脚步向西迅速传播，直至欧洲国家。其中造纸术最具影响力，它先传到撒马尔罕（今乌兹别克斯坦），再传到巴格达，最后又随着阿拉伯军队的四处出征传到欧洲，从而为欧洲的文艺复兴准备了条件。

怛逻斯之战

不过，文化的交流从来就是双向的。这批战俘中有不少人后来又历尽千辛万苦回国，带回外来的文明。如杜环在巴格达居住了 11 年，762 年才随商船东归。回国后，他撰写了中国较早记录阿拉伯世界情况的《经行记》一文，收录于他的堂叔杜佑所编的《通典》，流传至今。

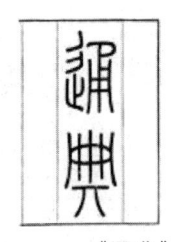

《通典》

在古代，虽然人类文化的传播往往伴随着剑与血，但是从文化交流的角度看，它也有助于推动社会的发展和文明的进步。因此，怛逻斯大战对中华文明传播的意义无疑是深远的。

**链接：**西域是汉朝以后对今甘肃敦煌西北玉门关以西地区的总称，包括亚洲中部和西部、印度半岛、欧洲东部和非洲北部。汉武帝曾派张骞初通西域，西汉神爵二年（前 60）设西域都护府，辖西域三十六国，后增至五十国。唐时亦在西域设置了安西、北庭二都护。

中国古代外销的商品以丝绸最为著名。除此之外，中国在商代已使用陨铁制造兵器，春秋时代开始人工冶铁。到汉代，中国出现了低硅灰口铁、快炼铁渗碳钢、铸铁脱碳及生铁炒钢等新工艺和新技术。在丝绸之路上的中外贸易中，钢铁亦成为很受西域欢迎的商品。安息人就曾努力获取中国的钢铁兵器，并使之渐渐流入罗马帝国。

中国纸张的西传也非常早，敦煌及甘肃西部都曾发现过汉代的原始纸。大约 4 世纪末，中国造纸术传到朝鲜；西晋时，越南人也掌握了造纸技术。610 年，朝鲜和尚昙征渡海到日本，把造纸术献给日本摄政王圣德太子，圣德太子下令推广全国，后来日本人民称他为"纸神"。传到印度则不晚于 8 世纪。9 世纪末，中国造纸术传入埃及，不久便淘汰了当地的纸草。12 世纪，造纸术从北非传到西班牙和法国，1150 年，阿拉伯人在西班牙的萨狄瓦建立了欧洲第一家造纸厂；1276 年，意大利的第一家造纸厂在蒙地法罗建成，生产麻纸；法国于 1348 年在巴黎东南的特鲁瓦附近建立造纸厂，而德国的纽伦堡1391 年才出现了第一家造纸厂。到了 17 世纪，欧洲几个主要国家都有了自己的造纸业。

中国的雕版印刷术很可能是在宋元之际，通过蒙古人的西征或其他途

谷登堡与金属活字印刷

径传到了中亚、西亚，进而传到了北非与欧洲。14世纪末，欧洲一些国家如德国出现宗教图像，这是欧洲出现最早的雕版印刷品。后来，又出现了上图下文的印刷图像。这样，逐渐演变成雕版印刷本书籍。中国开始发明和应用雕版印刷术，比欧洲要早大约800年，毕昇发明的活字印刷术则比德国人谷登堡使用的金属活字印刷要早400年。纸和雕版印刷术的发明与西传，大大促进了科学技术的突飞猛进，并导引欧洲脱离中世纪的黑暗时期而进入文艺复兴时期，因而对促进欧洲近代文明的发展具有不可估量的重大意义。

欧洲人用作航海导航的罗盘，也是从中国传过去的。英国科学家李约瑟甚至推测：在9—10世纪的中国，可能就已经在航海中应用指南针了。为了便于在航海中确定方位，人们将它置于圆盘内，圆盘上划分刻度，于是发明了罗盘。从阿拉伯文献提供的材料可知，在13世纪初，阿拉伯海员已经使用罗盘。

由此可见，中华文明的西传，对人类文明的发展起到了巨大的推动作用。

从分封制到郡县制，是我国古代政治制度的一项重大变革。从此——

## "百代都行秦政法"

分封制是我国奴隶社会的政权组织形式，史称"封建"。

在古代，"封建"即"封土建国"的简称。

古时帝王将自己开拓的疆土，分封给自己的同姓亲族和有功的臣民，让他们在封定的区域内建立诸侯国，以屏天子，因此称"封土建国"。

"诸侯"，即中央政权所分封各国国君的统称。相传禹的七世孙、夏王少康将幼子曲列分封于缯（今山东枣庄市东），其后裔延续到商、周，一直是诸侯。商王子孙除了继位为王或在朝廷供职者外，大都封为诸侯。而且，商朝分封还有不少异姓诸侯。

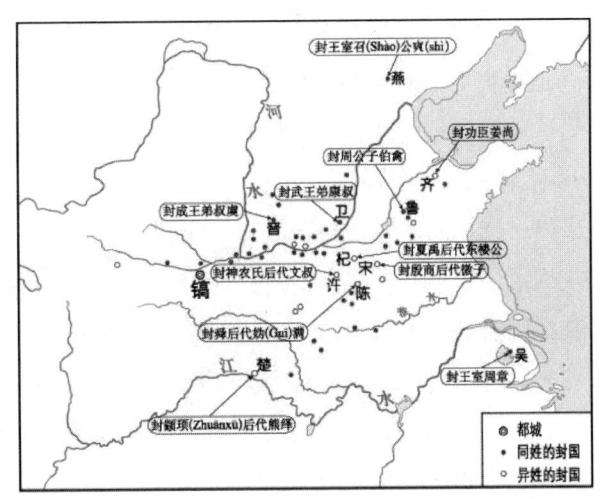

西周分封图

周武王灭掉商朝后，以镐为国都，建立了西周王朝。西周建国后，为了巩固新生的政权，打破了从传说中的尧、舜、禹到夏、商以来一直延续的"部落天下"，建立"家天下"，实行分封制，大规模分封亲族、功臣、姻亲到各地为诸侯，全国除王畿以外的土地被划分成若干个诸侯国，由周天子分封给在灭商大业中作出贡献的可靠的同姓亲戚和有功之臣以及古帝王之后，作为周王朝中央政府的藩屏。

根据与周天子血缘关系的亲疏以及功劳的大小，分封有了等级之别，同姓亲族、功臣、姻亲所封之地或为战略要地，或为富庶地区。武王、周公、成王先后设置了七十一国，其中武王的兄弟有 15 人（一说 16 人），同姓 40 人；异姓诸侯中以姜姓贵族居多。诸侯接受封地的同时还得到了大量的财物、士卒和人口。

分封的目的是"封建亲戚，以蕃屏周"，被分封的诸侯对周天子有镇守疆土、捍卫王室、交纳贡税、朝觐述职的义务。各诸侯可以拥兵，但必须随时听从周天子调遣，诸侯

分封制

在封国内享有世袭统治权，对周天子定期朝贡、述职、出兵、服役，名义上也要服从王朝的政令。分封从武王统治时期，一直持续到成王时期。

西周实行的分封制，使周天子居于至高无上的绝对支配地位，成为"天下共主"，其王位由嫡长子世袭继承。周天子的其他庶子则作为小宗被分封为各地诸侯，庶子们在各自封国内又是同姓宗族的大宗。诸侯的王位也是由嫡长子世袭继承，其余庶子作为小宗分封为卿大夫。在诸侯国内亦实行分封制，诸侯在其封国内是君主，国内土地的一部分归诸侯直接管辖，其他土地被诸侯作为采邑分封给卿大夫，卿大夫又以同样的规则分土地给士，士直接统治庶民。

在分封制下，国家土地不完全是周王室的，而是分别由获得封地的诸侯所有，他们拥有分封土地的所有资源和收益。这样，根据宗法制和分封制，便形成天子、诸侯、卿大夫、士等各级宗族贵族组成的金字塔式等级制机构。各个等级之间的相互关系，既是大、小宗关系，也是上、下级关系。

分封制是周王朝一项重要的政治制度。正是通过周初的大分封，周王朝消灭了商朝小邦林立的现象，起到了统天下于一尊的作用，把势力范围扩大到各地，有效地统治了全国，稳定了周初的政局，诸侯们也的确起到了拱卫王室的作用。而且，由此还奠定了中华民族大一统的理念、体制和规模，奠定了天下一家的传统价值观。

战国时，各国仍多分封侯君，但侯君已多不掌握封地的政权和军权，而且封地偏小，多不世袭。至战国后期，分封制崩溃。崩溃的原因是周王室日益衰微，大诸侯国为争夺土地、人口及对其他诸侯国的支配权，不断进行兼并战争，形成了诸侯争霸的局面。葵丘会盟使齐桓公的霸主地位得到正式承认，标志着分封制的崩溃。

国君要进行战争，需要统一调度全国的人力物力，一些大国便采取由国君直接控制的郡县制。郡守、县大夫（或县令、县尹）由国君任免，食俸禄而不享有封地，不得世袭，从而有助于加强国君的集中统治。由此，各诸侯国很快形成郡、县地方政权的

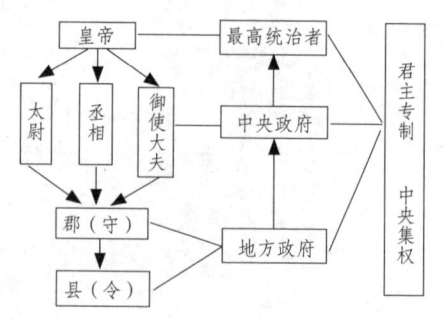

郡县制

组织体系。如秦国、楚国征服新地区后都不分
封子弟功臣，而是设县治理。秦始皇统一六
国后，废除了分封制，结束了封建割据的局面，
普遍推行郡县制，分国内为 36 郡，后来又增
至 40 多个郡，为郡县政治之始，也从此建立
了第一个专制主义中央集权的封建王朝。

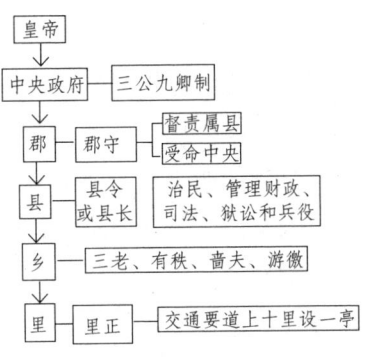

秦朝的权力组织机构

从地方设置为郡、县两级来看，郡是地
方最高一级行政机构，最高行政长官为郡守，
又称郡太守。郡下辖若干县，县级最高行政
长官称"令"或称"长"。郡守和县令作为地方最高行政长官，由中央直接任
命，完全听从于中央，不称职者随时撤换。以后历代尽管行政区划不断调整，
地方官权力也时有伸缩，但地方主官一直由中央任命。

至于县以下，则分辖若干乡。每乡设三老一人，掌管教化；设啬夫一人
掌管赋役和听讼，有时设乡佐作为助理；设游徼掌管循禁盗贼，维持社会治安，
游徼由县派出。乡下设里，里有里典来管理。里中又设伍，五家为一伍，由
伍老监管，里、伍互相监督，互为担保。另外，在城市和交通要道设亭，每
十里设一亭，亭由亭长掌交通治安。

这样，秦朝就在地方上建立起一套自郡、县至乡、里、伍的严密的权力
组织机构，为后世所沿用。秦之所以能统一全国，郡县制的普遍推行发挥了
重要作用。

自古以来，中国的特点是民族众多，地域辽阔，区域之间的差别较大，
这就给大一统的实现带来了极大的挑战。但是如果不能
实现大一统，就会出现地方割据，各自为政，从而使整
个国家陷入杀伐争夺、天下大乱的灾难之中。因此，要
想保证大一统的政治体制稳定，关键问题就是要有一个
稳固的中央政权体系。在用人上，则要由中央统筹安排，
特别是作为执政根基的地方政权，其人事任免必须要由
中央掌握。

另一方面，中国古代的基层组织往往是在血缘和地

秦始皇

缘结合的情况下建立起来的，人们依靠土地为生，很少迁徙，致使乡里组织从结构上讲一般比较稳定，地方豪强容易坐大。如果对乡间豪族势力不加以控制，就会出现兼并土地、荫庇人口、收养私从等问题，一旦社会发生动荡时就会由患而生乱，导致与国家利益发生直接的冲突。而地方官是国家权力的代表，是政令下达和民情上达的关键环节，必须不受地方豪强势力的掌控，并能对其进行制约。所以古代治理中十分强调慎选临民官，这主要是考虑到要对民众进行善治，另外就是要加大对地方豪族势力的控制。

与分封制相比，郡县制具有明显的优势：

——分封制与宗法制相联系，是以血缘关系为基础的；郡县制则是在大一统的条件下实行的，是按地域划分的；

——分封的诸侯王位世袭，并拥有封地；郡县的官吏则由皇帝或朝廷任免调动，官位不得世袭，官吏只有俸禄没有封地，只行使行政管理权，负责管理人民，收取赋税，征发兵役和徭役，对土地和人口逐渐失去统治权；

——诸侯国拥有很强的地方独立性，容易发展为割据势力；郡县则是地方行政机构，有利于加强中央集权，防止地方割据分裂，保证政治安定、经济发展和国家的统一。

至于分封制与郡县制的主要区别，在于中央对地方的制约关系及其地方权力的大小。

实行郡县制以后，中央的命令可以一级一级下达，一直到达乡里。同时郡、县的主要官吏职责各有分工，相互牵制，难以形成个人专权的局面，这样更有利于皇帝对各级官吏的控制。而且，皇帝还可以通过各级负有监察之职的官员和每年年终对官吏的考核，加强对各级官吏的控制。

关于分封制与郡县制的利弊得失问题，是秦汉以后法家和儒家长期争论的一个大问题。分封制确实有限制天子权力的效用，但导致分裂割据，最后陷入诸侯的暴政。而秦朝确立起来的郡县制建立了统一的中央集权国家，在历史上起了很大的进步作用，消除了在分封制下诸侯割据所造成的祸害，给广大平民百姓带来一定的好处，但也容易造成统治者的独断专权。

毛泽东与郭沫若

链接：1973年8月5日，毛泽东作《七律·〈封建论〉呈郭老》，其中对秦始皇作了评价："劝君少骂秦始皇，焚坑事业要商量。祖龙魂死秦犹在，孔学名高实秕糠。百代都行秦政法，十批不是好文章。熟读唐人封建论，莫从子厚返文王。""百代都行秦政法"一句，点明了作为一种政治制度，郡县制在我国从古至今所发挥的重要作用。毛泽东又说：历代政治家有成就的，在封建社会前期有建树的，都是法家。这些人主张法治，主张厚今薄古。

同年9月23日，毛泽东在会见埃及副总统沙菲时又提到秦始皇。他说："秦始皇是中国封建社会第一个有名的皇帝，我也是秦始皇，林彪骂我是秦始皇。中国历来分两派，一派讲秦始皇好，一派讲秦始皇坏。我赞成秦始皇，不赞成孔夫子。因为秦始皇第一个统一中国，统一文字，不搞国中有国，而用集权制，由中央政府派人管理各地，几年一换，不用世袭制度。"

　　唐初一次科举开考期间，唐太宗在玄武门上看见士人成群结队进入考场，得意洋洋地说了一句名言——

# "天下英雄尽入吾彀中矣！"

　　科举制，是我国隋代以后历代王朝设科考试选拔官吏的制度，由于分科取士而得名。

　　早在春秋之前，官吏多是通过"世卿世禄"制度产生，如西周的世袭世禄制。

　　战国后，这一制度被逐渐废除。在秦朝统一之前，"仕进之途，唯辟田与胜敌而已"，而"胜敌"是主要途径，所以秦统一后的官吏多出于军功，形成了军功封爵制。

　　到汉代，为适应中央集权封建国家统治的需要，逐步建立起一整套选举人才的制度，包括"察举"（自下向上推选）、"征辟"（自上而下甄选）、"辟除"（高官任用属吏）等多种方式，"乡举里选"，且可交互使用。同时也有考试取士之法，但只是临时措施，并未形成定制。

　　魏晋时期，实行的是由豪族垄断的"九品中正制"的选官标准，导致出现"上品无寒门，下品无世族"的格局。虽然这一制度一开始就被有识之士抨击为"埋没人才的制度"，但还是延续了很长时间。

科举考试

　　隋朝建立后，隋文帝杨坚为了加强中央集权，废除了"九品中正制"，将选官权力收归中央。规定各州每年以文章华美为标准选拔三人，推荐给朝廷。后又命令京官五品以上，地方官总管、刺史等以"志行修谨"（有才）、"清平干济"（有德）二科荐举人才。隋炀帝杨广即位后，又创置了进士科，国家用考试的方法以才取人，考取的就可以到中央或地方政府中做官，这就是我国科举制度的开始。通过公开考试甄别人才高下，然后量才录用，这是人才甄选制度具有积极意义的重大改革。

唐代贞观年间"盛开科举"，考试科目在隋朝时的秀才、明经、进士三科基础上，新增加了明法、明书、明算（大约相当于现在的法学、书法、数学）三科，这六门功课只要精通一门，有一技之长，就可以应试求官。此外，还有五经科、诗科等等。国家扩大招生范围，效果立竿见影，应试考生很快就由隋朝时的几百人一下子增加到数千人。

武则天

武则天在称帝后，于天授元年 (690) 在宫中的洛成殿上接连几天亲自主持考试，对考生破格录用。其目的是表示皇帝关怀、提携士人，使被录取者对她感恩戴德，并借以笼络人心。此后，殿试便作为最高一级的科举考试，一直为历代皇帝所袭用，直至清末。武则天长安二年 (702) 还首创武举科，选拔武艺出众者担任军官。

在唐宋时期，考试科目甚多。宋中期后经反复变动，到元明时则归于一科，即进士科。在宋代，科举制的考试体系也逐步完善，形成三级构架：地方的解试、中央的省试和殿试。从考试内容看，唐宋进士科主要考试诗赋。宋神宗熙宁时，时任参知政事的王安石对科举考试的内容进行改革，取消诗赋、帖经、墨义，专以经义、论、策取士。所谓经义，与论相似，是篇短文，只限于用经书中的语句作题目，并用经书中的意思去发挥。所以有学者认为，明清时期的八股文就起源于宋代的经义。

宋代还确立了州试、省试和殿试的三级科举考试制度，并建立防止徇私

贡院考试

舞弊的糊名制和誊录制，元、明、清均沿用其法。宋朝时，《论语》《孟子》只是作为兼经而非主经对待，到元朝时"四书"则成为正式的考试内容，明清时期更是如此。

明清两朝的经义以儒家经典《四书》《五经》的文句为题，规定文章格式为八股文，解释须依朱熹《四书集注》等书。科举制经过唐代的完善和宋代的改革，

在明代达到鼎盛。

作为我国历史上执行时间最长、影响最大的一种人才选拔方式，科举制的积极意义在于不限门第，公平竞争，择优录取。因不设门槛，而且没有年龄的限制，不管你属于什么社会阶层，都可以通过科举考试取得功名，步入官僚队伍，从而改变自身命运和家庭地位，实现阶层的上行流动。由于几乎没有身份、阶层、职业等限制，这种开放性突破了血缘关系对政治权力的垄断，体现出一种平等精神。可见，科举制最大限度地摒除了权力的干扰，保证了官员选拔的公正、公平。

由于科举制度将读书、考试与做官紧密联系在一起，不仅有利于发现和笼络人才，而且客观上也提高了官员队伍的文化素质，推动了教育和科技文化的发展。

科举的直接结果，是选拔出了八百多名状元，十万名以上的进士，百万名以上的举人。这个庞大的群体是中国历代官员的基本队伍，其中产生了一大批极其出色的政治家和军事家。其中既有从文天祥到林则徐这样的民族英雄，从白居易、柳宗元、刘禹锡到欧阳修、苏轼、辛弃疾这样的文学家，从王安石、包拯到海瑞、张居

唐太宗时新科进士鱼贯而出

正这样的政治家，从韩愈、朱熹到蔡元培、黄炎培这样的教育家，甚至还有沈括、宋应星、徐光启这样的古代科学家。

同时，科举考试以儒家学说为考试内容，又在客观上继承和弘扬了以儒家文化为核心的传统文化。而且，通过科举制选拔了从隋唐至明清大部分政治家、文学家和著名学者。因此，科举制对传统中国的政治、经济、文化、思想、教育以及社会生活各个方面，都起到了枢纽和调节作用。这较之以往主要侧重门第和血统的制度而言，具有明显的优越性。

但是我们也要看到，科举制亦有弊端。其考试内容过于狭窄单一，不外四书五经，且只能为"圣贤"作注，不能越雷池一步，确实禁锢了人们的思想。发展到后来越来越程式化、格式化，最终形成了"八股"，束缚了知识分子的

创造性。

另外，科举制的另一重要弊端是"官本位"，教育、读书的目的只是为了做官，所以与科考无关的知识都被视为"形下之器"，是君子不屑的"奇技淫巧"。自然科学在中国不发达的原因尽管可以列出很多，但科举制无疑是其中一重要因素。

进入近代以后，中国不得不面对社会的近代化转型，科举制的弊端日益凸显，科举考试"代圣人立言""八股取士"的做法日益脱离实际，许多读书人因"埋首故纸堆"而不谙世事。因此，"废除科举，兴办学堂"已成为历史的必然。

在这种背景下，晚清重臣袁世凯、张之洞、赵尔巽、周馥、岑春煊、端方等将军督抚于清光绪二十七年（1905）会衔上奏要求立停科举，以便推广学堂，咸趋实学。1905 年举行了最后一科进士考试，同年 9 月 2 日清廷正式诏准自 1906 年开始，所有乡会试一律停止，各省岁科考试亦即停止，并令学务大臣迅速颁发各种教科书，责成各督抚统筹，严饬府厅州县赶紧于乡城各处遍设蒙小学堂。至此，宣告实行了 1300 多年的科举制永远退出了我国的历史舞台。

尽管科举制已经废除，但它所体现的考试、选拔人才的客观、公平、公正，仍值得我们今天借鉴和继承。

　　**链接**：我国古代官僚政治的创新并不仅仅只是贡献了科举制，而且在长期实践中逐步形成了一整套严密的官僚管理制度，包括俸禄、晋升、考核、奖惩、监督、弹劾、回避、退休，等等。尽管这些制度在实行中常常被徇私、破坏，但在总体而言还是起到了很大效用的。

　　从世界的视野着，在我国古代，统治和管理一个大国的经验可以说是最悠久、最先进的。西方传教士利玛窦在他的《利玛窦中国札记》第一卷第六章中专门论述了《中国的政府机构》，其中如实地描述了明代的官僚政治制度。最使欧洲人感兴趣的是"标志着与西方一大差别而值得注意的另一重大事实，是他们全国都是由知识阶层，即一般叫做哲学家的人来治理的"。这一阶层是由科举制度选拔的，应该承认，科举制度在扩大封建统治

利玛窦

的社会基础方面确实起了巨大作用。宋明以后，这一科举制度得到严格执行。它给平民世子提供了进入官僚层的公平机会，较之当时欧洲盛行的贵族政治和领主经济而言确实要先进得多。我国封建社会之所以能够长期延续，与科举制这种弹性的、具有自我调节机能的制度的运用是分不开的。

科举对东南亚和西方国家也产生过深远的影响。日本曾一度仿行过科举，韩国、越南曾长期实行科举制度。其中，韩国的科举制是1894年在日本殖民者的逼迫下废止的；而越南迟至1919年才在法国殖民者的压力下被迫废止科举。

不少外国学者考证，西方盛行的文官制度就源于中国古代的科举考试制度。1583年葡萄牙人冈萨雷斯出版了《伟大的中国》一书，里面就介绍了中国的科举制。法国思想家伏尔泰、孟德斯鸠都在其著作中盛赞中国古代的官吏制度。在1855—1870年英国文官制度形成时期，英国的《伦敦杂志》《绅士杂志》都载文介绍了中国古代官员的考试和聘用程序。1867

费正清

年的《北美评论》也曾介绍过中国的科举取士。1870年，美国人斯皮尔出版《中国与美国》一书，亦高度评价了中国古代的文官制度。中国古代官吏制度中关于公开竞争、开科取士、官吏考绩等重要内容，被广泛吸收到西方文官制度中。美国著名汉学家费正清曾给予科举制以高度评价："在一个我们看来特别注重私人关系的社会里，中国的科举考试却是惊人的大公无私。"另一位美国学者柯睿格曾说，"以科举考试为核心的中国文官行政制度的创立，是中国对世界最重要的贡献之一。"

近些年来，我国学者刘海峰教授从科举制对英国文官制度产生和对世界文明贡献的角度出发，称科举制是继指南针、造纸术、火药和印刷术四大发明之外的中国"第五大发明"，还提出了建立"科举学"的主张，这种呼声同时也引起了西方学者的关注和积极回应。

在清朝的早期和晚期，中国的命运全然不同——

# 清朝的兴盛与衰败

清朝共历时 268 年，既有最强大的时代（康乾盛世），又有最衰败的时代（从道光帝开始）。当年满族仅 83 万人口，却统治了已有 5000 万人口的汉族。

论文治：清初康熙、雍正、乾隆三朝的 130 多年期间，国泰民安，"三代以下无斯盛"。而且，清朝是我国历史上唯一没有全国性"徭役制"的朝代。在这三朝，人丁剧增，民丰物阜，与同时期的欧洲相比毫不逊色。

论武功：清朝前期开疆拓土，其幅员之广在我国历史上是空前的。经过康雍乾三代皇帝七十余年的不懈努力，以乾隆二十四年（1759）统一新疆为标志，真正实现了国家的完全统一，领土面积达 1300 多万平方公里，是世界上版图最辽阔的国家。康乾盛世从此达到了繁荣的顶峰，即所谓"鼎盛""全盛"时期。周边一些国家东至琉球、朝鲜，南至安南、缅甸、暹罗（泰国）、南洋苏禄群岛、婆罗洲及藏边廓尔喀（尼泊尔）、布鲁克巴、哲孟雄诸国，西至中亚细亚国家，都向清朝称藩进贡。其疆域之广，民族之多，为中国两千余年所仅见！甚至乾隆时东南亚的"香料群岛"一带（今印尼东端）一些小国——如苏禄等——被葡萄牙、西班牙、荷兰等海盗吓怕了，主动向北京上表"求内附"作藩属，乾隆却下诏"险远不许"，

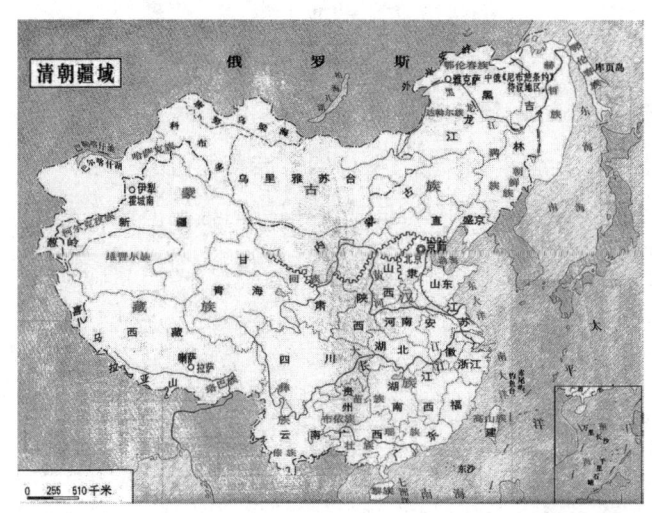

清朝疆域图

这与西方列强和日本到处侵略掠夺的强盗行径大相径庭！

论经济：清朝曾大规模垦荒百余年，耕地面积稳步增长。康熙六十年（1721）底，全国耕地达 735 万公顷（7.35 亿亩），超出明末的 6.7 亿亩；到雍正二年（1724），耕地为 890 万公顷（10 亿亩）。由于经济发展，社会安定，导致人口增长迅速。1722 年突破 1 亿，雍正十二年（1734）达到 1.4 亿，乾隆二十七年（1762）突破 2 亿，到乾隆五十五年（1790）突破 3 亿，占当时世界人口的三分之一，而当时人均土地不过 3 亩多一点。尽管亩产多少史载不一，但是一年的粮食产量能够养活 3 亿人口，可见当时的粮食产量相当可观，以往任何朝代都未能达到这一水平。此外，商业、贸易、采矿、冶炼、手工业等都蓬勃发展起来，城镇大量涌现。

《四库全书》

论学术文化：虽然还很封闭，没有了解并跟上西方资本主义科学技术的迅猛发展，没有思想的解放，没有观念的更新。但在传统的文化、教育领域还是达到空前昌盛的程度，文学艺术如诗歌、词赋、戏剧、小说、散文、绘画、书法等异彩纷呈，是继汉唐宋后又一个文学艺术辉煌的时代。康乾时期古籍研究、整理所涉猎的范围异常广泛，包括经学、史学、天文、古算、地理、农学、医学等方方面面，从比较宽广的范围展现了中国传统文化的博大精深。当然，古籍整理最重要、最具代表性的成果，是乾隆时开馆修的《四库全书》。《四库全书》将中国历代重要典籍完整抄录下来，第一次系统地整理了中国古代的典籍和社会思想，并分编于经史子集四部四十四类之下，内容浩瀚，包罗万千，可以说是中国传统学术文化之总汇。故《四库全书》的编纂一直被清代学术界誉为"会诸家之大成，光稽古之圣治"，乃"文治之极隆而儒士之殊荣"。特别是《四库全书》的编纂进一步推动了清朝学术的全面发展，时"海内从风，人文炳蔚，学术昌盛，方架汉唐"。当然，由于清廷在思想文化领域严厉的禁锢和"文字狱"的盛行，极大地窒息了人们的思想和眼界，编纂《四库全书》过程中存在着大量删改、销毁"违碍""悖逆"书籍的一面。但即便如此，剩下的卷帙，其分量仍然大于当时全世界其他各国现存书籍的总和。

论财政：顺治时入不敷出，但到康熙时已有盈余；雍正五年（1727）库存银增至五千万两，乾隆时常年库存六七千万两，最高达八千万两左右。由于中国产品丰富，与外国进行产品交换时常年出超。西方国家则因物品不足，只能拿银子来换，使大量白银流入。16 世纪后的 200 多年中，全世界白银的总产量达 12 万吨，其中约 6 万吨流入中国，对我国经济的发展起到了非常大的刺激作用。由于财政充足，所以能施惠于民，从康熙元年到四十六年（1707），累计免去全国各地钱粮达一亿余两。自康熙五十年（1711）始，三年内"总蠲免天下地亩人丁新征、旧欠，共银三千二百六万四千六百九十七两有奇"。又宣布：自五十年后所生人丁"永不加赋"。取消千百年所行人头税，是一项划时代的变革。乾隆时免钱粮规模之大，历代望尘莫及。期间先后四次全免，总额达一亿两千万余两。

但是，乾隆后期却急剧由盛转衰，直接原因是嘉庆元年（1796）北方三省爆发白莲教起义，仅军费就耗费 2 亿多两，使国家财政元气大伤。加上由于人口的急速膨胀，乾隆、嘉庆后已是"无田者半天下"，以致"盗贼滋蔓，讼狱如荼"，社会动乱连绵不绝。另外，康雍乾三朝虽是盛世，但贪官污吏横行天下，仅和珅的家产就多达白银 8 亿两，相当于国家 4 年财政收入的总数。所以这个清代最大贪官被抄家之日，朝野便有"和珅跌倒，嘉庆吃饱"一说。

《和珅传》

到了晚清，更是被内忧外患彻底压垮，终于走到了尽头。

**链接：**美国政治学家保罗·肯尼迪在其所著《大国的兴衰》一书中估计，在乾隆十五年（1750），中国的工业产值是法国的 8.2 倍，英国的 17.3 倍；到 1830 年，仍是法国的 5.7 倍，英国的 3 倍。中国的人口，也从顺治八年（1651）的 6500 万左右增加到嘉庆年间（1812）的 3.6 亿。

按照英国著名经济史和经济统计学家安格斯·麦迪森（Angus Maddison）在《世界经济千年史》中的统计，从 17 世纪末到 19 世纪初，清王朝统治下的中国在经济上的表现相当出色。1700 年到 1820 年，中国的 GDP 不但排名世界第一，在世界的比例也从22.3%增长到32.9%；与此同时，中国人口从占世界总量的22.9%增长到36.6%。1830年中国经济的总量占世界GDP总量的三分之一，这不但是日本从来不能和不敢想象的，它也超过了现在美国经济占世界25%的水平，是至今无可匹敌的经济总量的世界纪录。

《大国的兴衰》　　《世界经济千年史》

从18世纪60年代开始，英国率先进行工业革命，并扩展到法国等国。根据《大国的兴衰》一书的计算，1860年，英国的生铁产量占世界的53%，煤和褐煤的产量占世界的50%，其现代工业的生产能力相当于全世界的40%—50%，人均工业化水平是中国的15倍。而中国仍停留在农业和手工业时代，经济呈现出粗放型增长。我们经常说近代的中国"积贫积弱"，但如果按照近20年来经济史学家提供的数据，近代中国其实一直是个经济大国。《大国的兴衰》引用经济史学者贝罗克的统计，中国经济总量世界第一的宝座直到1895年才被美国抢去。麦迪森也认为："中国在之前近两千年的时间里一直是世界上最大的经济体，但到了19世纪90年代，它的这个位置被美国所取代。"他认为，中国GDP被美国超过的确切时间，是中日签订《马关条约》的1895年。

1820年，中国的GDP约为英国的7倍，却在1840—1842年的鸦片战争中被英国击败。1870年中国的GDP仍是英国的1.8倍，而且大于英法的总和，却没能阻止英法联军在1860年火烧圆明园。1884—1885年，中国在中法战争中不败而败，此时中国的GDP却是法国的2倍多。1890年，中国的GDP约为日本的5倍，但中国军队却在1894—1895年的中日甲午战争中一败涂地。

从1840年开始，作为世界最大经济体的中国却在对外战争中连续失败，

圆明园遗址

领土日益缩小，国际影响力日趋低落，中国丧失了约12%的国土。无论从何意义上，晚清的中国都不是一个强国，而是一个屡遭侵略、屡屡割地赔款的弱国，还是一个主权不完整的半殖民地国家。

从近代中国的境况来看，尽管我们有几千年未曾中断的悠久的历史，有辽阔的国土，众多的人口，我们的经济总量也非常大，1700年到1820年，中国的GDP不但排名世界第一，而且在世界的比例也从22.3%增长到32.99%。尽管如此，那只是一个落后于时代的农业国的"落日辉煌"。由于严厉的闭关锁国政策，妄自尊大、拒绝开放、反对变革、禁锢思想、蔑视科学技术，完全不知道世界已发生了翻天覆地的变化，因而对勃然而起的工业革命，对迅速崛起的资本主义，我们全然不知。与当时的先进国家相比，无论是制度上，还是在工业与科技等领域，不得不承认，我们已经大大地落后了。到1840年，中国年产铁约2万吨，不及法国的十分之一，不及英国的四十分之一。1825年英国建造了世界上第一条铁路，到1840年，全世界的铁路总里程达9000公里，而这时中国还不知铁路为何物。

封闭必然落后，而"落后就要挨打"！

"富""强"二字，缺一不可！

面对不断入侵、咄咄逼人的外国列强，中国人民一直没有停止救亡图存、民族复兴的努力——

# 振兴中华：对中国力量的呼唤

孙中山

王韬

1874 年，中国近代改良主义思想家王韬曾提出"振兴中国"的口号。1894 年 11 月和 1895 年 2 月，孙中山在檀香山和香港建立资产阶级革命团体"兴中会"，郑重宣告："本会所设，专为联络中外有志华人，讲求富强之学，以振兴中华……"第一次发出"振兴中华"的号召。

不久后，康有为、梁启超等发动变法维新运动，也提出"振厉"中国的问题。他们说的"唯有激耻以振之""中国可以自振"等，与"振兴中华"含义相同，虽走的是改良道路，但根本动因是救亡图存。

后来，义和团运动中，农民爱国英雄们也提出"振兴中国"的口号。在 19 世纪后期，不同的政治派别不谋而合地提出了大体相同的口号，当然不是偶然的巧合，表明"振兴中华"在当时已是时代的要求，人心之所向。

正是这一口号所激发出的正能量，鼓舞了许多志士仁人前赴后继地投入"振兴中华"的爱国斗争。

正如毛泽东在中国人民政治协商会议第一届全体会议的开幕词中所指出的那样："中国人从来就是一个伟大的勤劳的勇敢的民族，只是在近代是落伍了。这种落伍，完全是被外国帝国主义和本国反动政府所压迫和剥削的结果。"对比中国古代的辉煌和近代的耻辱，我们就不难理解，"振兴中华"的口号一提出，为什么能在中国人民中会产生如此强烈的共鸣！

自从 1840 年鸦片战争爆发以来，不管灾难怎么深重，危机怎么深刻，中国人一直都有一个振兴中华、实现中华民族伟大复兴的中国梦。因此，习总书记从理论上对"中国梦"作了高度概括之后，由于反映了一百多年来中国人民的心声，因此才会引起这么强烈的反响和共鸣。

毛泽东曾经指出："帝国主义的侵略打破了中国人学西方的迷梦。很奇怪，为什么先生老是侵略学生呢？中国人向西方学得很不少，但是行不通，理想总是不能实现。"他还指出："在一个半殖民地的、半封建的、分裂的中国里，要想发展工业，建设国防，福利人民，求得国家的富强，多少年多少人做过这种梦，但是一概破灭了。许多好心的教育家、科学家和学生们，他们埋头于自己的工作或学习，不问政治，自以为可以所学为国家服务，结果也化成了梦，一概破灭了。"

正因为如此，邓小平指出，资本主义不能救中国。他说："国民党搞了二十几年，中国还是半殖民地半封建社会，证明资本主义道路在中国是不能成功的。"1927年蒋介石发动"四一二"反革命政变以后，5月就在南京成立了国民政府。从1927年到1949年这22年里，蒋介石实际上走的就是资本主义道路。事实证明，这条道路在中国是走不通的。邓小平还指出，三民主义也不能救中国，"蒋经国提出用'三民主义'统一中国，这现实吗？你那个'三民主义'在中国搞了22年，1927年到1949年，中国搞成了什么样子？"他强调，"'中国人站起来了'，是什么时候站起来的？是1949年。使中国人站起来的，不是蒋介石，而是共产党，是社会主义。"

2012年10月29日，习近平总书记率领新一届中央领导集体参观北京《复兴之路》展览的时候，第一次提出"中国梦"。他指出："每个人都有理想和追求，都有自己的梦想。……实现中华民族伟大复兴，就是中华民族近代以来最伟大的梦想。"此后，中国梦成为中国人坚定的追求。

习近平总书记还谈到了"中国梦"的基本内涵：国家富强，民族复兴，人民幸福。尽管只有3句话、12个字，但是内涵非常丰富，即涉及三大层面：从国家的层面讲，突出的是富强；从民族的层面讲，突出的是复兴；从人民的层面讲，突出的是幸福。

可见，正是中国共产党领导全国各族人民经过28年的浴血奋战，才使中华民族一洗百年耻辱，使中国人终于站起来了，从而在世界民族之林中拥有了自己的一席之地，也为"中国梦"的实现、为中华民族的伟大复兴，奠定了一个坚实的基础！

第 **2** 章
# 中国共产党：
# 中华民族的中坚力量

　　中国共产党是领导和团结全国各族人民建设中国特色社会主义伟大事业的核心力量，肩负着历史重任，经受着时代考验，必须坚持立党为公、执政为民，坚持党要管党、从严治党，全面加强党的建设，不断提高党的领导水平和执政水平、提高拒腐防变和抵御风险能力。

　　历史反复证明，人民群众是历史发展和社会进步的主体力量。

　　坚持群众路线，就要坚持人民是决定我们前途命运的根本力量。

——习近平

法国杰出的政治家、军事家、法兰西第一帝国的创建者拿破仑对中国曾有一个"中国睡狮论"的评价——

# 不会永远酣睡的雄狮

1814 年，不可一世的法国皇帝拿破仑一世被欧洲反法联军击败后，东山再起，于 1815 年组织 30 万大军向欧洲反法联军发动进攻，结果在滑铁卢遭到惨败。6 月 22 日，拿破仑被迫退位，不久被英国军队押送到遥远的大西洋的圣赫勒拿岛监禁起来。

在拿破仑被监禁的第三个年头，被嘉庆皇帝严词驳斥的英国贸易使团团长阿美士德，正垂头丧气地从中国返回。在回国途中，他经过圣赫勒拿岛。当阿美士德听说这里关押着拿破仑一世时，很想见一见他，听听这位传奇人物对中国问题的看法。

阿美士德

见面之后，阿美士德讲了自己在中国的经历，认为只有通过战争敲开中国的大门。而拿破仑对英国的做法不屑一顾，并对英国用战争解决问题的提法发表评论说："要同这个幅员广大、物产丰富的帝国作战是世界上最大的蠢事。"他说，"开始你们可能会成功，你们会夺取他们的船只，破坏他们的军事和商业设施，但你们也会让他们明白他们自己的力量。他们会思考；他们会建造船只，用火炮把自己装备起来。他们会把炮手从法国、美国甚至伦敦请来，建造一支舰队，把你们打败。"阿美士德反驳说："中国在表面强大的背后是泥足巨人，很软弱。"

拿破仑

但拿破仑认为，中国并不太软弱，它只不过是一只睡眠中的狮子。"以今天看来，狮子睡着了连苍蝇都敢落到它的脸上叫几声。"接着，拿破仑说了一句名言，"中国一旦被惊醒，世界会为之震动。"

不过，在这句话的中间还有一句："它在沉睡着，谢谢上帝，让它睡下去吧。"

　　拿破仑的预言是对的。但是，中国这头雄狮不会永远酣睡。它一旦被惊醒和激怒，就会爆发出令世界震动的巨大能量！


　　中国历史的转折点，出现在 1921 年。因为正是在这一年，中国历史上第一个无产阶级政党——

# 中国共产党诞生

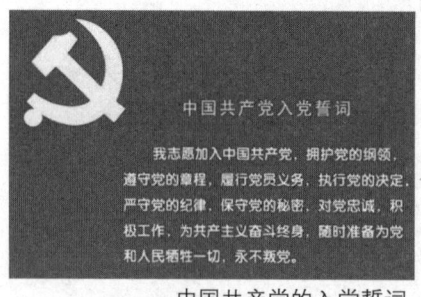

中国共产党的入党誓词

　　中国共产党是围绕自己的政治纲领、按照自己的政治路线、为实现自己的政治目标而组织起来的政治集团，是用马克思列宁主义、毛泽东思想、中国特色社会主义理论体系武装起来的中国工人阶级先锋队，同时也是中国人民和中华民族的先锋队，是中国特色社会主义事业的领导核心。

　　中国共产党的性质、宗旨和指导思想，决定了我们党必须把全心全意为人民服务、诚心诚意为中国人民谋利益作为自己全部活动的出发点和归宿。

　　在我们党 80 多年的奋斗历程中，这一神圣宗旨始终是贯穿其间的一条红线。

　　1917 年俄国十月革命后，马克思主义在中国逐步得到了广泛传播。上海、北京、武汉、长沙、广州、济南以及旅居日本、法国的中国共产主义者们先后成立了一些党的早期组织。尽管叫法不一，但由于性质相同，后被统称为各地共产主义小组。它们建立后积极开展工作，推动了马列主义与中国工人运动的相结合，也使正式成立中国共产党的条件得以成熟。在共产国际的帮助下，由七个地区各派出两名代表（旅法小组因路远未派代表出席），于 1921 年 7 月

中国共产党"一大"旧址

中共"一大"代表

23 日在上海法租界贝勒路树德里 3 号（后称望志路 106 号，现改兴业路 76 号）秘密召开了第一次代表大会。

　　参加中共一大的各地代表共 12 人，他们是：来自上海小组的李达、李汉俊；来自武汉小组的董必武、陈潭秋；来自长沙小组的毛泽东、何叔衡；来自北京小组的张国焘、刘仁静；来自济南小组的王烬美、邓恩铭；来自广州小组的陈公博；来自旅日小组的周佛海。另外，武汉小组成员、书记包惠僧在广州与陈独秀商谈工作期间，受陈独秀个人委派参会。共产国际执委会派来协助建党的马林和国际远东书记处所派、以赤色职工国际理事会代表身份的尼科尔斯基，出席了第一天的会议（马林还出席了第六次会议）。

　　7 月 31 日，在浙江嘉兴南湖一游船上召开第七次会议，通过了《中国共产党党纲》《关于当前实际工作的决议》，选举了党的领导机构，陈独秀任中央局书记，张国焘任组织主任，李达任宣传主任。

　　中国共产党的诞生，标志着中国进入了一个新的历史转折点。

嘉兴南湖红船

**链接**：中国共产党成立后因长期处于战争年代，没有条件纪念本党的诞生日。1938年5月，由于党中央所在的延安是抗日的大后方，具备了纪念党的诞辰的条件，但面临的一个问题是搞不清具体的日期。当时在延安参加过"一大"的代表只有毛泽东和董必武二人，可他们也记不清楚。经两人商量后，决定就用7月的头一天作为纪念日。

同年5月26日，毛泽东在延安召开的抗日战争研究会上发表了著名的《论持久战》演讲，明确提出："7月1日，是中国共产党建立十七周年纪念日。"到1941年6月，中共中央发出《关于中国共产党诞生二十周年抗战四周年纪念指示》，正式规定了7月1日为党的诞生纪念日。

但长期以来，中外史学界一直认为中共一大存在着疑而未决的三大悬案。一是出席一大的代表人数究竟有多少？二是究竟是哪个月、哪一天开幕，又是哪一天闭幕的？三是会址究竟在哪里？

1950年，时任上海市市长的陈毅把寻找党的诞生地列为一项重要的政治任务，并专门成立了工作组，历时一年半终于找到一大会址，解决了第三个悬案。其后，中国人民解放军后勤指挥学院的党史教员邵维正同志经十年研究，又解决了另外两个悬案。他的论文在中国革命博物馆的内刊上发表后，引起时任中央书记处书记胡乔木的注意，并推荐在《中国社会科学》杂志创刊号上发表，即《中国共产党第一次全国代表大会召开日期和出席人数的考证》。中央书记处为此还专门召开会议，讨论改不改"七一"纪念日。最后决定党的纪念日不改，但是要把这个问题向全党和全国人民、向世界澄清。有关方面又委托邵维正同志写了《党的诞生纪念日与"一大"的召开日期》一文，在中共中央的机关刊物《求是》上发表。

邵维正同志考证中共"一大"的论文还被翻译成英文、日文、俄文等，国外多家报刊转载，引起美国、日本、苏联、法国等国专家学者的高度重视。

我们党之所以能领导人民取得革命的胜利，是因为找到了工农大众——

# 中国共产党：正确选择了依靠力量

我们党自 1921 年诞生，从 53 名党员、13 名代表起家，只用了短短的 28 年就领导全国人民夺取了政权，成为执政党，截至 2015 年底，更是成为拥有 8875.8 万党员的世界第一大政党。一般而言，我们说这是历史的选择、人民的选择。但是，我们党也有两个正确的选择：一是正确选择了马克思主义作为党的指导思想，二是正确选择了依靠力量——工农大众。

回顾中国近代史，我们不难看到：林则徐虎门销烟、抗击英军，主要依靠的是道光皇帝，一旦靠山动摇，就落了个革职流放、充军伊犁的结局；太平天国依靠的是拜上帝会，最终失败；康有为、梁启超主张变法维新，依靠的是光绪皇帝，结果戊戌变法只持续了一百零三天，就在慈禧太后的镇压下宣告流产；孙中山先生主张三民主义，依靠的是华侨、会党、知识分子、小军阀，虽然推翻了清王朝，但也多次失败，最终革命的果实被袁世凯篡夺；蒋介石依靠的是大地主大资产阶级、军队和两大特务组织（中统和军统），靠血腥镇压来维持个人独裁，但还是逃脱不了逃离大陆、败走台湾的命运。

太平天国运动

中国早期工人

而把马列主义作为自己理论基础的中国共产党，从成立伊始就以代表中国先进生产力的工人阶级作为自己的阶级基础。当时的工人多是破了产的农民，因在农村无法生存而被迫到城里打工谋生，并没有任何社会地位。但由于我们党信仰马克思主义，而马克思主义认为工人阶级是最先进、最革命的阶级，也是先进生产力的代表阶级。在中国，工人阶级是近代以来我国社会发展特别是社会化大生产发展的产物，具有严格的组织性、纪律性和革命的坚定性、彻底性等品格。因此，我们党从成立之日起，就把自己定位为中国工人阶级的政党。

安源路矿工人大罢工

农民动运讲习所

我们党成立仅一个月，就在上海成立了领导工人运动的专门机关——"中国劳动组合书记部"，其后又在北京、武汉、长沙等地成立了分部，以便加强全国各大城市工人运动的联系并协调和统一行动。我们党最早的一批党员主要是知识分子，但都深入工人群众中从事工人运动。不过，在中国工人数量只有 200 万左右的 20 世纪 20 年代，指望仅占全国人口 0.5% 的工人阶级去孤军奋战，在反动势力占绝对优势的城市里举行罢工、暴动并以此为起点夺取政权，显然是不现实的。

毛泽东是较早认识到这一点的共产党人之一。1923 年 6 月，他在党的"三大"第一次明确地提出要"重视农民革命"的主张；1926 年 9 月在《国民革命与农民运动》一文中他又进一步指出："农民问题乃国民革命的中心问题。"他还主办过农民运动讲习所，并担任了中央专门设立的农民运动委员会书记，直接从事农民运动。

1925 年 12 月 1 日，毛泽东同志在国民革命军第二军司令部编印出版的《革命》半月刊第四期上发表了著名的《中国社会各阶级的分析》一文。这篇重要论著回答了中国革命提出的许多重大问题，辨明了中国革命的敌人和朋友和依靠力量。

在这篇文章中，毛泽东运用马克思主义的阶级分析方法，将中国社会各阶级分为五大部分：地主阶级和买办阶级、民族资产阶级、小资产阶级、半无产阶级、无产阶级。关于无产阶级，毛泽东指出："现代工业无产阶级约二百万人。中国因经济落后，故现代工业无产阶级人数不多。二百万左右的产业工人中，主要为铁路、矿山、海运、纺织、造船五种产业的工人，而其中很大一个数量是在外资产业的奴役下。工业无产阶级人数虽不多，却是中国新的生产力的代表者，是近代中国最进步的阶级，做了革命运动的领导力量。我们看四年以来的罢

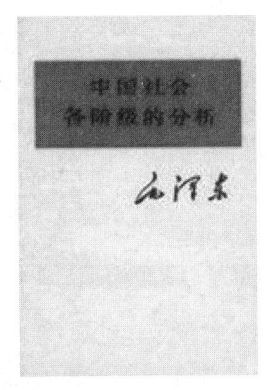

《中国社会各阶级的分析》

工运动，如海员罢工、铁路罢工、开滦和焦作煤矿罢工、沙面罢工以及'五卅'后上海香港两处的大罢工所表现的力量，就可知工业无产阶级在中国革命中所处地位的重要。"

工业无产阶级之所以能够成为革命运动的领导力量，是因为"他们所以能如此，第一个原因是集中。无论哪种人都不如他们的集中。第二个原因是经济地位低下。他们失了生产手段，剩下两手，绝了发财的望，又受着帝国主义、军阀、资产阶级的极残酷的待遇，所以他们特别能战斗"。

对于农村无产阶级，毛泽东也作了分析："所谓农村无产阶级，是指长工、月工、零工等雇农而言。此等雇农不仅无土地，无农具，又无丝毫资金，只得营工度日。其劳动时间之长，工资之少，待遇之薄，职业之不安定，超过其他工人。此种人在乡村中是最感困难者，在农民运动中和贫农处于同一紧要的地位。"

江南制造总局炮厂厂房

流离失所的农民

　　至于中国还存在的数量不小的游民无产者，毛泽东认为他们"为失了土地的农民和失了工作机会的手工业工人。他们是人类生活中最不安定者。……这一批人很能勇敢奋斗，但有破坏性，如引导得法，可以变成一种革命力量"。

　　通过对当时中国社会各阶级的分析，毛泽东得出结论："一切勾结帝国主义的军阀、官僚、买办阶级、大地主阶级以及附属于他们的一部分反动知识界，是我们的敌人。工业无产阶级是我们革命的领导力量。一切半无产阶级、小资产阶级，是我们最接近的朋友。那动摇不定的中产阶级，其右翼可能是我们的敌人，其左翼可能是我们的朋友——但我们要时常提防他们，不要让他们扰乱了我们的阵线。"

土改斗地主

秋收起义

　　后来，毛泽东把《中国社会各阶级的分析》一文作为开卷篇收入《毛泽东选集》，并亲自写了这样一个题注："此文是反对当时党内存在着的两种倾向而写的，当时党内的第一种倾向，以陈独秀为代表，只注意同国民党合作，忘记了农民，这是右倾机会主义。第二种倾向，以张国焘为代表，只注意工人运动，同样忘记了农民，这是'左'倾机会主义。这两种机会主义都感觉自己力量不足，而不知道到何处去寻找力量，到何处去取得广大的同盟军。"

　　毛泽东还通过对农民运动的实地考察，发表了《湖南农民运动考察报告》，在党内外对农民运动的一片怀疑和指责的喧嚣声中旗帜鲜明地加以支持，批驳了各种攻击、指责农民运动的论调，初步提出了解决中国民主革命的中心问题——农民问题的理论和政策。

　　1927年大革命失败后，以毛泽东为代表的一批中国共产党人根据中国国情，毅然开始了从以城市为中心到以乡村为中心的战略转移，依靠广大农民走以农村包围城市的新道路。毛泽东在1927年7月4日召开的中共中央常委扩大会议上提出农民自卫军应该上山，并预料"上山可造成军事势力的基础"。同年9月，他亲自领导了三大武装起义中唯一选择在农村举行的湘赣边界的秋收起义，而且很快将起义部队带到井冈山，创建了井冈山革命根据地。

正因为我们党重视工农群众，把他们作为依靠力量，从而代表了人民群众的根本利益，所以得到了广大人民群众的支持和拥护，并取得了中国革命的胜利。

**链接：** 19世纪40—50年代，随着外国资本势力的侵入，中国开始出现直接受到外国资本奴役的雇佣劳动者，主要是在外轮上的船员、香港及沿海通商口岸的船坞工人、码头工人以及其他很少数的工厂工人。

19世纪60年代以后，外国资本在我国设立的工厂日见增多，封建官僚也开始举办军事工业和民用工业，民族资本的工业亦开始产生，由此导致无产阶级的数量逐步增加。据1894年的估计，中国近代产业工人的总数已近10万。

在外资直接经营的企业中，工人约有34000人；官办企业也约34000人（其中军事工业约10000人，矿山及冶炼工人约24000人）；民族资产阶级企业（包括工厂、矿山）中的工人约27000人。三项合计，共约95000人左右，他们成为中国第一代产业工人。当时属于无产阶级的还有海员、船员、码头运输工人、城市建筑工人、手工业的雇佣劳动者和商店店员，以及农村的雇农和其他城乡无产者。尽管总数比产业工人大得多，但是产业工人（包括一部分船员）仍是整个无产阶级队伍中的核心。

据1918年农商部的调查，全国工人共有1749339人。其中矿山工人530885人，外国工厂工人324362人，染织工人302666人，饮食151677人，

安源路矿工人俱乐部筹委会成员合影

劳动中的工人

拉黄包车的儿童                                    1925 年的工人运动

海员约 150000 人，化学 119789 人，铁道 71811 人，杂工厂 35085 人，政府直辖工人 21640 人，机械及器具 16361 人，特别工厂 13063 人，市政工人（邮差）12000 人。到 1919 年五四运动前夕，产业工人已达 200 万人以上，再加上 1000 多万手工业者和店员，已成为中国社会上一支举足轻重的阶级力量。

中国工人阶级的生活是非常困苦的。1927 年 5 月，李立三在工运报告中统计：在中国，有许多工人除了吃雇主的饭以外几乎完全没有工资。汉口煤业店的雇工每月工资只有 2 元，汉口火柴厂的童工最少只有 3 角钱一月。全国非熟练工人每月工资平均 9 元，而每人必须生活费将近 12 元；熟练工人每月工资平均 15 元，而每人必须生活费需 19 元余。工人所得工资，"不能维持本身的生活，更无法维持他家庭的生活，因非熟练工人 5 人家庭的生活费需 21 元余，熟练工人 5 人家庭的生活费需 35 元余"。工人家庭为了生存，只得全家出动，妻子当女工，孩子当童工，老人拉黄包车，全体家庭成员的挣扎，才能过上"时而举债夹以半饱"的生活。

从 1914 年到 1919 年五四运动前，据不完全统计，全国共发生罢工 108 次。而且从 1916 年起，每年发生的罢工数逐年上升：1916 年 17 次，1917 年 21 次，1918 年 30 次；1922 年全国共发生大小罢工 100 多次，罢工人数在 30 万以上，其中 9 月至 12 月的罢工就有 41 次。在这 41 次罢工中提出条件 97 项，其内容如下：要求增加或维持工资 37 项；反对管理规则 15 项；承认工会 11 项；给假休息 10 项；养老抚恤 6 项；恢复革工 5 项；反对工头 5 项；响应他处 5 项；减少工作时间 3 项。从罢工的情况看，已经充分表现了中国工人的阶级意识和觉悟。

张学良曾经与蒋介石有过一次关于共产党的辩论——

# 张学良断言：蒋介石消灭不了共产党

张学良曾跟蒋介石辩论，断言蒋介石消灭不了共产党。蒋介石问为什么？张学良说了一句非常形象的话："因为我们背后的老百姓，没有他们背后的老百姓多。"

张学良还具体举了两个他亲身经历的例子来说明这一点：

张学良与蒋介石

"有一次，他们看到一个老太婆坐在房门口缝鞋子，门旁立着一根竹竿，竹竿上用一根绳子拴着。这个老太婆就是红军的情报员，她把绳子一拉，竹竿倒下，就是通报国民党军队来了。"

还有一次，"我们的军队在那驻扎，一个小孩，十五六岁的小孩跑来玩儿，一边玩儿，一边他把我们的军队都数了，有多少炮，大概有多少兵，他都给你数了，然后，他跑去向共产党报告。"张学良由此感叹道，"你没办法对付老百姓呀！"

张学良说，打了那么多的仗，最不值得的是和红军打仗。他晚年一回想起"剿共"战争，就感到伤心："那所谓'剿匪'，真让人伤心啊。'剿匪'的军队都实行坚壁清野，这可不是胡说八道。我是在后头，前头的军队呀，我也出去视察了，我一看伤心透了，那房子都给人家烧了，坚壁清野呀！""事实用不着烧房子，为什么烧？因为烧了，军队可以占便宜，可以把好东西都拿走啊。""所以我反对内战，那内战真是没有人性啊。连我到前线去都没有地方睡觉，房子都被烧了。"

由此，张学良总结说："逼得老百姓都当共产党了，跟共产党一块儿和我们斗争。那杂牌军没有军饷咱不说，正规军也是一样，连烧带抢啊。老百姓被逼得没办法了，只好投奔共产党，和我们对打，我承认，这是官逼民反！"

而这一切，在张学良看来，"那是自己找的。不是国民党把大陆丢了，是大陆人民不要国民党啦。简单说，国民党在大陆时，把大陆看成征服地一样，没有想到这是自己的国家，什么都要，房子、女人、钱，这帮坏蛋，真让人伤心。"

张学良以自己的亲身经历所说的这些话，从一个政党与人民群众的关系角度，形象而生动地点出了国民党必败、共产党必胜的历史性结论。

得民心者胜，失民心者败，这是古往今来已经反复证明了的一条规律，也是一条真理。

**链接**：1947年2月，我人民解放军华东野战军发起莱芜战役时，山东人民基本上靠人挑、畜驮、小车推，把集中在临沂附近的上亿斤粮食、弹药、作战物资奇迹般地迅速转移到莱芜前线，保障了前线的急需。仅120户人家的朱家宅子，在2月15日一天内做好1850斤煎饼，蒸好1200斤白面馍，打出2800斤小米，磨好1800斤麦面，集中6000斤柴草，运送到前方；靠近莱芜城的颜庄区群众一次就为部队办好煎饼和小米各20万斤，而他们自己却吃糠咽菜！

在人民群众的大力支持下，我华东野战军共歼灭国民党军第二绥靖区前方指挥所，第四十六军军部及其新十九师、一七五师、一八八师，第

莱芜战役

七十三军军部及其新十五师、七十七师、一九三师，第十二军新编三十六师2个团，共56000余人。其中毙伤1万人，俘虏46800人。连同阻击部队和地方武装所歼第九十六军暂十二师一部、第八军一〇三师一部、一六六师大部、交警十五总队全部等，总共7万余人。生俘国民党徐州绥靖公署第二绥区中将副司令官李仙洲以下将级军官21名，击毙第七十三军七十七师少将师长田君健等将级军官2名。缴获各种战炮457门，轻重机枪2056挺，长短枪16168支，各种炮弹26258发，各种枪弹291万余发，战马1027匹，汽车56辆，电台29部，电话机290部，铁甲车1列，火车1列……并击落飞机5架，击毁汽车15辆，毁铁桥6座，铁轨140余根。解放了莱芜、新泰、博山、淄川、长山、邹平、章丘、临淄、益都、掖县、昌邑、高密、胶县等13座县城及张店、周村等重要市镇数十处，控制了胶济铁路500华里，取得了莱芜战役的大捷！

1986年，当年的一纵司令员叶飞将军回忆起这段往事时，满怀深情地慨叹："山东人民真是好啊！正当我们着急的时候，山东人民提出了一句口号：'破家支前！'为了部队打胜仗，他们作出了极大的牺牲，纷纷把自家房顶的草揭了，把整间草房拆了，把好草理出来喂马。要知道当时刚下过大雪，一家男女老少往哪里安身呀？部队不忍心，上前劝阻，大爷、大娘的回答是'不碍事，等你们打了胜仗再盖新的！''这些日子可以蹲山洞'。有这样的人民支援前线，我们的部队怎么能不打胜仗！"

叶飞

毛泽东同志曾经深刻地指出："一切反动派都是纸老虎。看起来，反动派的样子是可怕的，但是实际上并没有什么了不起的力量。从长远的观点看问题，真正强大的力量不是属于反动派，而是属于人民。"

有了人民的支持，我们的党、我们的人民军队就无往而不胜！

我们党的一大优势，是具有极强的组织能力——

# 我们党：非常善于凝聚力量

刘少奇在党的"七大"

党的基层组织是党的全部工作和战斗力的基础。

党的基层组织建设，也是党的建设中的一项基础性工程。

中国共产党历来重视基础党组织的作用。在民主革命时期，我们党有一个非常大的优势，即具有极强的组织能力。毛泽东同志曾经指出："我们的方针要放在什么基点上，放在自己力量的基点上，叫做自力更生。…… 我们能够依靠自己组织的力量，打败一切中外反动派。"特别是我们党能够把历来一盘散沙状的农民通过各种方式组织起来，从而形成一整套基层组织体系：

——政治组织：工会、农会、参议会、抗敌协会等；

——军事组织：工农暴动队、赤卫队、民兵、自卫队等；

——经济组织：耕田队、生产合作社等；

——文化组织：农民夜校、工农剧社、扫盲班、秧歌队等；

——按性别：妇女解放协会、妇女抗日救国会等；

——按年龄：儿童团、少先队等。

古今中外，没有一个政党建立过如此细密、灵活而有效的组织体系和基层组织。正是依靠各级各类基层组织，使我们党形成了具有统一意志、统一行动、统一纪律的具有坚强战斗力的有机整体。

共产党不是一个兴趣相同者的俱乐部，它有着严密的组织和民主集中制，有着高度自觉的铁的纪律，这是党战胜各种困难、永远保持战斗力的组织保证。

刘少奇同志 1945 年 5 月在党的七大关于修改党章的报告中首次提出：党的基层组织应该是一个个战斗堡垒。

中国共产党在新中国成立前，党员的数量一直都不算多：1921 年 7 月，党员仅有 53 人；1927 年 4—5 月统计，党员发展到 57000 多人；但是到了 1927 年 8 月，由于大革命的失败，中国共产党人遭到国民党反动派的血腥屠杀，只剩下 10000 多人；到 1933 年土地革命的高潮时，党员增加到 30 万人；1937 年抗日战争开始时，党员只有 40000 人；1945 年 4 月召开中共"七大"时，党员发展到 121 万人；到 1949 年 10 月新中国诞生后，党员达到 488 万多人，基层组织约 20 万个。由于我们党充分发挥了基层党组织的作用，所以取得了中国革命的胜利。

在当前，党的基层组织更是成为实现"中国梦"的组织者、推动者和实践者。

---

**链接**：江西萍乡的安源，是中国少年先锋队的诞生地。

早在 1922 年 4 月，安源的少年儿童就在安源路矿工人俱乐部的领导下，组织起来，并于次年正式成立了儿童团。这些年龄为 8 — 15 岁的儿童团员们从小接受党的教育，听从党的指挥。当时分配给他们的主要任务就是站岗、放哨，为工人俱乐部送文件、传递消息。

安源儿童团的组织机构严密，纪律严明。据 1924 年安源的《小学国语教科书》记载："童子军的编制，九个人算一队，两队算一团。每队有个队长，每团有个团长，团长上面，更设立一个总团长带领着。"

不少少年儿童经过儿童团的培养，从安源走向了井冈山，走向了延安，走向了新中国的重要岗位，如 1955 年被授予将军军衔的王耀南、吴烈、幸园林、唐延杰

安源路矿工人俱乐部

等。被誉为中国的"保尔"、中国人民解放军兵工事业的开拓者吴运铎《在安源的日子里》写道："1926年，北伐军到安源，工人俱乐部办起了学校，我又进学校读书了。这时，又成立了儿童团，团长叫杨世桥，我是东区儿童团的宣传委员。"

安源儿童团开创了中国共产党领导下中国少年儿童组织运动的先河，成为中国少年先锋队的先驱组织，安源因而成为中国少年先锋队诞生的摇篮。

我们党之所以能够成为执政党，是因为我们党为中华民族的伟大复兴付出了巨大的牺牲——

# 中国共产党的历史性贡献

据中央民政部门和组织部门统计，全国有名可查和受到优抚待遇的烈士有370多万人；

——仅在北伐战争、土地革命时期和抗日战争时期，人民军队在战场上牺牲的就达76万多人，其中有32万余人是共产党员，占了将近一半。而当时在军队中的共产党员最多只占1/3；

——1927年大革命失败后，据不完全统计，仅从1927年3月到1928年上半年，遭到国民党反动派屠杀的革命群众和共产党人就达31万多人，其中

八一南昌起义

抗击日寇

江西革命烈士纪念堂

共产党员就有 26000 多人。而据 1927 年 4-5 月的统计，全国的共产党员才不过 57000 多人！

经过一场血腥的屠杀，到 1927 年 8 月，全国的共产党员仅剩下 10000 多人。但是他们并没有屈服，而是像毛泽东指出的那样："中国共产党和中国人民并没有被吓倒、被征服、被杀绝。他们从地下爬起来，揩干身上的血迹，掩埋好同伴的尸首，他们又继续战斗了。"

1927 年 8 月 1 日凌晨那划破南昌夜空的第一声枪响，不仅打出了年轻的中国共产党人在面对敌人血淋淋的屠刀时毫不屈服、奋起抗争的英雄气概，也打出了未来新中国的第一缕曙光！

抗日战争时期，中国共产党领导的人民抗日武装力量对日作战 125165 次，毙伤俘日伪军 1714117 人，其中歼日军 527422 人，缴获长短枪 682831 支，轻重机枪 1.1 万多挺、各种火炮 1852 门，收复国土 104.8 万平方公里，解放人口 1.255 亿。

同时，敌后解放区军民也付出了重大牺牲。据不完全统计，解放区平民死亡 890 余万人，八路军、新四军和华南抗日游击队共伤亡 584267 人，为中华民族的独立和解放作出了不可磨灭的历史贡献。人民军队由抗战开始时的 3 万多人发展到 127 万多人，民兵达 260 万人。中国共产党领导的根据地有 19 块，其地域包括华北、华中、华南 19 个省的广大地区，总面积近 100 万平方公里，人口近 1 亿。

据民政部 2009 年的不完全统计，在新民主主义革命的 28 年中，牺牲在战场上和刑场上的先烈多达 2000 余万人。其中有姓氏可考、收入各级人民政府编辑的《烈士英名录》的就有 176 万人。正是无数共产党人前仆后继，英勇奋战，始终把全心全意为人民服务、诚心诚意为人民谋利益视为己任，为实现国家富强、民族复兴和人民幸福的"中国梦"进行了可歌可泣的英勇奋斗，从而使中国一洗百年耻辱，在世界民族之林中有了自己的一席之地！

杨得志将军在回忆录《崎岖的井冈》里有这样的记录：在井冈山时期，

红军中的党组织是秘密的，但究竟谁是共产党员，大家都能猜出个八九不离十。那就是打仗时冲锋在前，不怕牺牲，甚至用自己的生命掩护战友；谁吃饭时不争先恐后，甚至把仅有的一点食物也让给别人。每当这种情况出现，大家就能猜到："他一定是共产党员。"实际情况也是如此。

杨得志

有这样一组真切的数据：新中国成立前，中央委员与候补委员共 170 多人，其中 42 人牺牲遇难，占总人数的 25%。政治局委员与候补委员总数 55 人，其中 15 人牺牲遇难，占总人数的 27%。根据民政部提供的数字，有案可查的烈士一共是 176 万人，这些人大多数是共产党人。而从建党到现在，我们党发展了 9000 多万党员，其中有相当一部分是在各个时期光荣牺牲、遇难或因公殉职的，总数难以统计……

党的十五大报告指出："在中国，从来没有任何一个政治组织像我们党这样集中了那么多先进分子，组织得那么严密和广泛，为中华民族作出了那么多牺牲。"

党的十八大报告也指出："在中国特色社会主义道路上实现中华民族伟大复兴，寄托着无数仁人志士、革命先烈的理想和夙愿。在长期艰苦卓绝的奋斗中，我们党紧紧依靠人民，付出了最大牺牲，书写了感天动地的壮丽史诗，不可逆转地结束了近代以后中国内忧外患、积贫积弱的悲惨命运，不可逆转地开启了中华民族不断发展壮大、走向伟大复兴的历史进程，使具有五千多年文明历史的中华民族以崭新的姿态屹立于世界民族之林。"

革命英雄纪念碑

**链接：** 在革命战争年代，为了人民的利益，无数革命先烈面对敌人的屠刀，大义凛然，从容就义。

　　　李大钊　　　　　夏明翰　　　周文雍、陈铁军　　　　杨超

　　李大钊，中国共产党的创始人之一。1927年4月28日下午，他在敌人的绞刑架下作了最后一次演说："不能因为你们绞死了我，就绞死了共产主义。……我深信，共产主义在世界、在中国，必然要得到光荣的胜利！"

　　杨超，中共江西德安县委书记。1927年12月27日，面对敌人的枪口，他高声朗诵："满天风雪满天愁，革命何须怕断头。留得子胥豪气在，三年归报楚王仇！"

　　陈铁军，年仅24岁的中共两广区委妇女委员。1928年2月6日下午，她与年仅23岁的中共广州市委工委书记兼工人赤卫队总指挥周文雍在刑场上举行了一个特殊的婚礼。她庄严宣告："当我们就要把自己的青春和生命献给党的时候，我们要举行婚礼了。让反动派的枪声，来作为我们结婚的礼炮吧！"

　　夏明翰，中共湖北省委委员。1928年2月9日清晨，他在临刑前挥笔写下了气壮山河的就义诗："砍头不要紧，只要主义真。杀了夏明翰，还有后来人！"

　　刘伯坚，赣南军区政治部主任。1935年3月11日，因在突围中弹尽粮绝负伤被俘，英勇就义。他气宇轩昂，坦然信步，"戴镣长街行，志气愈轩昂，拼作阶下囚，工农齐解放！"

　　方志敏，红军北上抗日先遣队军政委员会主席。1935年1月24日在作战时因叛徒出卖被捕。两个国民党士兵从他"上身摸到下身，从袄领捏

刘伯坚　　　　　方志敏　　　　　赵一曼　　　　　杨靖宇

到袜底，除了一只时表和一支自来水笔之外，一个铜板都没有搜出"。

赵一曼，东北抗联第三军第二团政委。中弹被俘后拒不投降，于1936年8月2日被敌杀害。这位抗日女英雄以自己光辉的一生，实践了她的誓言："白山黑水除敌寇，笑看旌旗红似花。"

杨靖宇，东北抗联第一路军总指挥。1940年2月23日在长白山的密林里英勇牺牲后，日寇将其腹剖开，发现"胃里连粒饭都没有"，只有草根、树皮和棉絮！

刘胡兰，一位年仅15岁的女共产党员。1947年1月12日，她面不改色地躺在敌人的铡刀下，以自己的热血和生命谱写了"生的伟大，死的光荣"的光辉篇章。

董存瑞，东北野战军第11纵队某部六连班长。在一次战斗中他舍身炸碉堡，用自己不满20岁的年轻生命，为部队开辟了通往胜利的道路。

江竹筠，人们所熟知的"江姐"。面对敌人的各种酷刑，她宁死不屈，被难友誉为中华儿女的革命典型。1949年11月14日，她带着对新中国的向往，倒在了敌人血腥的枪口下。

为了神圣的共产主义信仰，无数革命先烈向着反动势力的顽固堡垒发起一次次猛烈的冲击，

刘胡兰　　　　　董存瑞　　　　　江竹筠

雷锋　　　　　王进喜　　　　　焦裕禄　　　　孔繁森

终于迎来了新中国的第一缕曙光！

　　为了神圣的共产主义信仰，在中国共产党人和全国人民的共同努力下，我们年轻的共和国在短短的六十几年里就彻底改变了一百年来受尽西方列强欺凌的屈辱地位，昂首挺立在世界的东方！

郑培民

　　建国以来，在我们中国共产党人的队伍中，又涌现出不少全心全意为人民服务、诚心诚意为人民谋利益的先进楷模。

　　雷锋，一位普普通通的战士。他把为人民服务视为自己最大的幸福，向人民真诚地诠释了伟大寓于平凡的深刻道理。

　　王进喜，一名普普通通的石油工人。他以"宁肯少活二十年，拼命也要拿下大油田"的英雄气概和"有条件要上，没有条件创造条件也要上"的英雄壮举，给我们留下了宝贵的"铁人精神"。

　　焦裕禄，一名普普通通的县委书记。他把为人民服务视为自己最崇高的职责，以鞠躬尽瘁、死而后已的感人精神，让人民真切地感受到了为人民服务的真谛。

　　孔繁森，一名服从安排、两次进藏的地委书记。他以一颗为人民服务的赤诚之心，让藏汉人民看到了一个人民公仆的光辉形象。

　　郑培民，一名倒在工作岗位上的省委副书记。他以一心为民、鞠躬尽瘁，求真务实、清正廉洁的一生，实现了自己"做官先做人，万事民为先"的诺言。

　　我们敬爱的周总理直到临终，胸前仍佩戴着一枚写着熠熠生辉的"为

周恩来

人民服务"五个金字的徽章。他以自己全心全意为人民服务的光辉一生，为中国人民乃至全人类树立起一座完美人格的精神丰碑！

我们党的宗旨，在他们身上得到了实在而完美的体现。他们以自己的一言一行、一举一动，向人民展示了共产党人全心全意为人民服务、诚心诚意为人民谋利益的高尚情操。

习近平总书记指出："坚定理想信念，坚守共产党人精神追求，始终是共产党人安身立命的根本。对马克思主义的信仰，对社会主义和共产主义的信念，是共产党人的政治灵魂，是共产党人经受住任何考验的精神支柱。"

在革命、建设、改革各个历史时期，有无数共产党员为了党和人民事业英勇牺牲了，支撑他们的就是"革命理想高于天"的精神力量。

历史赋予中国共产党人的使命是神圣而伟大的。这一神圣使命，就是要实现国家富强、民族复兴和人民幸福的中国梦。

这是一项宏伟而艰巨的历史伟业。

伟大的时代、伟大的事业，呼唤着我们每一个共产党人积极投身于伟大的建设、伟大的实践。

每一个共产党人都要坚定信仰，牢记全心全意为人民服务的宗旨，诚心诚意为人民谋利益，把自己的一切献给我们伟大的祖国、伟大的人民！

中国的快速崛起和飞速发展以及所取得的巨大成就，引起了全世界的高度关注，研究中国、研究中国模式、研究中国共产党的相关论著、报道和话题逐年增多。特别是中共十八大召开之后，世界各地又一次掀起了——

## 世界研究中国共产党的热潮

美国前总统国家安全事务特别助理李侃如认为，"中国有 13 亿人口，比美国、加拿大、西欧和原来组成苏联的 15 个国家加在一起的人口还要多"，治理"有着如此规模和如此多样性的发展中国家"，显示了中共"令人惊叹的强大行政能力"。但他也注意到"中共的发展既不同于它的苏联导师，也不同于欧洲的各马克思主义政党，具有一种'深刻的本土化'特征"。

美国的中国问题研究专家、乔治·华盛顿大学政治科学和国际关系教授沈大伟认为，中国共产党"没有让自己局限于研究前社会主义国家，而是真正放眼于全世界的各种政治体制，学习可能对中国有用的东西"。他指出，"中国共产党在过去 90 年里战胜种种艰难险阻，取得非凡成就，世界为之惊叹。这既要归功于勤劳智慧的中国人民，也是中国共产党正确领导的结果"。西方

沈大伟

学者喜欢唱空中国，沈大伟也是一个，但他对中国共产党也有如此认识，不容易。

美国学者、《中国大趋势》一书作者约翰·奈斯比特说："中共执政理念与方式在过去 30 年中已经发生了巨大变化，转变为吸纳民众自下而上参与的执政党"，"中国的纵向民主是建立在自上而下与自下而上力量的平衡上的"，"两者的合力"促进了国家的强大和人民生活水平的提高。

约翰·奈斯比特

欧洲外交事务委员会执行主任马克·莱昂纳德说，"与西方民主政权中的政党不同，中国共产党具有自我批评的能力，简而言之就是知道如何对自己提出质疑"。俄罗斯学者马马耶娃认为，中共从"古田会议、遵义会议"到"实践是检验真理唯一标准的大讨论以及文革后的拨乱反正"，无不显示出中共在不同的历史时期"勇于认识、纠正错误的勇气和魄力"，这是中共"赢得革命、建设和改革胜利的一个重要原因"。

美国的"中国通"、美国库恩基金会主席、美国国际投资银行家罗伯特·劳伦斯·库恩博士在同中国近 30 年的接触中，深刻感受到中国在共产党的领导下不断崛起。他相信中国共产党与时俱进的自我完善能力将引领中国变得更强大，并将在国际事务中发挥更大的作用。他说："中国共产党的故事、中国的故事是一个宏大且非常复杂的故事，可说是现代史上最神奇的故事，纵观（中国共产党的）95 年历史，基本上充斥了世界重大事件的不断冲撞。因此纵览中国共产党的历史绝对堪称是人类历史上最伟大的故事。"

库恩博士尤其推崇中国共产党领导的改革开放，认为这一场改革不仅在极短的时间里创造了巨大的财富，更使得五六百万中国人脱贫跨入了中产阶层，堪称人类的奇迹。他极不赞同美国等西方国家戴着有色眼镜看待中国共产党以及共产主义理念。他认为共产主义提倡人人平等是一个非常好的理念。他说，中国人民选择中国共产党、选择社会主义发展模式是符合中国国情及发展需要的，"我相信至少是在现在，以及我们所能预见的未来，这是中国最理想的发展道路。任何一个政治体制都不是完美的，但是对于幅员辽阔、发展极不均衡的中国来说，这才是中国的最佳道路。"

库恩博士也注意到了习近平总书记提出的包括"全面建成小康社会""全面深化改革""全面依法治国"和"全面从严治党"的"四个全面"的战略布局，认为习近平总书记"四个全面"的政治理论，将"从严治党"提到最高级别，由此确认了中共是实现其他三个"全面"的力量。这种对党的执政角色的提升，和如何"从严治党"以完成使命，标志着一个重要的进步。

令人感到吃惊的是，总部位于纽约的世界大型企业研究协会针对商业委员会 70 名 CEO 会员于 2015 年做的一次调查报告，其中问到哪些全球组织称职可信，排在第一位的是"跨国公司"，排在第二位是"央行"，而排在第三位的竟然是中国共产党！64% 的被调查者认为，中国共产党领导的集体近年来处理政治经济挑战的做法行之有效。

中国改变了世界格局，推动了世界历史的进程，对世界和平稳定做出了积极贡献。美国学者罗斯·特里尔坦言，"历史发生了转折。两个世纪以来，影响力总是指向一个方向：西方对中国施加影响。但是，一个新的时代开始了：中国也开始影响西方"。

**链接：**2015 年"七一"前夕，库恩在接受《国际先驱导报》记者专访时指出：中共不被国际社会所理解，更糟糕的是，国际社会没有意识到理解中共的重要性与需要。此外，包括南海问题、网络攻击、新媒体管理等问题，以及中国不断壮大的国力，在很多西方国家当中引发担忧。在这种困难的环境下，我认为，如果世界不能理解中共，那么中共就有责任主动跟世界沟通与解释。应对外部误解的最好方式，不是去责怪外国媒体，而是主动参与到全球事务中去。他具体建议中国共产党从十个方面向国际社会介绍自己。

第一，探讨中共的挑战和成就。骄傲地展示中共的伟大成功，特别是中共领导层是如何实现中国的经济奇迹。当然，不能只提成功，也要说明挑战与错误，如何吸取经验教训。对于挑战，也要给出详细的例子，比如执政党如何提高透明度并保持收支平衡？通过公开、坦率地探讨问题，中共可以吸引人们的关注，这也是改变他人看法的第一步。中共展示更多的自信，在国际上的可信度就会更高。

第二，为中共设立更高目标。清楚地阐述作为执政党，如何改善人们生活水平和福祉，如何承担更多义务，包括依法治国等。

第三，强调中共实验和测试新的政策。发出这样一个信息，中共尝试在真实世界中，测试新的政策，当这些政策在局部成功后，它们才会被大规模引用。对于中国这样一个人口大国，政策制定过程保持谨慎是必须的。

我经常说，中国瞩目的经济成就是中共第二大重要贡献。第一大重要贡献是"解放了人们的思想"。当代中国人比在他们漫长历史中任何一个阶段都具有更大的个人自由。

但是，时代变化引发了更多新问题。如何让公民更好地参与治理国家和监督政府的过程？中共一直都在探讨和创造新的机制——也一直在测试它们。

第四，公开承认人类的体制都会有副作用——福利和成本共存。坦诚地承认这一点，解释一党为主要执政党的政治体制对中国是最优的，介绍它带来的好处大大超过它的成本，这样可以增加中共的可信度。

第五，关注中共人事选拔、监督和培训。强调中共人事选拔的原则，它的领导人都是智慧的、受过良好教育并且有丰富的工作经验。他们是这个世界上最有能力的一群人之一。

第六，避免陈词滥调。如果官员总是就中共的地位发表"完美"演讲：使用老掉牙的概念、抽象的、理论的，并且使用重复的语言叙述，这对中共的形象没有好处。最好是允许发表来自内心的想法，进行激情的、成熟的演讲，发挥个人风格，尽管可能会犯错，但是能够引发共鸣。

第七，展示内部持续的探讨。当涉及敏感话题时，找出话题的逻辑。比如，人们会问"中国为什么要严格管理媒体"？我认为，这样做有利于中国的逻辑是：因为提高人们生活水平需要发展，发展需要稳定，稳定需要一党执政，而一党执政需要严格的媒体管理。以理服人会让对手承认事情的复杂性，并且尊重中共的诚意。

第八，讲述中共党员个人的故事。这会让外国人产生共鸣。通过讲述有趣的、智慧的、不同的中共领导人和官员的故事，中共可以展现它广泛的群众基础和在本质上的民主，而不是外国媒体所描述的那样。

第九，解释中共"学习精神"的气质。很多外国人认为一个建立在19世纪政治理论基础上的政党是不现代的。向外展示中共是个学习型政党，鼓励党员在经济、科学、文化等各方面拓展知识。中共中央政治局的集体学习就是很好的例子，通过强调它在学习上的优势，中共可以表现出是一个现代的执政党形象。

最后，增加党际交流。中共可以定期和其他国际政党展开交流，而不是历史上主要和其他国家共产党交流的传统。比如，中共可以考虑和美国的民主党、共和党分别展开交流。这样的交流应该是低调的，避免大规模交流受媒体干扰。

总之，中共主动与国际社会的交流是中国参与全球事务的核心战略。

第 **3** 章
# 中国特色社会主义：
# 民族伟大复兴的制度力量

中国特色社会主义制度是当代中国发展进步的根本制度保障，是具有鲜明中国特色、明显制度优势、强大自我完善能力的先进制度。

全国同志必须牢记，我们要建设的是中国特色社会主义，而不是其他什么主义。历史没有终结，也不可能被终结。中国特色社会主义是不是好，要看事实，要看中国人民的判断，而不是看那些戴着有色眼镜的人的主观臆断。中国共产党人和中国人民完全有信心为人类对更好社会制度的探索提供中国答案。

——习近平

经过漫长的探索，我们终于把实现社会主义和共产主义作为自己的信仰。实践证明，中国共产党和中国人民的选择是正确的。因为历史和现实都证明——

# 只有社会主义才能救中国

### 社会主义是历史的选择

近代以来，中华民族面临两大历史任务：

一是求得民族独立和人民解放；

二是实现国家富强和人民富裕。

哪种理论能够对这两个历史课题作出正确回答，它就会成为中国人民的信仰；

哪条道路能够引导中国

马克思与恩格斯

人民完成这两大任务，它就能够成为中国人民的历史选择；

哪种政治力量能够带领人民实现这两大任务，它就能够成为掌握中国历史发展前进方向的领导力量。

历史和实践证明：

只有马克思主义能够对这两个历史课题作出正确回答，因而成为中国人民的信仰；

只有社会主义道路能够引导中国人民完成这两大任务，因而成为中国人民的历史选择；

只有中国共产党能够带领人民实现这两大任务，因而成为掌握中国历史发展前进方向的领导力量。

**社会主义是人民的选择**

我们知道，近代史上发生过鸦片战争、太平天国革命、戊戌变法运动、义和团运动，等等，都以失败而告终。而只有十月革命一声炮响，给我们送来马克思列宁主义后，中国的面貌才焕然一新。

毛泽东与蒋介石

毛泽东有句名言：我国人民的斗争总是失败，原因就在于"在一个很长的时期内，即从1840年的鸦片战争到1919年的五四运动的前夜，共计七十多年中，中国人没有什么思想武器可以抵御帝国主义"。

可以说，从1840年到1949年这109年的时间里，中国成了西方思想武器的试验场。西方流行的政治理论、政治流派、政治学说，都会被中国人引进来，都会吸引一批人去信仰，而信仰的人达到了一定的数量，就会组成一个政党。所以在中国近代史上，最多的时候达到了300多个政党。

经过大浪淘沙，主要有国共两大党。而人民群众经过比较，最终选择的是中国共产党，选择的是社会主义。经过28年的较量，最终是代表最广大人民群众利益的中国共产党获胜。

蒋介石1927年发动"四一二"反革命政变后建立南京政府，一直到1949年的22年时间里，中国实际上走的就是资本主义道路。事实证明，这条路是走不下去的，西方列强也绝不会让中国发展、强大起来。

而中国人民选择了社会主义道路后，只经过短短的60年，中国就发生了翻天覆地的巨大变化，实践也证明了中国人民的选择是正确的。

**从传统社会主义到中国特色社会主义是中国共产党的正确选择**

邓小平指出："只有社会主义才能救中国，只有社会主义才能发展中国。"

并进一步明确指出，"社会主义必须是切合中国实际的有中国特色的社会主义。"

毛泽东在 1949 年 6 月 30 日发表的《论人民民主专政》中曾经指出："走俄国人的路——这就是结论。"邓小平在 1982 年的十二大开幕词中则指出："走自己的道路，建设有中国特色的社会主义，这就是我们总结长期历史经验得出的基本结论。"

从"走俄国人的路"到"走自己的道路"，是一个重大的理论创新和理论突破，标志着我们党对社会主义的理解上升到了一个全新的高度。我们不再认为社会主义只有一条道路，而是根据不同的国情，应该有不同的道路。

在党的十八大报告中，我们党总结新中国成立以来的执政经验，第一次对中国特色社会主义道路、中国特色社会主义理论体系以及中国特色社会主义制度的内涵作了全面而深刻的阐述：

——中国特色社会主义道路，就是在中国共产党领导下，立足基本国情，以经济建设为中心，坚持四项基本原则，坚持改革开放，解放和发展社会生产力，巩固和完善社会主义制度，建设社会主义市场经济、社会主义民主政治、社会主义先进文化、社会主义和谐社会、社会主义生态文明，促进人的全面发展，逐步实现全体人民共同富裕，建设富强民主文明和谐的社会主义现代化国家。

——中国特色社会主义理论体系，就是包括邓小平理论、"三个代表"重要思想、科学发展观在内的科学理论体系，是对马克思列宁主义、毛泽东思想的坚持和发展。

——中国特色社会主义制度，包括人民代表大会制度这一根本政治制度；民族区域自治制度、基层群众自治制度等基本政治制度；中国特色社会主义法律体系；公有制为主体、各种所有制经济成分并存的基本经济制度以及建立在三大制度基础上的经济体制、政治体制、文化体制、社会体制等各项具体制度。

十八大报告还指出：中国特色社会主义道路是"实现途径"，中国特色社会主义理论体系是"行动指南"，中国特色社会主义制度是"根本保障"，"三者统一于中国特色社会主义伟大实践"。

特别是"中国特色社会主义制度"首次写入党的报告，标志着中国特色社会主义进一步走向成熟。

通过近 70 年的探索和奋斗，回顾年轻的共和国所走过的道路，是毛泽东使中国人民站起来，邓小平使中国人民富起来，现在中国正在以习近平同志为总书记的党中央领导下逐步强大起来，而这正是我们坚持走中国特色社会主义道路的必然成果。

### 马克思主义过时了吗

作为中国共产党人，马克思主义既是党的指导思想，也是中国共产党人的坚定信仰。但是自马克思主义诞生以来，各种攻击、歪曲和诋毁从来就没有停止过。

在否定马克思主义指导作用的各种错误观点中，最有代表性的莫过于"过时论"了。其主要观点是认为马克思主义不过是"十九世纪的一种文化现象"，认为"一百多年前的理论指导不了今天的现代化建设和改革"，所以断言"马克思主义在今日之中国没有用处"。这种观点貌似有理，也颇能迷惑一部分人。如果深究一下，且不说其论点背后所隐藏的政治上的别有用心，仅从方法论的角度来看，这种"过时论"也是极为荒谬的。理由有三：

首先，对一个不断经受住时间和实践检验的科学体系轻率地加以否定，不是一种科学的态度。对任何一种理论、学说，无论是作肯定性的评价抑或否定性的评价，都不是一件轻而易举的事情。它要求评判者必须对其理论框架、概念范畴、基本原理、基本观点和基本方法有比较全面和透彻的了解，并要考察这一理论提出和付诸实践后对其适用范围起的是正面影响还是负面影响，这是对一个理论、学说作出正确与否判断的起码要求和基本前提。对马克思主义也应是这样。马克思主义之所以能在 19 世纪众多的社会学说中脱颖而出并成为无产阶级的思想武器，就在于它科学地揭示了自然、社会和人类思维发展的一般规律，为人们提供了认识世界、改造世界的科学世界观和方法论，不但有理论价值，更具有指导实践的价值。马克思主义自创立以来，人类社会发展的历史进程以及社会主义由空想成为科学并在 20 世纪以及在进入 21 世纪后仍然不断转化为现实的客观事实已经充分证明了这一点。

另外，马克思主义除了我们所熟悉的马克思主义哲学、马克思主义政治经济学和科学社会主义这三大组成部分之外，其创始人在历史学、政治学、法学、伦理学、美学、文学艺术、自然科学等诸多学科中都有不少有价值的深邃见解。迄今为止，仅马克思和恩格斯的著述已翻译出版的就达数十卷之多，对这些著述用"博大精深"四字概而括之是毫不过分的。面对马克思主义这个浩瀚的理论宝库，不免怀疑那些口口声声称马克思主义"过时"的人，对马克思主义究竟有多少了解？读过几本马克思主义的经典著作？如果只接触了马克思主义的一点 ABC 就轻率地将整个理论加以否定，判之为"过时"，只能是一种浅薄无知或哗众取宠的表现。

其次，不能以时间的长短来判断一个科学理论的价值。以 1848 年问世的《共产党宣言》为标志的马克思主义，确实是在 19 世纪 40 年代创立的。然而稍稍考察一下马克思主义的发展史就会看到：马克思主义的理论之花虽然盛开于 19 世纪，但是马克思主义的实践之果却纷纷蒂结于 20 世纪。这是谁也否定不了的客观事实。今天，不论人们对马克思主义是毁是誉，都不能不承认自马克思主义创立以来，其理论和实践已经改变并将继续改变历史发展的进程和社会发展的方向。历数古今中外的思想家，有几个能像马克思那样对人类及其社会有着如此广泛而深远的影响呢？

还应看到，判定一个学说、理论是否过时，不能以时间或其他别的什么作标准，而只能以实践作为检验标准。作为工人阶级的科学世界观和全人类精神文明的伟大成果，作为在历史和科学的前进中不断丰富和发展的科学，马克思主义在它创立一百多年来的中国和世界已经发生和正在发生的巨大变化中不断证明了它的科学性和真理性。而且由于它本身并不是永远保持现状的终极真理式的僵死体系，而是一门发展的学说，正如恩格斯所指出的那样："我们的理论是发展的观点，而不是必须背得烂熟并且机械地加以重复的教条。"因而它并没有结束真理，而是在实践中不断地开辟认识真理的道路。所以它不会过时，其真理性、科学性不仅在过去，而且在今后的时间和实践中也将不断地得到证明。

当前，虽然国际共产主义运动中出现了部分社会主义国家发生逆转的现象，但是这也并不意味着马克思主义失效了、过时了。任何事物的发展都不可能是一帆风顺的，既有可能出现前进和发展，亦有可能出现暂时的曲折和倒退，不过历史的总的发展趋势是不会改变的。资本主义从萌芽发展到占据

俄国十月革命

巴黎公社

统治地位的数百年里，不是也经历过血与火、复辟与反复辟的长时期较量吗？而社会主义的实践从十月革命算起还不到一百年，这在历史的长河中只是短暂的一瞬。因此，仅仅根据一些社会主义国家出现的暂时逆转的现象就断言马克思主义过时，还为时过早。何况这些国家的逆转不是坚持马克思主义所造成，而是"修正"、背离马克思主义的结果。

再次，不能以部分否定整体。道理很简单：一栋大楼，如果有几套房间出了些毛病，能不能就此断定这栋大楼就报废了呢？显然不能。同理，在马克思主义这座辉煌的理论大厦中，要找到个别论断、个别观点、个别原理、个别论述与现实不那么符合而看起来似乎"过时"的情况是完全可能的。但是我们能否就此而推论这整座理论大厦都不行了，必须推倒重建呢？也显然不能。

而且，即使是某些看起来似乎显得"过时"的论断或观点，也应作具体分析。我们应区分以下几种情况：

一是某些论断从现在的视角看似乎过时，而就当时的情形来看则是正确的。例如，马克思和恩格斯根据当时"旧欧洲的一切势力，教皇和沙皇、梅特涅和基佐、法国的激进派和德国的警察"都联合起来结成反动的神圣同盟的情况，提出"共同胜利论"，认为一个国家的无产阶级及其政党要单独取得无产阶级革命的胜利是不可能的。这一论断已为巴黎公社的失败所证实。而列宁根据 20 世纪初期资本主义经济政治发展不平衡的状况，认为社会主义可能首先在少数或者甚至在单独一个资本主义国家内获得胜利，并付诸实践。他的这一论断，也为十月革命的胜利所证实。从表面上看，马克思、恩格斯的论断与列宁的论断是相互抵触的，但是如果放在他们各自所处的时代去考察，则是都符合当时的客观实际的。

二是有些论断刚提出来时不一定正确，但是马克思主义经典作家们及时作了改正。例如在《共产党宣言》中马克思和恩格斯曾写道："到目前为止的一切社会的历史都是阶级斗争的历史。"后来恩格斯吸收了哈克斯特豪森、毛勒、摩尔根等学者对人类社会史前状态的研究成果，在1888年英文版序言中对这一提法作了修正，指出"这是指有文字记载的历史"，从而使这一论断更切合实际了。

列宁在1919年时，也曾对当时世界革命的形势作了非常乐观的估计，甚至认为"共产主义在全世界的胜利已为期不远"。但是他很快发现自己的估计过于乐观了，因此及时承认了自己判断上的失误，纠正了自己原先的看法，并不无风趣地说："我们常常在歌里唱道'这是最后的斗争'，可惜这有点不大真实，因为这并不是最后的斗争。"

马克思主义经典作家们不是算命先生，也不是先知先觉者，不可能对任何事情都料事如神。但是他们一旦发现自己的错误，都能勇于承认并及时改正，这正是他们的伟大之处。

三是由于种种主客观原因，经典作家就一些问题的看法、判断上确实有失误之处，对此我们也不必讳言。但是正如列宁在回敬"第二国际"中一些所谓"现实的政治家们"对马克思和恩格斯的责难时所指出的那样："是的，马克思和恩格斯在估计革命时机很快到来这一点上，在希望革命获得胜利这一点上，在相信德国'共和国'很快就成立这一点上，有很多错误，而且常常犯错误。……但是一直在努力提高并且已经提高了全世界无产阶级的水平，使他们超出日常细小的任务范围的两个伟大的革命思想

列宁

家所犯的这种错误，同大叫大嚷、信口开河、妄说革命是无谓忙碌，革命斗争徒劳无益、反革命的'立宪'幻梦妙不可言的那些官场自由派的拙劣智慧比较起来，要高尚千倍，伟大千倍，在历史上宝贵千倍，正确千倍……让那些在革命方面没有行动的庸夫们以不犯错误而自夸吧。"列宁的这段话，今天用来回答那些攻击马克思主义过时的人，不是也同样适合吗？

四是有些问题在马克思和恩格斯所处的时代尚未出现，因此他们还不可能提出自己的见解。马克思和恩格斯毕竟没有经历过社会主义社会，因此不可能对今天我们在社会主义革命和建设中所遇到的问题都提供现成的答案。我们说马克思主义是科学，并不是它具体而详尽地向我们描绘了未来社会的每一个细节，而是在于它揭示了人类社会发展的客观规律，论证了社会主义必然要代替资本主义的历史趋势。同时，马克思和恩格斯也为我们提供了一个科学的世界观和方法论，使人们能够运用马克思主义的立场、观点和方法去分析、研究当前社会主义现代化建设中所遇到的大量的新事物、新问题，从而为我们解决这些问题提供了强有力的思想武器和指明了正确的途径。

因此，对待马克思主义的正确态度，应该是、也只能是在实践中坚持和发展马克思主义。

*抗日战争时期，中国共产党在延安和敌后抗日根据地已经对实行民主进行了卓有成效的探索——*

## 我党抗战时期的民主追求

我国有着几千年封建社会的历史，明显缺乏民主传统。毛泽东曾经说过，中国少了两件东西：一件是独立，一件是民主。但是，我们党在领导武装斗争期间，在根据地里通过实践逐步形成了人民民主的传统。这一传统发端于土地革命时期，成熟于抗日战争和解放战争时期。

按照西方政治学的见解，抗战时期的延安和敌后根据地根本就不具备民主选举的基本条件。因为选民绝大多数是文盲半文盲，选票都无法填写。同时，根据地经济文化条件极为落后，残酷的战争环境下搞选举更是难以想象。但是，我们党就是在这样艰苦的条件下，创造了人类民主政治发展史上的奇迹。

毛泽东在《目前抗日统一战线中的策略问题》中明确指出：抗日统一战线政权的产生应该由人民选举。当时提出"民主政治，选举第一"的口号，选举成为当时边区及各敌后抗日根据地民众政治生活中的一件大事。1937 年 5 月，陕甘宁边区政府通过了《陕甘宁边区选举条例》，确立了普遍、自由、直接、平等的选举原则。

依照选举条例的规定，工人、农民、小资产阶级和一切赞成抗日与民主的地主、富农、资本家以及国民党人士，均享有同等的选举权利。他们不但可以参加各级参议会参议员的选举，而且都有被选为参议员和政府公职人员的权利。陕甘宁边区的区、县、乡三级参议会也都由选民直接选举产生。

候选人的提名，采取各抗日党派、团体联合或单独推荐、选民有一定人数联署推荐三种方式。正式候选人的名额多于应选名额，实行差额选举。在不妨碍选举秩序的原则下，可以进行竞选。县和边区的参议员可通过集会和媒体为自己拉票，进行竞选。乡村选举的候选人，也要到台上说明自己当选后的施政计划。在竞选过程中，台下百姓可以对候选人品头论足。

从 1937 年下半年开始，陕甘宁边区以及晋察冀、晋冀鲁豫、晋绥、山东、华中、华南等各个敌后抗日根据地相继进行了相当普遍的民主选举，由此产生了陕甘宁边区及各根据地的各级人民政府和参议会。在选举过程中，各级党政部门都高度重视，制定了比较完备的选举法规，对选举原则、选举程序、选举保障等做了详尽且操作性很强的规定。据统计，边区 1937 年第一次选举中，参选的选民一般占总数的 80%，差一点的地区选民的比例

民主选举

豆选法

也达到了 50% 以上。

在 1941 年第二次选举中，全边区参选的选民占选民总数的 80% 以上。其他根据地的民主选举也相当成功，参选比例很高。例如，晋察冀根据地在 1940 年的选举中，北岳区、冀中区的参选比例都达到 85% 以上，平山、阜平等达到 98% 以上，游击区亦达到 70% 以上。如此高的参选率，无论在什么样的国家里都是非常罕见的。这样大规模的选举，对动员民众、提高民众的政治参与意识而言，无疑起着重要作用。

在当时留下来的一些电影资料中，人们常常能看到这样的画面：一群敦厚、朴实的农民在举行"豆选"。几位乡干部背后的条桌上都放着一个粗瓷海碗，全村的成年村民每人攥着一颗黄豆，依次走过乡干部的背后，同意谁当村长、乡长，就把豆子放进谁身后的碗里。最后，由得豆最多的人当选。"金豆豆，银豆豆，豆豆不能随便投；选好人，办好事，投在好人碗里头。"这句 20 世纪 40 年代流传于延安地区的民谣，再现了陕甘宁边区在艰苦环境下运用"豆选法"进行选举的生动场景。

这种选举方式简单易行，既可以减少选举成本，也可以避免候选人对选民意志的影响甚至操纵，因此能更充分地体现民意。有些村民为了不让别人知道自己将豆子投给了谁，还故意穿上长袖子衣服，从每个碗边都划过去，这就使旁边的人看不清他到底投了谁的票。有的地方还将豆子染上颜色，使之更加醒目；有的干脆用红芦苇根做选票。这些便于操作的选举方式开创了"草根民主"的先河，也为日后的人大表决所借鉴。土改后农民选举人民代表，

1937 年 7 月 2 日在延安接见世界学联代表团成员

因为为绝大多数农民不识字，也多用"豆选法"。

当时，美国记者史沫特莱到鄂豫边区访问，见证了很多"斗大字识不了几个"的农民用黄豆、蚕豆或绿豆作为选票，选出自己中意的候选人的情形，由衷地发出感叹："这是比近代英美还要进步的

选举！"1938年7月，毛泽东会见访问延安的世界学联代表团柯乐满等人时强调：民主制度在外国已是历史上的东西，中国则现在还未实行。边区的作用，就在做一个榜样给全国人民看，使他们懂得这种制度是最于抗日救国有利的，是抗日救国唯一正确的道路，这就是边区在全国的意义和作用。

遵照《陕甘宁边区选举条例》的规定要求，延安时期进行的四次选举都切实做到了"普遍、自由、直接、平等"，堪称国史、党史上民主选举的典范。当时的宣传口号是："民主政治，选举第一。没有选举，就没有民主。没有民主，就没有革命。"选民们也用民谣、小曲来表达自己的心声："民主政治要实行，选举为了老百姓。咱们选举什么人？办事又好又公平。"许多足不出村的小脚老太太，都骑着毛驴，翻山越岭，赶到选举地点。

张家口是抗日战争中第一个被八路军解放的中等城市，曾是察哈尔省的省会。当时就实行民主选举，连市委书记都上街去演说，参加竞选。北平的大学生都成群结队地跑来看，他们非常兴奋，说共产党与国民党确实不一样，都拥护共产党，不少人就不回去了，留下来参加工作。

正是由于实行了民主选举，边区以及各敌后根据地的政治面貌为之焕然一新，从而大大促进了根据地人民的抗战热情，有效实现了党的领导，扩大了我们党在各阶层人士中的政治影响力，为将来的执政打下了坚实的执政基础，也储备了雄厚的执政资源。

民主选举

也正因为如此，我们才能理解，为什么在抗日战争时期最艰难的岁月里，无数爱国青年放弃优裕的生活，不去美国或重庆，而是奔向延安；为什么1948年我们党发出"五一"口号后，会有那么多的学术大家、华侨领袖、民主党派、党外民主人士的积极响应，并冒着被暗杀的危险到达北京与中国共产党一起共商建国大计。

1944年，美军观察组通过对抗日根据地的实地考察，得出了一个结论："共产党在短短的几年中将成为中国唯一的主导力量。"还指出，"中国的命运不

中共七大

是蒋介石的命运，而是他们的命运。"

1945 年 6 月 11 日，开了 50 天的中共"七大"胜利闭幕了。这是中国共产党有史以来最盛大、最完满的一次全国代表大会。这次大会充分发扬民主，畅所欲言。毛泽东在闭幕词中对这次会议给予了高度评价，认为开了一个胜利的大会、团结的大会，达到了预期的目的。谈到选举时，他说："这次选举，大家非常慎重，考虑分析，调查研究，比我们党的历史上任何一次选举都民主些，但也很集中。整个大会可以这样说：放手的民主，高度的集中。"

1945 年 8 月底，毛泽东在重庆和平谈判期间，路透社记者甘贝尔向他提问：中共对"自由民主的中国"如何阐释？毛泽东回答："自由民主的中国将是这样的一个国家，它的各级政府直至中央政府都是由普遍、平等、无记名的选举所产生，并向选举它的人民负责。它将实现孙中山先生的三民主义，林肯的民有、民治、民享的原则与罗斯福的四大自由。它将保证国家的独立、团结、统一及与各民主强国的合作。"（注：四大自由指言论和表达的自由、信仰的自由、免于匮乏的自由、免除恐惧的自由）

毛泽东在 1949 年 8 月的《为什么要讨论白皮书》一文中指出："共产党领导的人民民主专政的政府，对于人民内部来说，不是专政或独裁的，而是民主的。这个政府是人民自己的政府。这个政府的工作人员对于人民必须是恭恭敬敬地听话的。"而曾任美国驻华大使的司徒雷登在总结国民党失掉大陆的原因时说的一段话则为毛泽东的话作了注脚："整个来讲，不论是对中国的民众（特别是农民），或者是对国内国外观察家，

司徒雷登

共产党都能给他们这样一种印象：它是全心全意致力于人民事业的，它是真正希望促进中国的民主事业，希望中国在各民族的大家庭中获得一个真正独立而强有力的地位。"正是真正的人民民主和建设民主的新中国这一目标，赢得了人民真诚的拥护，并成为大量同路人与中国共产党能够走到一起的核心因素。

**链接：**从 1912 年到 1949 年，近 40 年的中华民国史实际上就是移植西方民主失败的历史。

孙中山宣誓就职

1911 年爆发的辛亥革命，结束了延续两千多年的帝制。1912 年元旦，孙中山先生宣誓就职临时大总统，宣告中华民国成立。并效仿美国，采取总统制。但是在中外反动势力的联合压迫下，于 3 月辞去临时大总统职务，由袁世凯继任，中国历史上初露端倪的民主共和如昙花一现。

袁世凯上台后，中国先进分子为了挽救民主而积极斗争，争取过多党政治、议会制、内阁制等。一时间政党林立，最多时达到 300 多个政党。当袁世凯指使暗杀热衷于议会政治、政党内阁制的国民党代理理事长、著名政治家宋教仁后，

袁世凯上台

蒋介石

孙中山发动二次革命，希望从袁世凯手中夺回辛亥革命的民主果实，但是失败了。此后，"民主共和"就成了大小军阀和官僚政客的玩物，袁世凯甚至还利用所谓的"民意"企图恢复帝制。随后的北洋军阀各派系都在民主共和的口号下你争我夺，实行军阀统治，哪里还有一丝一毫民主的影子！

1927年蒋介石发动的"四一二"政变成功后，国民党在南京建立了"中华民国国民政府"。1928年10月10日，国民党宣布"军政时期转入训政时期"。所谓"训政"，即一切权力归本党，规定由国民党全国代表大会领导行使政权，治权则由国民政府执行和由国民党中央总揽，并形成了一个口号——"以党治国"，并且，最高监督的权力"仍属之于中国国民党"。按照训政理论，国民党之所以握重权，是为了训导人民如何使用政权，为宪政打下基础；而且，必要时国民党有权限制"人民之集会、结社、言论、出版等自由权"。可见，国民党训政的实质在于搞"党治"，即"以党治国"，"党在国上"，"党权高于一切"，国民党一党专政的局面由此而定。

国民党内部各派势力经过一番较量后，最终由蒋介石独大。他以黄埔军校的弟子为骨干，扩大嫡系部队，作为其统治的政治基础；通过政治强制和经济特权形成蒋宋孔陈四大家族为中心的官僚资本体系，作为其统治的经济基础；设立中统、军统两大特务组织，并在农村推行保甲制度，实行联保联坐，建立其统治的政治网络，由此建立起他的个人独裁。

1938年3月，国民党召开临时全国代表大会。大会根据蒋介石的意思，第一次提出了实行总裁制。为此修改了党章，规定"确立领袖制度"，增设了第五章"总裁"，赋予了总裁以"总揽一切事务"的权力。蒋介石被选为首任总裁，汪精卫为副总裁。从此，蒋介石除了"蒋委员长""蒋总司令""蒋大元帅"之类荣称外，又多了个"蒋总裁"这一尊称。

抗日战争胜利后，国民党宣布实行宪政。1946年冬召开"制宪国大"，

行宪国大

通过宪法，确认了总统独裁。1948年春又召开"行宪国大"，通过《动员戡乱时期条款》，赋予总统不受法律制约的紧急处置权，并选举蒋介石为总统。这样，国民党的一党专政和蒋介石的个人独裁得到了合法的外衣。"行宪国大"落幕后，一副对联应运而生，对大会做了辛辣的讽刺："中国一人，天下一统，元首舍我其谁？却未必承前启后，看今朝盛会召开，乌烟瘴气，怪力乱神子不语；正气何在，民主何存，代表当仁不让，也只好绝食抬棺，卜他日煤山独步，沧海桑田，风花雪月古来稀。"横批是"中正自勉"。

由此可见，整部民国史只有共和概念深入人心，任何人都不能复辟帝制。至于政党政治、总统制、内阁制、议会、国民大会等，均与民主风马牛不相及。

有这样一个细节：1943年2月18日，宋美龄成为第一个在美国议会和国会的联席会议上发表演说的外国人。在美国，宋美龄刻意在言行举止上想表露出中国式的民主做派，但美国人很快就看出了其隐藏在内心的独裁专制。一次，在白宫的 次午宴上，正巧谈起美国矿工工会正在罢工。罗斯福便问宋美龄，如果蒋介石遇上此事会如何处理。宋美龄没有开口，却用涂着指甲油的长指甲对着喉头划了一道弧线。罗斯福不禁心中一惊，庆幸自己幸亏是坐在她的对面，而没有并排坐在沙发上。"这是一个像铁一样硬的女人。"罗斯福事后如此评价她。

至于蒋介石本人，民主意识更是没有的。1944年10月28日，史迪威被迫应召回国，临行前他这样评价蒋介石："他无意建立任何真正的民主制度，或与共产党组织联合阵线。他本身是中国统一和真正为抗日而合作的主要障碍。"

1946 年，中国国民党六届二中全会上，国民党内一批不满国民党统治日趋下滑的少壮派，以 CC 派为主，要求进行党政军各方面的革新，限制总裁权利，采取民主方式。蒋介石对此十分不满，训斥他们："本党的组织原则是民主集权制，你们主张民主固无不可，但不要因民主而忘了集权。"

蒋介石的这番训示之词，充分表明了国民党及蒋介石所谓"民主"的虚假性。

毛泽东率领部队上井冈山前后，一直高度关注加强革命纪律——

# "第一军规"的提出及演变

1927 年 9 月，毛泽东领导湘赣边界秋收起义时，要求部队官兵对待人民群众说话和气，买卖公平，"不拉夫、不打人、不骂人"。

王佐

在前往井冈山途中，毛泽东目睹了部队无纪律的情形。秋天，正是山里红薯成熟的时节，行军路上，战士们又饥又渴，看见路边诱人的红薯，就连苗拔出，用袖子胡乱揩去泥巴，便塞到嘴里。为此，毛泽东开始思考制定红军军规的问题。

10 月 23 日，毛泽东率领部队从遂川大汾来到距茨坪 20 公里、位于井冈山西面的荆竹山，井冈山的山大王、绿林首领王佐派联络副官朱持柳前来迎接。当晚，毛泽东和朱持柳两人同睡一床，彻夜长谈。在交谈中，毛泽东了解到王佐由于以往多次上过反动民团的当，疑心很重。为了能在井冈山站稳脚跟和今后的长远发展，毛泽东感到有必要为这支初上井冈山的军队立个规矩。

10 月 24 日清晨，在荆竹山村村头旁的一片干田里，毛泽东集合了这支 100 人左右的队伍。他站在田中央一块名叫"雷打石"的巨石上向大家讲了话，并第一次提出了工农革命军的"三大纪律"：第一，行动要听指挥；第二，打土豪筹款子要归公；第三，不拿农民一个红薯。这就是"三大纪律"的雏形。由于这三条纪律简单易懂，因而迅速成为全体官兵的自觉行动。

雷打石

1928年初，工农革命军攻进遂川县城时，又出现了新的情况，部队将小商小贩的货物统统没收，甚至连药铺里卖药的戥子也拿走了。在遂川县的草林圩，又有当地的老百姓向毛泽东提意见："工农革命军好是好，可他们借了我们的门板去睡觉，还回来的不是原来的那一块。还有啊，战士们睡觉用过的稻草遍地都是，成了牛栏了。"

1月24日，在遂川县城李家坪，毛泽东向部队又提出了六个要注意的问题："一、上门板；二、捆铺草；三、说话要和气；四、买卖要公平；五、借东西要还；六、损坏东西要赔。"毛泽东又特别说了一段类似绕口令的话来解释，"损坏老百姓的东西，一定要赔偿。虽说打破了旧缸赔新缸，新缸不如旧缸光，但是赔了总比不赔强。"

1928年3月30日，工农革命军第一团到达桂东县沙田圩。由于党和政府机关的成立，以及地方武装的扩大，桂东县的革命烈火迅速燃烧起来，几天之间，全县各区、乡的红色政权纷纷建立，一场打土豪分田地的土地革命运动席卷桂东。工农革命军在沙田所开展的群众工作，收效很大，受到了广大农民群众的欢迎。

然而，由于各种原因，烧杀行为和侵犯群众利益的事情也时有发生。"在四都的东、西水烧了很多的屋"，有一次，烧土豪的房子时，竟殃及旁边的老百姓房子。打土豪时，也出现了许多误会的事情：把老百姓娶媳妇的新嫁妆当作土豪财产予以没收，把给挨户团队长做过事的木匠也抓起来，甚至把老百姓也抓起来。这些现象，引起了毛泽东的关注。

为了彻底纠正这种现象，4月3日上午，毛泽东把部队集中在桂东沙田圩后的老虎冲"三十六担丘"的田中，向工农革命军一团全体指战员，桂东县

毛泽东提出"第一军规"

桂东"第一军规广场"

沙田一带的赤卫队员、少先队员，正式颁布了"三大纪律、六项注意"。

毛泽东说："烧房子这类事情行不通，烧了房子，老百姓都走了。现在要颁布几条纪律。第一条，一切行动听指挥；第二条，不拿工农一点东西；第三条，一切缴获要归公。六项注意：一、上门板；二、捆铺草；三、说话和气；四、买卖公平；五、借东西要还；六、损坏东西要赔。"当时，毛泽东还一条一条地作了解释。毛泽东讲了以后，"营长给部队讲，回去以后，要记熟念熟。部队晚上点名时，党代表又讲了三大纪律六项注意的内容"。这是毛泽东创建井冈山根据地以来第一次比较完整地颁布工农革命军的"三大纪律、六项注意"。

"三大纪律、六项注意"，是人民军队的基本法则。它自在荆竹山首次宣布后，内容不断地调整和充实。这次在桂东沙田，就将原来的"不拿老百姓一个红薯"改为"不拿工农一点东西"。

"三大纪律、六项注意"制定后，得到了认真的贯彻执行。1928 年 5 月中旬，红四军二十八团二营司务长古某，在宁冈葛田乡只有几户人家的水东村向农民郭友庭买猪时，谎称没有带钱，说过几天送来，将猪赶走。这件事被乡工农兵政府主席陈愿山了解到了，反映到红四军士兵委员会主任陈毅那里，陈毅派人查实后，军委召开会议，多数人认为古某一次性侵吞群众一口猪，情节恶劣，属于向群众敲诈的事件，严重违反纪律，应受严惩。结果，对古司务长予以处决。

随着人民军队的不断发展，"三大纪律、六项注意"后来发展完善为"三大纪律、八项注意"。后任中国人民解放军上将的老红军陈士榘叙述了这个过程。他回忆说："关于

陈士榘

三大纪律，在新的情况下，不断地在内容上进行了修改，例如将'筹款要归公'改为'缴获要归公'，'不拿老百姓一个红薯'改为'不拿一个鸡蛋'，到陕北后又改为'不拿群众一针一线'。六项注意，到了1929年向赣南闽西进军后，部队经过赣粤边三南地区（龙南、定南、全南），向广东东江地区发展。这些地方比较闭塞，封建统治势力很强。我们来到这里，没有调查了解，还是按照过去的习惯，到野外大便，随便到沟里、河里洗澡，结果引起群众的严重不满。毛泽东同志在群众中了解到这些反映后，立即把六项注意改为八项注意，并且迅即向部队宣布。新添的两项是：'洗澡避女人和大便找厕所'，以后又改为'院子打扫干净，挖卫生坑（厕所）'。"

"三大纪律、八项注意"的理出和贯彻落实，使红军真正成为与一切旧军队迥然不同、军纪严明的人民子弟兵。

　　**链接：**1935年9月，红二十五军到达陕北，与陕北红军合编为红十五军团。十五军团在劳山战斗后增加了一批新战士，急需对他们进行纪律教育。于是，程坦在中央红军带到陕北的文件中找到"三大纪律、八项注意"的文本，把它编写成歌词，用曾在鄂豫皖地区流传的《土地革命已经成功了》的音调填写了这首《三大纪律、八项注意》歌，在政治部《红旗报》上刊登。从此，这首歌曲在我军中广泛传唱。

三大纪律、八项注意

　　1947年10月10日，毛泽东起草了《中国人民解放军总部关于重行颁布三大纪律、八项注意的训令》。从此，内容统一的"三大纪律、八项注意"就以命令的形式固定下来，成为人民军队的治军法宝，被誉为"第一军规"。

1955 年，我国开始制定行政工资制和军衔制。在讨论"四定"方案时——

# 毛泽东：要求缩小贫富差距

新中国成立之初，供给制与工资制并存。至 1955 年，国内经济形势继续好转，新一轮工资改革也应运出台。我国在借鉴苏联、朝鲜等国家管理模式和经验的基础上，决定先行在国家机关及所属事业单位废除工资分，开始在全国实行行政级别工资制，在全军实行军衔制，行政级从 1 级到 24 级，月工资从 590 元到 45 元不等，一直延续到 1980 年代末，前后历时 30 余年。因"定职、定级、定衔、定薪"牵扯到每个干部和家庭的切身利益，因此在全国、全军产生了强烈反响，给一代人留下了深刻的影响和印象。

当时的"四定"工作由中央军委和政务院（国务院）负责。以周恩来总理为首的领导小组在调查研究、借鉴酝酿和广泛征求意见基础上，考虑到军心民意和国情等因素，起草修改，整整工作了一年，最终拿出一个方案，呈报毛主席审阅、批准。这个方案如下：

| 行政级别 | 职务 | 月工资 | 人员 |
|---|---|---|---|
| 一级 | 军委主席 | 600 元 | 毛泽东（大元帅） |
| 二级 | 副主席 | 550 | 朱德、刘少奇、周恩来等 |
| 三级 | 元帅 | 500 | 陈云、邓小平和元帅 |
| 四级 | 大将 | 450 | 粟裕、徐海东、陈赓等大将 |
| 五级 | 上将 | 400 | 大军区、省、部级正职 |

……

毛泽东仔细看完《方案》后，紧皱着眉头久久不语，他一连吸了几支烟，然后说："我看不妥，这样不利于团结，贫富差距要缩小嘛！"

毛主席在一次党中央、国务院、中央军委召开的会议上，诙谐地说："你们让我当大元帅，是把我放在火炉子上烤（考）我呀！……一级干部就我毛泽东一个人，你们都是二级、三级，我毛泽东太不够意思、太不够朋友！……"毛泽东沉思片刻后笑着说："我们把一级让给马克思、恩格斯，把二级让给列宁、斯大林，我和你们一样，都是三级干部嘛！……"与会者响起一片笑声和热烈的掌声。但是，这让负责具体工作的周总理很为难，如果按毛主席的指示办，毛主席的工资收入将减少 100 元，其他中央领导人的工资将减少 50 元。最后，周总

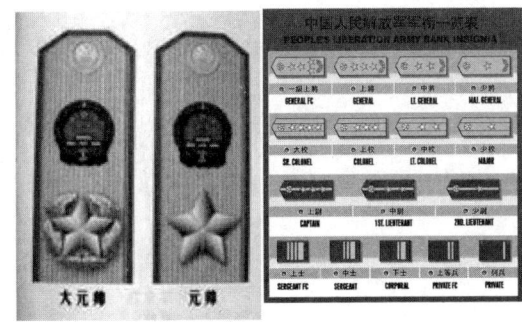

人民解放军军衔

理和他的助手们想出了一个既聪明又合理的折中方案，这个方案大体如下：

从元帅到准尉，从国家元首到办事员共划分为 24 个级别，工资从 45 元到 594 元不等，级与级之间最多相差 50 多元，最少只相差 5 元。其中一级 594 元，二级 536 元，三级 478 元，级差为国家级，对象为党和国家领导人、十大元帅；大将四级，425 元（国家副职）；五级是上将，382 元；六级 355 元；七级 310 元（中将，为军区、省、部、司级，对象为大军区、省、部、司正副职）；八至十级为军级（少将），正军、副军、正厅、正地市级，277 元、252 元、217 元，；十一至十三级为师级（大校、上校），为正师、副师、副厅、副地市、正处、正县级，200 元、177 元、159 元；十四至十六级为团级（中校、少校），正团、副团、副处、副县级，141 元、127 元、113 元；十七、十八级为营级、大尉，为正营、副营、正科级，101 元、89 元；十九、二十级（连级，上尉）为正连、副连、正科，80 元、72 元；二十一至二十四级为排级，其中中尉、正排、科员为二十一、二十二级；少尉是二十三级，50 元；准尉为二十四级，45 元；二十三至二十四级为副排、办事员。

另外，考虑到各地的自然条件、物价和生活费用水平、交通以及工资状况，并适当照顾重点发展地区和生活条件艰苦地区，将全国分为十一类工资区。规定以一类地区为基准，每高一类，工资标准增加 3%（如安徽属三类地区、北京属六类地区、上海属八类地区、青海属十一类地区等）。工资区类别越高，工资标准也就越高。因地区类别不同，同级地方干部相差 10~40 元，军队干部比地方干部平均高出 30 元左右，充分体现了"血比汗值钱"的原则。

当时，毛泽东住中南海的房子也要按规定交付房租。1955 年实行工资制后，

毛泽东的家庭开支主要为 9 项，其中主食 450 元，副食 120 元，日用开销 33 元。这一标准一直持续到 1968 年，日用开销才增长至 92.96 元。这种生活标准已经接近毛泽东（404.8 元）和江青（243 元）工资的总和。这也说明毛泽东的家庭和中国普通百姓的家庭一样，工资收入主要用来糊口，吃饭占家庭支出的绝大部分。

这个方案既借鉴、吸取了国外的先进经验，又缩小了官兵、贫富之间的差距，基本上合情、合理，符合军心民意，一直沿用到改革开放之初。

1960 年之后的三年困难时期，身为党中央副主席的陈云带头提出给自己降级、降薪，毛主席拍手称好，说："要降，我们一起降嘛！与全国人民共渡难关！"

1960 年 9 月 26 日中共中央、国务院通知：三级降 12%，四级降 10%，五级降 8%，六级降 6%，七级降 4%；八级降 2%，九至十七级降 1%。于是，一大批军队和地方干部都降了薪，用来支援国家和人民。

1965 年 8 月 1 日，毛主席倡议取消了军衔制，恢复红军时期官兵一致的红领章、红帽徽，"一颗红星头上戴，革命的红旗挂两边"。

1988 年 8 月 1 日，在改革开放的新形势下，由邓小平同志建议，全军重新恢复了军衔制。通过学习、借鉴美国等西方国家的经验和做法，取消了元帅和大将军衔，最高军衔为上将，一直延续到今天。

---

**链接**：早在 1933 年，南京国民政府颁布《文官官等官俸表》，重新厘定了各级公务员的工资标准。按照该表规定，时任国家最高领导人的蒋介石，拿的工资跟行政院院长、立法院院长和各部总长一样，都是每月 800 块大洋。副委员长、各部次长以及各省主席，工资比蒋介石稍低一些，每月能拿到 680 块大洋左右。

蒋介石月薪 800 块大洋是多少钱呢？ 1933 年下半年南京市几种生活必需品的零售价格：大米，每斤需大洋 4 分；牛肉，每斤需大洋 3 角；五花肉，每斤需大洋 2 角 3 分；菜油，每斤需大洋 1 角 6 分；某个牌子的男士短袜，每双需大洋 7 分。综合以上物价，那时候一块大洋的购买力，相当于现在 60 元人民币。蒋介石每月 800 块大洋，相当于 48000 元。

抗日战争时期的 1939 年 7 月 12 日，毛泽东在《在边区县长联席会议上的报告》中，曾拿中共的干部及其待遇和国民党的官员及其待遇做过比较。他说："我们对孔子懂得很少，写文章写得不长。"周公、孔子一套搞不来，文墨也不太会。但是，我们的县长、区长、乡长，每月 2 元津贴，"又民主，又能艰苦奋斗，又能帮助老百姓。自周公、孔子以来，从没有如边区政府的县长这样的廉洁、这样的民主、这样的帮助老百姓的。"而国民党的县长们，

毛泽东在给边区干部做报告

他们每月拿着 180 元的薪水，却只会娶小老婆、打麻将、抽鸦片，甚至还"贪污、刮地皮，压迫老百姓"，其他就一无所成。为什么会有如此区别？毛泽东指出，这就是因为我们和国民党不同，大家是来革命的，"革命是有生命危险，生命既准备牺牲，何况薪水这小小的东西？"因此，他公开预言：中国只有靠共产党的这些既廉洁又民主的干部才有希望，"我们中国如果再在（国民党）这些混账王八蛋手里搞下去，中国一定要亡"。

毛泽东的话，已经为历史的发展所印证。

1977 年 10 月 21 日，《人民日报》第一版刊发消息《高等学校招生进行重大改革》和社论《搞好大学招生是全国人民的希望》，公布了一个令无数年轻人无比欣喜的利好消息——

# 高考制度的恢复

科学与教育工作座谈会

1977 年 8 月 4 日至 8 日，刚刚复出不久的邓小平在北京主持召开了科学与教育工作座谈会，邀请了三十多位著名科学家和教育工作者参加。8 月 6 日下午，会议讨论的重点转移到高校招生这个热点问题。在此之前，教育部以"来不及改变"为由，决定仍然维持"文革"中推荐上大学的办法，并刚刚将方案上报中央。这引起了与会者的反对，纷纷揭露这种办法的弊病，并主张

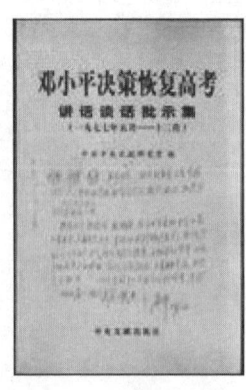

1977 年新生开学典礼

立即恢复高考，建议如果时间来不及可推迟当年招生时间。这些意见得到邓小平的支持，他要求教育部立即把报送中央的报告追回来。邓小平的果断拍板，当即赢得了全场热烈的掌声。

8月13日到9月25日，教育部再次召开高等学校招生工作会议。会议冲破了重重阻力，决定恢复已经停止了10年的全国高等院校招生考试，以统一考试、择优录取的方式选拔人才上大学。恢复高考的招生对象是：工人农民、"上山下乡"和回乡知识青年、复员军人、干部和应届高中毕业生。会议还决定，录取学生时，将优先保证重点院校、医学院校、师范院校和农业院校，学生毕业后由国家统一分配。

同年10月12日，国务院正式宣布当年立即恢复高考。10月21日，《人民日报》、中央人民广播电台等发布了恢复高考的新闻，并透露本年度的高考将于1个月后在全国范围内进行。几百万知识青年闻讯后欢呼雀跃，奔走相告。

1977年冬天，中国有570万考生走进曾被关闭十余年的高考考场。但民间统计（应包括初试）为1200万人，这个数字与老三届、新三届的总人数大致相仿。由于参加考试的人太多，一时找不到那么多的纸张印考卷。为了解决恢复高考后第一届77级的考卷急需用纸，中共中央决定，调用印刷《毛泽东选集》第五卷的纸张来赶印高考试卷。当年全国大专院校录取新生27.3万人；进入1978年，又有610万人报考，录取40.2万人。在两届录取的新生中，七七级学生1978年春天入学，七八级学生秋天入学，两次招生仅相隔了半年。这两次考试堪称世界历史上规模最大的考试，报考总人数达到创纪录的1160万人！

尽管两届的录取率不到6%，但由于提供了"在分数面前人人平等"的机会，这让成千上万的年轻人看到了希望。他们怀揣着改变命运的梦想，对社会公平的期待，纷纷重新拿起书本，投入到求学大军之中。尽管绝大部分的人并没有走进大学校门，甚至连正式考试的考场也没能进得去，但这个机遇给了人们一个公平公正的竞技机会。对于每一个人来说，社会生存的游戏规则从此转向了公允平等。

高考制度的恢复，使中国的人才培养重新步入了健康发展的轨道。据了解，恢复高考后的二十多年里，中国已经有1000多万名普通高校的本专科毕业生和近60万名研究生陆续走上工作岗位。

　　1977 年恢复高考制度，不仅改变了几代人的命运，尤为重要的是为我国在新时期及其后的发展和腾飞奠定了良好的基础。正如有评论指出的那样："恢复高考并不是简单恢复了一个入学考试，更是社会公平与公正的重建，是在全社会重新树立起了尊重知识、尊重人才的观念。"因此，1977 年恢复高考制度不仅具有很深远的历史意义，而且具有重大的现实意义。

　　**链接**：1966 年 6 月 13 日，中共中央、国务院发出通知指出："鉴于目前大专学校和高中的文化大革命正在兴起，要把这一运动搞深搞透，没有一定的时间是不行的。"而且认为：高等学校招生考试办法"基本上没有跳出资产阶级考试制度的框框"，因此"必须彻底改革"。并决定，1966 年的高校招生推迟半年进行。

　　1966 年 7 月 24 日，中共中央、国务院发出《关于改革高等学校招生工作的通知》，进一步提出，从本年起，高等学校招生工作下放到省、市、自治区办理。高等学校"取消考试，采取推荐与考试相结合的办法；必须坚持政治第一的原则，贯彻执行党的阶级路线"。但当时"文革"已经兴起，各地方政府的职能陷于瘫痪，招生工作根本无法正常开展。结果，全国高校的招生不是推迟了半年，而是推迟了整整 6 年！

　　1970 年 6 月 27 日，中共中央批转《北京大学、清华大学关于招生（试点）的请示报告》。不久国务院发出通知，规定高校招生废除考试制度，"实行群众推荐、领导批准和学校复审相结合的办法"，招收"工农兵学员"。

并确定工农兵学员的任务是"上大学、管大学、用毛泽东思想改造大学"。当年 10 月，首批"工农兵学员"到北大和清华入学。

　　据统计，从 1972 年到 1977 年，全国共招收工农兵学员 94 万人。

欢迎工农兵学员

1949 年新中国的诞生以及社会主义制度的建立，为中国的发展奠定了坚实的基础——

# 新中国的经济腾飞

中国是个有着五千年悠久历史的文明古国，曾经领先世界 1400~1500 多年。但是 1840 年以后，由于西方列强的不断入侵，中国的工业化、现代化进程不断受到干扰、破坏，中国的发展举步维艰。

当中国共产党人经过 28 年的浴血奋战，终于迎来新中国第一缕晨曦的时候，却发现摆在我们面前的是一副名副其实的烂摊子：

——1949 年的国民生产总值仅有 358 亿元（约折合 98.1 亿美元），只相当于美国国内生产总值（2800 多亿美元）的 3%。

——全国工农业生产总值摊到每一个中国人头上，人均只有 86 元；国民收入 358 亿元，人均只有 66 元。

——虽然早在 19 世纪 60 年代我国官僚买办已创办近代工业，19 世纪 70 年代初民族资本主义也开始发展起来，但是到 1949 年时近代工业的产值只占工农业总产值的 17%，民族工业资本的资金净值 1936 年是 11.7 亿元，1949 年是 20.08 亿元；近代工业跟当时的发达国家相比，至少落后 100~150 年；中国工业的人均产量尚不及比利时的工业产量的 1/15。

悲惨的灾民　　　　　　　　　　　　　　近代工业

——1949 年的原煤产量为 3243 万吨，相当于美国 1870 年、法国 1898 年的产量，比英国 1850 年的产量还少 1000 多万吨；原油 12 万吨，不及美国 1861~1865 年平均年产量的一半；水泥 66 万吨，相当于美国 1884 年的产量，不及英国、法国 1925 年产量的 1/5；发电量 43.1 亿度，接近英国 1913 年、美国 1902 年的水平，不及法国 1926 年的一半。

——当时的民族工业主要是纺织、食品等轻工业，其中雇工 500 人以上的工厂只有百分之零点一，雇工 10 人以下的工厂占百分之六十九点七，无机器的手工业工场达百分之七十点九一。而且分布也极不合理，百分之七十以上的工业集中在占国土面积不到百分之十二的东部沿海地区，重工业主要集中在辽宁，轻纺工业主要集中在上海、天津、青岛、广州、苏南等少数城市；内地除了武汉、重庆等几个沿江城市外，广大地区尤其是边疆少数民族很少，甚至几乎没有什么近代工业；占国土面积百分之六十八的广大西部地区，工业总产值仅占全国的百分之九，总共才有 300 多家厂矿企业，绝大部分以手工劳动为主。

——当时中国人口 4.5 亿，平均每人只拥有少得可怜的 1.2 斤纱、7.9 度电、59 公斤煤；由于市场萧条、物价飞涨，大部分中国人的生活维持在最低的生存水平上，失业严重。

通货膨胀

饥饿的灾民

——1949 年全国的钢产量仅有 15.8 万吨，只相当于英国 1870 年、美国 1872 年、法国 1873 年的产量。如果把 15.8 万吨的钢摊到每个中国人头上，人均不到 6 两，连打一把菜刀都不够！

——1949 年我国粮食产量 11318 万吨，比美国 1876 年的产量还要少 4000 多万吨；棉花产量 44.5 万吨，相当于美国 1966 年的产量；棉布产量 18.9 亿米，不及美国 1937 年产量的四分之一。

——1947 年 7 月 27 日，美联社评述当时法币 100 元的购买力：1937 年可买 2 头牛，

1938 年可买 1 头牛，1941 年可买 1 头猪，1943 年还能买 1 只鸡，1945 年勉强能买 1 条鱼，到 1947 年就只能买不到半盒火柴了。

正如邓小平所说的那样："建国以后，我们从旧中国接受下来的是一个烂摊子，工业几乎等于零，粮食也不够吃，通货恶性膨胀，经济十分混乱。"

我们不会忘记，当时帝国主义者的所谓"预言"："中国共产党解决不了自己的经济问题！"

我们不会忘记，当时已经败逃到台湾的蒋介石说过的一句风凉话："我把四万万人吃饭问题的包袱，甩给了毛泽东！"

我们也不会忘记，当时国内资产阶级的一句所谓"名言"："共产党是军事一百分，政治八十分，财经打零分！"

但是，中国共产党早在诞生之日起，就把推动中国发展、实现民族振兴作为自己的神圣职责。年轻的中国共产党人迎难而上，以"敢教日月换新天"的豪迈气魄，义无反顾地走上了一条自己开创的新的发展道路！

新民主主义革命的胜利，社会主义基本制度的建立，为当代中国一切发展进步奠定了根本政治前提和制度基础。

到 1952 年底，我国经济就已经恢复到 1936 年旧中国的最高水平：

——1952 年，工业总产值达到 349 万亿元，比解放前最高的 1936 年增长 22.3%；

——农业总产值达到 461 万亿元，比上年增长 15%；

——工业占国民生产总值 30%，农业产值占 64%；

——全国职工的平均工资比 1949 年增长 60%-120%，工人的工资收入一般已达到或超过抗战前的水平；同期农民的收入一般也增长了 30% 以上。

在毛泽东时代，已经站起来的中国人民在中国共产党的领导下，取得了

快乐的社员

工业大发展

南京长江大桥

辉煌的成就。从 1952 年到 1976 年，尽管期间经历了"大跃进""文化大革命"的破坏，但工业生产平均每年超过 10% 的速度增长，在工业成就方面，全国工业总产值增长 30 多倍，如果从 1952 年算起则增长 12 倍，其中重工业总产值增长 90 倍。

"两弹一星"

在毛泽东时代，从 1952 年至毛泽东时代结束期间，钢铁产量从 140 万吨增长到 3180 万吨，煤炭产量从 6600 万吨增长到 61700 万吨，水泥产量从 300 万吨增长到 6500 万吨，木材产量从 1100 万吨增长到 5100 万吨，电力从 70 亿千瓦 / 小时增长到 2560 亿千瓦 / 小时，原油产量从空白变成 10400 万吨，化肥产量从 3.9 万吨上升到 869.3 万吨。

在毛泽东时代，我们已经能够生产重型拖拉机、喷气式飞机、铁路机车、万吨巨轮；能够建造南京长江大桥；特别是早在 1964 年就爆炸了第一颗原子弹，1967 年爆炸了第一颗氢弹，1970 年第一颗人造卫星就上了天。

而这一切，可以说都是当时世界上最先进生产力的体现！

1952 年，我国工业占国民生产总值的 30%，农业产值占 64%；但是到 1975 年，这个比例颠倒过来了，工业占国家经济生产的 72%，农业仅占 28%。中国从 1949 年世界上最落后的农业国之一，一跃成为到 20 世纪 70 年代中期为止的世界第六大工业强国，成为一个以工业为主的国家。

"农村新风貌"邮票

在农业成就方面，从 1952 年到 70 年代中期，农业净产量增长为平均每年 2.5%。据统计：1977 年我国人均占有耕地比印度少 14%，而人均粮食生产比印度高 30%~40%，而且分配也比印度公平得多。1949 年，中国人均国内生产总值只有 27 美元，印度为 57 美元，比我国多出一倍；但是到

2011 年，中国人均国内生产总值达到 5470 美元，印度为 1530 美元，我国比印度高出三倍！

赤脚医生

在社会生活各个方面，毛泽东时代都取得了巨大的成就：

——在旧中国，大部分人口是文盲，在新中国，大部分人都识字；

——在农村，基本普及了小学教育，在城市，基本普及了中等教育；

——初步形成了社会保障体系：在农村，对最贫困者实行"五保"等措施；国有企业工人享有工作保障及国家拨款的福利待遇，从摇篮到墓地都由国家包了；

——形成了一个相当全面的医疗保健体系，这在当

毛泽东视察工厂

时的发展中国家中是独一无二的；

——中国人的平均寿命有了极大的增长：1928 年到 1933 年，中国人的平均寿命只有 34 岁；1949 年只有 35 岁；到 20 世纪 70 年代中期达到 65 岁；2011 年达到 73.5 岁。

尤其重要的是，如果没有毛泽东时代为我们奠定一个现代化的工业体系和现代化的农业体系，就不可能有改革开放 30 多年的经济腾飞！

1978 年 12 月召开的十一届三中全会，是建国以来我党历史上具有深远意义的伟大转折，开启了改革开放的历史新时期。

从那时以来，中国共产党人和中国人民以一往无前的进取精神和波澜壮阔的创新实践，谱写了中华民族自强不息、顽强奋进新的壮丽史诗。

改革开放以来，中国的发展速度是非常惊人的：

——1990 年：中国 GDP 总值为 3878 亿美元（按当时汇率），在世界排名第 10 位，居美、日、德、法、意、英、加、西、巴西 9 国之后；

——2000 年：中国 GDP 总值为 1081 万亿美元，跃居世界第 6 位，仅次于美、日、德、英、法；

——2005 年超英、法：中国 GDP 总值为 2229 万亿美元，英国 2228 万亿美元，法国 1973 万亿美元；

——2008 年超德国：中国 GDP 总值为 4222 万亿美元，德国为 3818 万亿美元；

——2010 年超日本：中国 GDP 总值为 5.8786 万亿美元，日本为 5.4742 万亿美元。

中国由世界排名第 10 跃居到世界排名第二，仅仅用了 20 年时间！

另据国际货币基金组织（IMF）从购买力平价的角度推算，2014 年中国的经济总量已经超过了美国。

今天，中国人民的面貌、社会主义中国的面貌、中国共产党的面貌，都发生了历史性的深刻变化。

今天，一个面向现代化、面向世界、面向未来的社会主义中国，巍然屹立在世界东方！

美国兰德公司

链接：1988年，有着"美国第一智库""白宫第一智囊"之称的美国兰德公司提交了一份报告，测算了日本、中国大陆、美国、韩国、印度、中国台湾的实际购买力，得出的结论是：中国大陆在2015年左右可能成为世界第二位或第三位，中国大陆人均实际购买力为1300美元。但是，当时无人相信。可事实上，中国神奇般的发展速度和实际达到的水平，已经提前超越了兰德公司的结论！

斯蒂芬·佩里

在这样短的时间里，在这样一种特殊形势下，中国共产党为13亿中国人做了这么多大事、好事，做了这么多让世界震惊的事，没有任何一个其他的执政党可以与之相

罗素

比。瑞士《新闻报》说，在数千年历史中，中国从没像现在这样表现优秀。2012年世界大型企业研究会针对70名美国大公司的CEO展开了一项调查，其中一条是世界上哪些组织最称职可信。没想到在美国这个自我优越感极强的国家，在CEO们的回答中，中国共产党竟然位于第三位，排名位次远高于美国总统和美国国会。他们认为，中国共产党处理社会经济问题的能力和各种调节手段交替运用之娴熟，令人惊叹。英国《金融时报》甚至用了这样一个标题："中国共产党成为美国CEO的榜样。"

英国《经济学家》周刊曾报道，英国用了58年、美国用了47年、日本用了34年的时间使人均实际收入增加一倍，而中国仅用10年就实现了。

北京大学校门

英国48家集团俱乐部主席斯蒂芬·佩里指出："中国在1978年改革开放后，消灭了大量贫困，开始了现代化发展历程。在30多年时间里，中国甩掉了积贫积弱的帽子，成为当今世界第二大经济体，并稳步向第一大经济体迈进。未来中国的社会与政治改革如同其经济发展一样，不会

接受任何外界强加的模式，也不会盲目照抄外国经验。中国将自己找到适合的发展道路。"

亲历了"五四"新文化运动的著名英国哲学家罗素曾经预言：中国必将找到一条不同于西方的古老文明走向现代的道路。现在，我们完全可以自豪地说，这条不同于西方的走向现代的道路——中国特色社会主义道路——我们已经找到了。而且，走上这条道路以后，中国正在一天天走向富强！

2014年5月4日，习近平同志在北京大学师生座谈会上的讲话中指出："中国曾经是世界上的经济强国，后来在世界工业革命如火如荼、人类社会发生深刻变革的时期，中国丧失了与世界同进步的历史机遇，落到了被动挨打的境地。尤其是鸦片战争之后，中华民族更是陷入积贫积弱、任人宰割的悲惨状况。这段历史悲剧决不能重演！建设富强民主文明和谐的社会主义现代化国家，是我们的目标，也是我们的责任，是我们对中华民族的责任，对前人的责任，对后人的责任。我们要保持战略定力和坚定信念，坚定不移走自己的路，朝着自己的目标前进。"

习近平同志还指出："中国已经发展起来了，我们不认可'国强必霸'的逻辑，坚持走和平发展道路，但中华民族被外族任意欺凌的时代已经一去不复返了！为什么我们现在有这样的底气？就是因为我们的国家发展起来了。现在，中国的国际地位不断提高、国际影响力不断扩大，这是中国人民用自己的百年奋斗赢得的尊敬。想想近代以来中国丧权辱国、外国人在中国横行霸道的悲惨历史，真是形成了鲜明对照！"

随着生产力水平的不断提高、人民生活水平的不断改善，人们的消费观念也在不断发生着变化——

## "三大件"的变迁

从物质生活的角度来看，我国老百姓享受消费品的层次已经是芝麻开花——节节高。特别是改革开放以来，我国城乡居民消费品档次的升级换代也越来越快。

从改革开放之前到 20 世纪的 80 年代，人们对消费品的追求还停留在百元级的"老三件"上，即自行车、手表、缝纫机。

老三件

从 20 世纪 80 年代到 90 年代中期，人们追求的消费品升格为千元级的"新三件"——电视机、洗衣机、电冰箱。

从 20 世纪 90 年代到进入 21 世纪，人们追求的消费品又变成了万元级的"五大件"，即大哥大（1990 年代中期 1 万 ~2 万元一部）、电脑、家庭影院（组合件）、小汽车、商品房。

进入 21 世纪至今，人们的消费已不再固定于几大件了。随着物质生活的需求得到充分满足后，人们对精神生活的需求越来越高，消费品亦不局限于某一种特定的产品，而可能是一种活动或一次享受，如文化娱乐、体育健身、休闲旅游、医疗保健，等等。

我国城乡居民消费品档次的不断升级换代，不正是国家富强、民族复兴、人民幸福的折射吗？

党的十七届六中全会通过的《中共中央关于深化文化体制改革、推动社会主义文化大发展大繁荣若干重大问题的决定》指出："社会主义先进文化是马克思主义政党思想精神上的旗帜。"因为，它充分展示出了——

## 我国先进文化的强大生命力

回顾我们党所走过的 90 多年历程，可以看到，我们党历来高度重视运用文化软实力引领前进方向、凝聚奋斗力量，团结带领全国各族人民不断以思想文化新觉醒、理论创造新成果、文化建设新成就推动党和人民事业向前发展，党的文化工作在革命、建设、改革各个历史时期都发挥了不可替代的重大作用。

什么是社会主义先进文化？在党的十七届六中全会通过的《中共中央关于深化文化体制改革、推动社会主义文化大发展大繁荣若干重大问题的决定》中将其定义为"面向现代化、面向世界、面向未来的，民族的科学的大众的社会主义文化"。"三个面向"，来自邓小平1983年9月8日为北京景山学校的题词；而"民族的科学的大众的文化"，提法则来自毛泽东。1940年1月，毛泽东在《新民主主义论》中指出："民族的科学的大众的文化，就是人民大众反帝反封建的文化，就是新民主主义的文化，就是中华民族的新文化。"

但是，一种文化是不是先进，是不能自封的。那么，凭什么说"面向现代化、面向世界、面向未来的，民族的科学的大众的社会主义文化"就是先进文化？

我们认为，之所以说它是先进文化，就在于它是西方文化传统精华、中华民族优秀文化传统精华和中国革命文化传统精华这三大文化传统精华的结晶。

**从西方文化传统的精华来看，主要是马克思主义和市场经济运行机制的引进**

——关于马克思主义的引进。

毛泽东曾指出，我国人民的斗争总是失败，原因就在于"在一个很长的时期内，即从1840年的鸦片战争到1919年的五四运动的前夜，共计70多年中，中国人没有什么思想武器可以抵御帝国主义"。值得注意的是，毛泽东在这里并不是从物质层面，而是从"思想武器"也即文化层面提出问题的。

严复

长期以来，我们一直认为自己的文化，尤其是以孔夫子为代表的儒家文化是先进的，近代以来我们之所以打不赢入侵的西方列强，是因为西方船坚炮利，我们在物质层面不如人家。但是，当我们购买了大量的洋枪洋炮、同入侵的洋鬼子打还是打败仗时，才开始有不少仁人志士怀疑我们的思想武器是不是也不如别人，也才开始了向西方寻找先进的思想武器的艰难历程。

大体而言，中国人向西方寻找思想武器经历了几个明显的阶段：

一是从英国引进的进化论。

当年李鸿章组建北洋水师时，曾经派了一批留学生到英国学习海军，其中就有严复。是他，第一个把达尔文的进化论介绍到中国。达尔文的进化论，其代表作是《物种起源》。1859 年出版后，在整个欧洲引来一片叫骂声。因为达尔文认为人的祖先是猿猴，而西方人一直认为自己的血统很高贵，要他们承认自己的祖先是猿猴，他们很难接受。

《赫胥黎天演论》

但是，达尔文的进化论被严复介绍到中国来以后，几乎没有受到任何阻碍，很快就被中国人所接受。因为当时的中国正面临的是亡国亡种的威胁，西方列强不断入侵中国，在中国划分势力范围，想吞并中国。而如果中国灭亡了，作为中华民族这个人种，也就必然要沦为亡国奴。在这种情况下，达尔文的思想就在中国人中，特别是在中国的知识界中引起强烈共鸣。

在当时霸权主义、强权政治盛行的时代，面对西方列强的入侵，摆在中国人面前的，就是一个严峻的生存竞争问题、优胜劣汰的问题、适者生存的问题。如果不能适应时代潮流，就必然会被时代淘汰。

康有为　　　梁启超

正是在这个特殊的背景下，达尔文的进化论一进来就在中国引起了强烈的反响。毛泽东、郭沫若、鲁迅等很多学者，都曾从不同角度提到了进化论对他们早年思想的影响。但是，要把进化论作为一种思想武器，指导中国革命取得胜利，这个理论是不够的。因为，进化论只是揭示了自然界、生物界的客观规律，所以并不能完全适用于人类社会。

二是以康有为、梁启超为代表的资产阶级保皇派效法日本明治维新而发起的戊戌变法运动。

日本在 19 世纪后期搞了一个明治维新，通过一系列改革措施快速崛起，并且打败了中国，我们说这是"学生打败了老师"，从而给中国人以极大的震撼。因此，康有为、梁启超为代表的资产阶级保皇派认为应该向日本学习。日本搞明治维新，他们就搞了戊戌变法。

但是戊戌变法只进行了103 天就被慈禧镇压下去了，这条路未能走下去。

三是以孙中山为代表的资产阶级革命派对美国体制的推崇与借鉴。

孙中山先生曾在美国生活过，对美国的政治体制非常推崇。他的理想，就是要

美国独立

建立中华民国的联邦制。他当了临时大总统后，我国的政治体制就是参照美国的体制建立的。但是孙中山先生的努力未能成功，革命成果很快被袁世凯所篡夺。而袁世凯的终极目标是要当皇帝，走回头路，最终在全国人民的一片愤怒声讨中黯然下台，黄粱美梦彻底破产，这条路也走不下去。

陈独秀与《新青年》

四是以陈独秀为代表的一批知识分子为"开启民智"而效法法国启蒙运动开展的一场新启蒙运动。

法国大革命的爆发，曾震惊了全世界。但是法国在大革命爆发以前，国内曾经进行过一段很长时期的启蒙运动。启蒙运动是出现在 18 世纪欧洲的一场资产阶级的思想文化运动。期间提出的启蒙思想涉及宗教、哲学、伦理学、经济学、政治学、史学、美学等众多领域，出现了各种学说体系和许多著名代表人物。但运动的中心在法国，以伏尔泰、孟德斯鸠、卢梭、狄德罗为代表的百科全书派起了显著作用。

由于受启蒙运动的启发，陈独秀为代表的一批知识分子们认为：中国的问题主要是老百姓太愚昧、太落后，主张要"开启民智"，要引进"德先生"（民主）、"赛先生"（科学），因此办了《新青年》杂志，搞了新启蒙运动。应该说新启蒙运动起了很大的作用，但启蒙运动毕竟是针对老百姓的，它本身还不足以成为一个思想武器，更无法引导中国革命取得胜利。

五是俄国十月革命的爆发。

十月革命的胜利，才真正引起了中国人的高度重视。俄国革命胜利后，很快就吸引了中国人的注意：俄国人为什么能够取

列宁在十月 马克思、恩格斯雕像

得胜利？它的思想武器是什么？由此发现，指引俄国革命胜利的思想武器是马克思主义。我们都知道毛泽东的那句名言："十月革命一声炮响，给我们送来了马克思列宁主义。"正是通过俄国，通过十月革命，通过列宁，我们才重新找到了马克思主义。

之所以说"重新找到"，是因为马克思主义很早就传播到了我们中国。从目前查到的资料看，1898 年，一位西方传教士李提摩太就在中国介绍过马克思，以后陆陆续续也有人介绍了马克思、恩格斯的思想，但是并没有引起中国人的重视。至此，陈独秀、李大钊、毛泽东等一大批先进的知识分子都热衷于研究马克思主义，最后都成为马克思主义者。

我们党一成立，就把马克思主义确立为我们党的指导思想。而我们党选择了马克思主义作为指导思想后，中国革命只经过短短的 28 年就取得了胜利。由此可见，中国人找到马克思主义，是具有历史必然性的。新中国成立后，我们又在马克思主义的指导下，不断取得社会主义建设的新成就。马克思主义在中国的胜利，充分证明了它的科学性和真理性。

——关于市场经济运行机制的引进。

如果说，作为西方文化精华的马克思主义的引进使中国人民站起来了，那么，作为西方文化另一精华的市场经济运行机制的引进，就使中国人民富起来、强起来了。

在这一方面，应该感谢邓小平。早在 1979 年 11 月 26 日会见美国《不列颠百科全书》副总编吉布尼等美国客人时，他就尖锐地指出："说市场经济只存在于资本主义社会，只有资本主义的市场经济，这肯定是不正确的。社会主义为什么不可以搞市场经济？"不过，小平的这一思想，当时根本就没有

邓小平会见美国客人

公布。因为那时我们的思想还停留在传统社会主义的旧观念上，认为社会主义就只能搞计划经济，资本主义就只能搞市场经济，两种经济体制是水火不相容的。这种长期形成的思维定式，当时无论在党内、在社会上、在学术界，一时是不容易扭转过来的。

现在回过头来看我们的经济体制改革，可以说就是朝着市场经济的方向进行的。我们党采取了渐进式的改革方式，提法也在不断改变：

从计划经济到以计划经济为主；从 1984 年党的十二届三中全会提出公有制基础上有计划的商品经济，到 1987 年党的十三大报告提出的社会主义有计划商品经济的体制应该是计划与市场内在统一的体制；再到 1992 年党的十四大报告明确提出经济体制改革的目标——建立社会主义市场经济体制。此时已是水到渠成，我们逐步接受了社会主义市场经济的提法，并开始了社会主义市场经济的伟大实践。

把社会主义制度与市场经济运行机制结合起来发展生产力，是古今中外前所未有的伟大创新。经过 30 多年的探索和实践，我们党已经初步找到了一条把二者结合起来发展生产力的崭新道路。而我们党一旦找到这条崭新道路后，中国的面貌就发生了翻天覆地的变化。

马克思主义和市场经济运行机制这两大西方文化传统精华的引进，彻底改变了中国的面貌、中国人民的面貌以及中国共产党的面貌，使中国人民站起来、富起来、强起来了。

### 从中华民族优秀文化传统精华来看

既然我们是在中国这块土地上建设现代化，就不可避免地面临着一个如何看待以及如何对待自己民族的优秀文化传统的问题。

事实上，中华文化并不局限在中国本土，而是随着向周边国家的传播，逐步形成了一个东亚文化圈。在这个东亚文化圈里，除了中国，日本是最活跃的。特别是在隋唐时期，日本建立了遣隋使制度，向中国派遣了使节、留学生、学问僧等，开始全面汲取中国文化。到唐朝，从唐贞观四年（630年，日本舒明天皇二年）一直延续到唐乾宁元年（894年，日本宇多天皇宽平六年），在长达264年之久的时间里，日本正式派出的遣唐使就达19次之多。大批遣唐使、留学生和学问僧在中国如饥似渴地学习中国文化，举凡经济基础到上层建筑，无不从唐朝引进，可以说是全盘唐化。即使是在今天，我们仍然可以在日本的建筑、茶道、书道、服饰、习俗等众多方面，看到来自唐朝的中国文化的影响。另外，在越南、韩国、东南亚一带，至今仍然可以看到中国文化的影响。

长期以来，由于发达国家基本上都出现于西方文化圈，久而久之形成了一种思维定式：现代化＝西方化。但是，东亚文化圈中长期深受中国传统文化影响的日本率先在亚洲实现了现代化，首次打破了现代化只能在西方文化圈实现的神话。

二战结束后，众多发展中国家都处于贫困状态，而"亚洲四小龙"的崛起，又一次震惊了世界。"亚洲四小龙"中的香港、台湾本来就是中国的一部分，韩国长期受中国传统文化的影响，新加坡华人人口占居民总数的74.1%（据2010年10月统计）。

而且在亚洲，除了东亚文化圈外，还有印度文化圈、阿拉伯文化圈，非洲有非洲文化圈，拉美有玛雅

亚洲四小龙

《中国模式》

《论语》

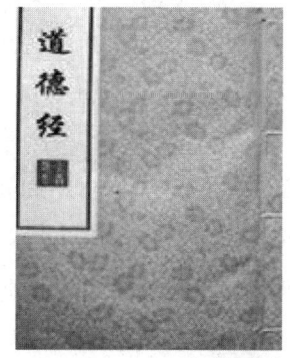

《道德经》

文化圈等等，然而唯独同样属于东亚文化圈的"亚洲四小龙"能够在众多的发展中国家中脱颖而出，也同样表明中国传统文化与现代化是不相冲突的。

中国也是一个非常有说服力的例子。在 20 世纪 70—80 年代，中国与苏联、东欧等国先后走上改革之路。但是改革的结果，却是苏联解体，东欧变色，只有中国一枝独秀，发展神速。

中国持续 30 多年的高速发展，引起了广大发展中国家的关注，有关"中国模式"的探讨一直成为全球的一个热点。尽管现在说"中国模式"似乎有点为时过早，因为我们还在努力进一步深化改革、扩大开放，但是中国的快速崛起已经以雄辩的事实说明：中华文化并不一定与现代化相违背、相冲突，现代化并不意味着西方化，亦不等同于西方化！

应该看到，我们长期以来对自己传统文化的融合力、生命力以及它的包容性、博大性和适应性的认识，也即对自己文化软实力的认识是并不充分的。我们的传统文化中除了以儒家文化为主体的主体文化外，还包括了道家文化、法家文化、佛家文化和民间文化等，而这些亚文化形态中又有各自的次生形态，构成了一个繁复庞杂的巨大的文化体系。

尽管我们并没有多少人读过《论语》《道德经》《韩非子》或其他如法家、道教、佛教的经典，但是这些中华民族优秀文化传统的精华以不同的方式糅合在一起，作为特殊的文化基因积淀在中华民族的民族心理、民族意识、民族习俗之中，积淀在每个中国人的思想意识、思维方式、生活方式之中。这正是中华民族优秀文化传统之所以能生生不息、绵延不断，有着强大生命力的根本原因之所在！

对于这样一棵根深叶茂、生长在有着深厚文化土壤的中国大地上、有着几千年生长历史的文化大树，是没有什么力量能够轻易撼动的，更无法将它连根拔除。

还应看到，当今的中国文化早已不是原来意义上的传统文化了。由于中国本身就是一个多民族的国家，各民族的文化均与中国文化的主体——汉文化略有差异，加上近百年来尤其改革开放三十多年来西方文化及其他异邦文化的渗入，致使中国文化呈现出多元化的特色。

今天，我们完全可以比当年汉唐前辈更宽广的胸怀、更博大的气魄，对包括西方文化在内的一切异邦文化中有价值的成分加以吸收消化，为我们正在建设的社会主义先进文化不断注入充足的养料。

### 从革命文化传统的精华来看

毛泽东同志在《在延安文艺座谈会上的讲话》一文中指出："有文武两个战线，这就是文化战线和军事战线。我们要战胜敌人，首先要依靠手里拿枪的军队。但是仅仅有这种军队是不够的，我们还要有文化的军队，这是团结自己、战胜敌人必不可少的一支军队。"

《在延安文艺座谈会上的讲话》

毛泽东

毛泽东同志认为，这支文化军队是五四运动以来伴随着一种新文化产生而形成的，这种新文化即指无产阶级领导的人民大众的反帝反封建文化。虽然在当时旧中国占据主导地位的还是封建文化和买办文化，但是这种新文化的出现，"使中国的封建文化和适应帝国主义侵略的买办文化的地盘逐渐缩小，其力量逐渐削弱"。

在创立革命文化方面，毛泽东为我们树立了光辉榜样。他在早年通过对西渐东来的众多西方理论如饥似渴的学习和研究，最终选择了西方文化中最有价值的精华之一——马克思主义作为自己的信仰，并在长期的理论探索和革命实践中创造性地将马克思主义的普遍真理与中国革命的具体实践相结合，走出了一条符合中国国情、具有中国特色的无产阶级革命道路。

同时，毛泽东还凭借他扎实的中国传统文化的根底，用中国人民所喜闻乐见、通俗易懂的文化方式将马克思主义深入浅出地介绍给中国人民，使它逐渐为中国人民所接受，并成为指导我们思想的理论基础，从而走出了一条马克思主义中国化的文化道路。可以说，毛泽东思想就是将西方文化传统精华和中华民族优秀文化传统精华有机结合之后，所形成的中国革命文化传统

毛泽东

精华的光辉结晶。毛泽东的成功，对我们今天建设中国特色的社会主义先进文化无疑具有重要的指导意义。

此后，邓小平、江泽民、胡锦涛、习近平为代表的中国共产党人，又按照同样的思路，先后创立和丰富了邓小平理论以及中国特色社会主义理论体系，从而为我国革命文化传统增添了新的精华。

我们党正是由于拥有了这种由西方文化传统精华、中华民族优秀文化传统精华凝聚而成的全新的革命文化，也即我党所独有的文化软实力，从而也就拥有了强大的战斗力、凝聚力和生命力！

**链接**：中国传统文化不是一种停滞的死文化，而是有着极强的包容力、融合力和生命力的活文化。

在历史上，我们中华民族曾用了数百年的时间，将以佛教为中心的印度文化中的精华加以吸收改造，大大丰富了中国文化的内涵。进入17世纪，西学东渐之后，我们又开始了吸收以基督教为中心的西方文化的过程。只是相比较而言，这一次大规模吸收外来文化的过程并没有第一次那么顺利。第一次吸收印度文化时正逢我国处于汉唐的强盛时期，国运的昌盛使我们的汉唐先辈能以博大的气魄和胸襟去看待来自西域的异邦文化，以我为主，大胆拿来，改造吸收，成为中国文化的新成分。

而第二次大规模吸收外来文化时，其前期由于我国仍处强盛时期，所以尚能以我为主去吸收西方文化，对其中的科学技术尤感兴趣，并以此为契机大大推动了近代科学在中国的传播和发展。但是，关于教规教仪及其在中国能否变通的长达一百多年的争论，最终导致传教士被禁止在中国的活动，也使西方文化的传播势头受到一定的遏制。随着国运的衰退，西方

旅顺大屠杀                                     清前期中国地图

列强凭仗武力强行打开中国大门后，以基督教为特征的西方文化得以卷土
重来，并一改当初谦恭的面孔，以傲慢自大的态度强行传教。民族自尊心
受到极大伤害的中国人民奋起而反抗，有关教案事件层出不穷，这从一个
侧面反映出中国人由对传教士乃至西方列强的憎恨而扩而展之，逐渐生发
出对西方文化的排斥反应，由此开始了中西文化在政治、经济、军事、思
想诸方面的全方位对抗，并以 20 世纪 50 年代初期中国文化的主体——新
生不久的人民共和国与西方文化圈中最强大的军事强国——美国在朝鲜的
直接军事对抗而达到顶峰。

　　抗美援朝的胜利不仅仅只具有军事上的意义，从文化的深层次看，也
意味着和标志着拥有悠久历史的中国传统文化在同后起的新兴的西方近代
文化之间的对抗中已适应了后者的挑战，彻底扭转了中国近百年来一直所
处的被欺凌的屈辱地位，并崛起为当代世界中唯一能
与西方文化全面抗衡的文化形态。

　　当然，中西文化并不是只有对抗，也有相互吸收
和相互融合的一面。特别是晚清时期和 20 世纪上半叶，
为了探寻救国之道，许多先进的中国知识分子把眼光
投向西方，到西方文化中去寻找和引进西方得以强大
的思想武器，使中国一度成了西方思想武器的实验场。
而引导中国革命获得胜利并走上强盛之路的思想武器，

《轨迹》

就是被中国共产党人作为指导思想的西方文化中的精华、在众多西方思想武器中脱颖而出的马克思主义。可以说，找到和引进马克思主义，是中国在第二次大规模文化引进中的最大成果。马克思主义作为一种异族文化形态而能在拥有五千年文明历史和源远流长的文化传统的中国大地上扎下根，并作为执政党的指导思想又为广大人民所接受，不能不说是中国文化史和世界文化史上的一个奇迹。

因此，我们在建设中国特色的社会主义文化时，必须对中国文化包括1840年以前的传统文化、1840年至1949年的近现代文化以及1921年中国共产党成立以来我党对走出一条建设中国特色社会主义文化道路的探索过程加以认真研究总结，并对中国文化强大的吸收力和生命力有清醒而正确的认识。

习近平同志在建党95周年庆祝大会上的讲话中指出："文化自信是更基础、更广泛、更深厚的自信。在5000多年文明发展中孕育的中华优秀传统文化，在党和人民伟大斗争中孕育的革命文化和社会主义先进文化，积淀着中华民族最深厚的精神追求，代表着中华民族独特的精神标识。我们要弘扬社会主义核心价值观，弘扬以爱国主义为核心的民族精神和以改革创新为核心的时代精神，不断增强全党全国各族人民的精神力量。"

第 **4** 章
## 社会主义核心价值观：
## 实现中国梦的精神力量

我们要继续坚持走中国特色社会主义文化发展道路，推动社会主义文化大发展大繁荣，深化文化体制改革，提高国家文化软实力，加强社会主义核心价值体系建设，丰富人民群众精神文化生活，增强人民精神力量。

在中华民族几千年绵延发展的历史长河中，爱国主义始终是激昂的主旋律，始终是激励我国各族人民自强不息的强大力量。

——习近平

郑思肖画兰花不带土，郑成功不要珠宝要沙土，张作霖写"墨"字不带土，因为他们都深知——

# "国家社稷，赖以土存！"

郑思肖

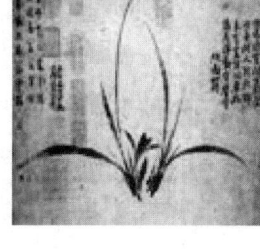

郑思肖（1241—1318）是宋末诗人、画家，福建连江人。南宋亡后自称"孤臣"，誓不降元，不承认元朝统治，拒绝出任元朝官职。因肖是宋朝国姓赵（趙）的构成部分，所以改名思肖，字忆翁，表示不忘故国；居室题额为"本穴世家"，如将"本"字下的"十"字移入"穴"字中间，便成"大宋世家"，以示对宋的忠诚。

郑思肖擅画花卉，尤其喜画墨兰，但所画花叶萧疏而不画根土。有人问及，他说："地为番人夺去，汝犹不知耶？"国土都沦丧了，哪里还有栽处？临终前还嘱托其友唐东屿为其画一牌位，上书"大宋不忠不孝郑思肖"，语讫而逝。

明末抗清名将郑成功（1624—1662）收复台湾后，当地百姓欣喜万分。一位高山族酋长举行隆重的仪式，托出五盘珠宝绢帛和五盘山野沙土作为礼品献给郑成功。没想到的是，郑成功却不要珠宝而是收下沙土。侍从官员低声提醒他："那是泥土！"郑成功一笑，虔诚地捧起沙盘，伏地拜曰："国家社稷，赖以土存！"

郑成功收复台湾

日本人打东北的主意不是一天两天了。1918年，张学良之父、"东北王"张作霖（1875—1928）为了扩充自己的实力，利用日本势力控制了东三省。待其羽翼丰满后，又转而抵御日本侵华，这让日本人痛恨不已。

张作霖

一次，张作霖出席日本人的酒会，三巡酒过，一位来自日本的名流，故意"力请大帅赏字"。因为他知道张作霖出身绿林，识字有限，所以想当众出张作霖的丑。没想到张作霖毫不推诿，提笔就写了个"虎"字，然后题上款，在叫好声中掷笔回席。那个日本名流瞅着"张作霖手黑"几个字，不禁笑出声来。随从见后连忙对着大帅耳边提醒道："大帅写的'手墨'的'墨'字，下面少了个'土'，成了'黑'了。"哪知张作霖一瞪眼骂道："妈拉个巴子的！俺还不知道'墨'字怎么写？对付日本人，手不黑行吗？这叫'寸土不让！'"在场的中国人恍然大悟、会心而笑，而日本人则目瞪口呆、无语面对。从此，"张作霖手黑，寸土不让"的典故在东北乃至全国迅速流传开来。日本人虽将张作霖视为眼中钉，但也不得不叹服他是个"压不倒的小个子！"

**链接：**迄今最早见诸我国历史文献中的"中国梦"这一词，也是郑思肖提出来的。南宋灭亡前夕的1276年，郑思肖作《德祐二年岁旦二首》，全文是："力不胜于胆，逢人双泪垂。一心中国梦，万古《下泉》诗。日近望犹见，天高问岂知。朝朝向南拜，愿睹汉旌旗。"诗中提到的《下泉》诗是指《诗经·曹风》中的一首诗，记叙了曹国诸侯共公时的政治混乱，政令苛刻，人民痛苦不堪，渴望有一个贤明的君主来治理国家的情形。2008年3月18日，在十一届全国人大一次会议记者招待会上，时任国务院总理温家宝在回答台湾记者关于台湾问题的提问时引用了这句诗，从而在全国引起广泛的关注。

《德祐二年岁旦二首》

在浙江绍兴，有这样一个家族，为其祖先大禹——

# 姒氏家族：守陵 4000 年

对我国历史上著名的治水英雄、夏朝开国圣君大禹，我们并不陌生。他为治水"三过家门而不入"、公而忘私的精神，产生了巨大的民族凝聚力和感召力。

大禹

据已有千年历史的《姒氏世谱》记载，大禹，是华夏始祖黄帝的玄孙，姓姒，名文命，字高密。从舜那里继承王位后的第十年（前 2024）冬，从首都平阳（今山西临汾、太原、河南南阳一带）出发向东南狩猎巡视。到达妻子女娇的故乡茅山，这里是古越人一个重要的活动场所。随从们按照禹的要求，在绍兴城东南 6 公里处的茅山的山上给他造了个极其简陋的行宫，也即一间草房。院子的正中树了一杆巨大的龙旗，龙旗之下，插着一柄象征王权的玉钺。他就在这样的行宫里住了下来，并传令四方诸侯，务必在次年的春天来到茅山，他要考核大家的政绩。春天到了，禹在茅山上大会各路诸侯，对政绩突出的进行封赏，同时也杀了一个不守政令的防风氏。为了纪念这次成功的"干部考核"，禹将茅山改为会稽山，会稽即会计，即考核功绩的意思。

公元前 2023 年夏历 8 月，禹病逝行宫，王族及大臣们遵其遗嘱将其"深埋简葬"于会稽山上的北麓。禹的儿子姒启继位后，在禹陵的北面建立了宗庙，春秋进行两次大规模的祭禹活动。启传位儿子太康时遭到后羿、寒浞相继篡位，致使祭禹活动中断了 40 年。到夏朝第六代君王、禹六世孙少康即位后，为了使祭禹活动能够延续，封庶子姒无余为越王，命他率家人在会稽为禹守陵并主持春秋两季的祭禹活动。为此，规定所赐田地不向国家上缴税收，全部用于守陵的日常开支和祭祀。这样，姒无余就成

绍兴大禹陵

为姒家第一个大禹的守陵人。在紧靠禹庙的西北侧，姒无余与家人住了下来。禹下葬 100 年后，这里就叫禹陵村，村民至今全为姒氏。

到姒氏十二世时的商朝，竟有二十七世无王，家族全都成了普通老百姓。由于田产被没收，祭祀自然中止。但家族并未离开，仍守禹陵。商的祖先契、周的祖先弃和禹同为黄帝玄孙，为何不念血缘？一千多年中的衰败成了千古之谜。

到禹四十代孙姒无壬被家族推举为新的越王后，才恢复祭禹。到禹第 43 代，即春秋五霸之一的勾践通过"卧薪尝胆"一雪吴国带给他的耻辱后，公元前 490 年率家眷从会稽山的王宫搬出，到平原地带建起山阴城，即今绍兴市的雏形。但是，大部分家族人仍然留在山上守陵。勾践在禹陵旁重修了一个气势磅礴的禹庙，家族再度兴旺起来，祭禹也走入了正常化。

大禹雕像

早在 1939 年，姒氏家族的人就接触了中国共产党人。这一年，周恩来到浙江视察抗战，时届清明，他来到大禹陵祭禹，高度评价了姒氏几千年来守陵的传奇故事。进入 1940 年代，日军攻陷绍兴，姒氏家族生灵涂炭，几乎后继无人。抗战胜利后，又不断有家族的人从外面回来，肩负起守陵祭禹的重任。新中国的成立，给姒氏家族带来新的希望。1952 年，姒氏家族投书《解放日报》，反映禹陵古迹荒废的情况。不久，浙江省致函绍兴县，命其尽快修整。姒氏家族的千秋功勋，也得到周恩来的高度肯定。

解放后，姒氏家族在清理房屋时，从废纸中发现了失传近百年之久的《姒氏世谱》，由在绍兴开书店的姒氏人整理出三本完整的 1875 年版《姒氏世谱》，从而使这一珍贵文献得以流传后世，目前原本存于浙江省图书馆及绍兴市文物部门。这部《姒氏世谱》十分翔实地记录了从夏朝至清末姒氏家族的发展，是我国迄今发现最老的一部谱书。专家研究后得出惊人的结论：大禹家族的家谱记载多达 130 余代人，比"天下第一谱"孔子家族家谱的 90 多代人，多出了 40 多代！

相传六月初六是禹王生日，每年这天村民都举行古老而神秘的祭禹仪式。141 代孙姒绍品、142 代孙姒大牛说，仪式是禹的儿子姒启当政时创制的，一直流传至今。祭祀从夜里开始，吟诵流传4000多年的经文《五子之歌》，他们一声声地呼唤祖先禹王的名字，吟诵着流传了4000多年的"经文"——"明明我祖，万邦之君。有典有则，贻厥子孙。关石和钧，王府则有。"姒大牛说，此歌名叫《五子之歌》，为禹的五个孙子所作，歌词大意颂扬禹的功德。颂歌字字含泪、句句传情，一直唱到次日凌晨3时。据姒绍品介绍，过去民间祭祀大禹与现在有所不同。那时每年正月初一和大禹生日的农历六月初六，姒氏族人都要在禹庙前拜祭大禹，要放火铳、鞭炮、焚香，之后按先长辈后晚辈顺序跪拜。拜祭大禹与拜菩萨不同，不点蜡烛，而且双手抱拳，表明在姒氏族人眼中，大禹不是菩萨而是祖先。

大禹陵石碑

4000多年来，一个家族一直以活化石的姿态顽强证明着大禹存在的真实性，从公元前1923年一直守护到今天。每次战争、瘟疫以及自然灾害都曾带来灭族之灾，最凄凉时家族只剩下父子三人，至今这一家族在全世界也只1000多人。姒氏先民们在厄运中往往告诫子孙："自后守陵之裔，虽遭贫困，毋再星散。必须聚居左近，陪护陵祀，恭承先志。"要求后裔在大禹故地守陵之志不可轻移！历史上大部分姒姓人生活困顿，受到家丁不旺的困扰。但是，他们创造了一个英雄家族悲壮的史诗。有外国史学家惊叹，这是只有伟大的中国人才能创造出来的最伟大的人间奇迹！

**链接**：直至现在，在绍兴城东南6公里的禹陵村仍是中国最古老的、至今仍有人居住、4000年不易其址的村庄，这是一个专为守陵而建的村庄。据了解，截至2005年血亲寻找到姒氏族人不到2000人，分布在全国18个省、自治区、直辖市、台湾及海外。根据姒氏后人姒承家先生的另一项调查，四川峨眉、云南鲁甸还有姒姓，但均难觅其源，因此禹陵村姒氏成为我国极其少见的千年不变其姓、不易其址的古老家族，堪称国内罕见的宗族文化。

现担任禹陵居委会主任的姒卫刚说，4000年来，禹陵姒姓人从来没有

公祭大禹陵典礼

忘记自己的守陵之责，他们把禹庙作为姒姓全族的祖庙，无论留居禹陵还是迁居他地，每年要族祭大禹两次，一次在大年初一，另一次在农历六月初六，也就是大禹生日那天。"20世纪50年代由于历史原因，族祭活动停了下来。一直到2007年的正月初一，在绍兴姒族研究会的努力下，正月初一族祭大禹的风俗才得以继续延续下来。"

1995年4月20日，浙江省公祭大禹陵，是新中国成立以来对大禹陵的第一祭。此后，历次祭禹本着"每年一小祭、五年一公祭、十年一大祭"举行祭祀，主要特点是公祭与民祭相结合：除在逢"五"当"十"的年份由政府公祭外，其他祭禹活动全部采取民间祭祀的形式。

1995年初，为公祭大禹扩建禹庙广场，50户姒氏旧宅要拆除。年关拆屋在当地视为不吉利，但姒氏族人认为只要对保护禹陵有益，绝无二话，12天全部拆完。1996年，为建禹陵旅游区，要迁移大禹山上的旧墓，不少是姒氏祖坟，也没有遇到阻力。姒氏族人只提出一个要求，请政府指定一个公墓区，以免今后重迁；2001年，禹庙广场绿化，又一部分姒氏旧宅按期拆完。

1995年公祭大禹之后，原来默默无闻的姒氏开始为世人所知，姒氏子孙从未有过的自豪感也油然而生。当地政府也有计划要重新规划禹陵村，为姒氏后人提供更好的生活环境。目前守陵的观念在姒氏子孙中已明显改变，禹陵已经成为国家级重点文物保护单位。姒氏后人认为守陵并非要固守故土，向外界发展才能为姒氏后人提供更大的发展空间。

随着时代的发展，也许有一天，禹陵村真的会没有了姒氏后人。但是姒氏后人说，无论走到哪里，他们心中都会铭记自己是大禹的后代，身上流淌的是华夏子孙的血脉，辈辈相传。

相对于被推崇的爱国者而言，卖国贼则历来为人所不齿，并受到人们的唾弃——

# 卖国贼的可耻下场

提起中国历史上最臭名昭著的卖国贼和最大的奸臣，当首推秦桧。由于他以"莫须有"的罪名谋害了民族英雄岳飞，出卖民族利益，成为人人唾骂的千古罪人。

直至今天，人们到杭州，一般都会去瞻仰俗称岳王坟的岳飞墓，再看一眼铁铸的秦桧和他老婆王氏的跪像。自南宋以来，人们普遍敬佩岳飞而唾骂秦桧，至今犹然，这是爱国精神、民族大义深入人心的具体表现。

岳飞墓

秦桧（1090—1155）之奸，在于他在开始其罪恶事业也即出卖民族利益之前，一直以正面的形象出现，因而具有相当大的欺骗性。

靖康二年（1127），时任御史中丞的秦桧与宋徽宗、钦宗一起被金人俘获。金人掳去二帝后，企图立汉奸张邦昌为帝。秦桧单独上书金帅认为不可，说"桧不顾斧钺之诛，言两朝之利害，愿复嗣君以安四方，非特大宋蒙福，亦大金万世利也"。金国左副元帅粘罕（完颜宗翰）看后，对他很有好感。

靖康二年（1127）四月一日，金军北撤，徽、钦二帝及后妃、宗室、宫女，连同秦桧等大小官员三千多人都被押走。这时宋徽宗得知康王赵构即位，改号为建炎，史称宋高宗，建立了南宋王朝，于是致书

宋高宗

秦桧

金帅粘罕，与约和议，叫秦桧将和议书修改加工润色。秦桧还以厚礼贿赂粘罕，金太宗把秦桧送给他弟弟挞懒（完颜昌）任用。

宋高宗建炎四年（1130），挞懒带兵进攻淮北重镇山阳（即楚州，今江苏淮安），命秦桧同行。从挞懒的策略来看，诱以和议，内外勾结，才能致南宋于亡国之境。这个"内"，只有秦桧可用。而秦桧卖身投靠女真贵族的面目，在南宋朝野尚未彻底暴露。山阳城被攻陷后，秦桧和老婆王氏及婢仆一家则从海路到达越州（浙江绍兴）。他自称杀了监视的金人，夺舟而回。但当时就有许多人对此表示怀疑，因为随徽钦二帝北去的官员大部分不是被杀便是被囚禁，而桧独归。"又自燕至楚二千八百里，踰河渡海，岂无讥诃之者，安得杀监而南？就令从军挞懒，金人纵之，必质妻属，安得与王氏偕？"可是宰相范宗尹等几个秦桧的好友"力荐其忠"，轻信的宋高宗认为"得一佳士"，拜为礼部尚书，加以重用。而次年秦桧就把范宗尹挤下相位，自己取而代之。其人品行的恶劣，即此可见一斑。

此后，秦桧辅佐宋高宗，官至宰相。为了讨好金人，他反对主战派，以所有爱国的人士为敌，收韩世忠、张俊兵权，屈杀岳飞，奉行称臣、割地、纳贡的求和政策，做的坏事罄竹难书。

绍兴九年（1139），秦桧不顾赵鼎、胡铨、韩世忠、张浚、王庶、岳飞、李纲等反对议和的上书，签订了第一个宋金和约。但签订不到一年，金统治集团内部就发生了政变，对南宋主张用诱降讲和策略的挞懒被杀，完颜宗弼上台。从绍兴十年（1140）起，金撕毁和约，以完颜宗弼当统帅，挥军直取河南、陕西。

南宋抗金将领岳飞、刘锜在人民群众的支持下，痛击金兵，打出了一个大好局面，金兵将校纷纷准备投降。岳飞面对胜利的形势非常高兴，对部将们说："直抵黄龙府（今吉林农安，女真族根据地），与诸公痛饮耳！"

正待不日渡河，而秦桧却想把淮河以北土地送给金朝，命岳飞退兵。岳飞给朝廷的报告说："金人锐气丧失，气急

岳飞雕像

败坏，把装备粮草全部丢弃，疾走渡河。而我军将士听命效劳，所向披靡。时不再来，机难轻失。"并要求乘胜进军。秦桧深信岳飞抗金意志不可夺，就先撤张俊、杨沂中的军队，然后说岳飞孤军不可久留，严令迅速退兵。赵构、秦桧一天之内连下十二道金字牌，紧催撤军。岳飞愤慨惋惜地哭着说："十年之力，废于一旦！"下令忍痛退兵。人民拦马痛哭，岳飞悲泣。

绍兴十一年（1141）九十月间，秦桧按金人授意，兴起岳飞之狱。他派右谏议大夫万俟卨收集伪证，组织狱词，罗织罪名。万俟卨曾是岳飞部下，由于犯了军纪受到岳飞的责罚，因此怀恨在心，后投靠秦桧。秦桧又串通曾与岳飞和韩世忠并称三大将、但贪图官禄的张俊，收买、勾结岳家军重要将领张宪部将王贵、王俊等人，秉承秦桧意旨，诬告张宪欲据襄阳为变，以谋恢复岳飞兵权。张宪遂被捕入狱，岳飞、岳云父子也被送往南宋最高审判机关的大理寺。岳飞被捕后，秦桧加紧投降活动。11月，宗弼派萧毅到临安，提出"划淮为界，岁币银绢各二十五万，割唐、邓二州"为议和条件。这就是宋金第二个和约，史称"绍兴和议"。

九江岳母墓前秦桧等奸臣跪像

风波亭

和约签订后，秦桧按照皇帝意图，变本加厉地迫害岳飞等人。绍兴十一年（1141）12月29日，岳飞被绞死于大理寺狱中风波亭。岳飞将被害时，韩世忠十分气愤，质问秦桧，岳飞父子究竟犯了多大罪，事实如何，有什么证据？秦桧说："莫须有。"（意思是"大概有"或"难道没有吗"）韩世忠说："莫须有三字，何以服天下？"岳飞被害后，家属流放岭南，被株连者或坐牢或流放，或死于狱中，相反，凡跟着秦桧陷害岳飞的，都各有升迁。

杭州岳王庙内秦桧夫妇跪像

当南宋广大人民知道岳飞被杀害的消息时，"天下冤之""皆为流涕"，人们纷纷为岳飞的冤死而感到悲痛，对秦桧杀害岳飞的罪恶行径无比愤慨。在封建时代，由于宋高宗是皇帝，人们不能公开责骂他，但对秦桧无不切齿痛恨！

绍兴二十五年（1155），秦桧病死，被封申王，谥号忠献。其子秦熺力图继承相位，被宋高宗拒绝。秦家从此失势，使长期被压抑的抗战派感到有希望为岳飞平反昭雪，便要求给岳飞恢复名誉。后来宋孝宗为鼓励抗金斗志，于绍兴三十二年（1162）下诏书为岳飞平反，追复原官，以礼改葬，将秦桧列为致使岳飞之死的罪魁祸首，后被褫夺王爵，改谥缪丑。

在南方，传说秦桧夫妇在地狱里一同被缚下油锅，所以人们用面粉造成两人之状炸为油条，又名油炸桧、油炸鬼，足见对卖国贼的痛恨。《孟子》言："君子之泽，五世而斩。"然而随着时间的流逝，人们至今还在吃油炸桧，说明民族败类的恶行千秋万载也不会得到人们的饶恕。

"油炸桧"

> **链接**：岳飞被秦桧害死后，狱卒隗顺敬仰岳飞的为人，置个人安危于度外，偷偷将遗体背出，埋葬在钱塘门外北山脚飞下水边，并以岳飞随身佩带的一只玉环作为殉葬物，置于遗体腰下。坟上种了两株橘树作为标记，佯称"贾宜人墓"。后来隗顺临终时，将负尸出城经过、墓地、标记一一告诉儿子。
>
> 岳飞去世21年后，宋孝宗继位，决定为岳飞平反昭雪，以息民怨。于是下诏恢复岳飞官职，并以官职为赏，寻求其遗骸。这时，隗顺的儿子将岳飞的墓地告诉临安府。临安府派人至北山脚下墓地，掘开墓穴，得到了忠烈遗骸，以礼迁葬于西湖西北的栖霞岭下，当时并无秦桧等奸臣的跪像。
>
> 明朝正德八年（1513），浙江都指挥使李隆第一次在岳墓前用铜铸了秦桧夫妇、万俟卨三人跪像，但不久就全被击毁。
>
> 万历二十二年（1594），按察副使范涞用铁铸跪像，又增补了张俊。由于铁铸跪像经不起长年累月地敲打，最终也成了一堆废铁。

宋孝宗

清朝乾隆年间，有人提出第三次铸四人跪像。巡抚熊学鹏开始并不赞同，但是害怕惹怒百姓，才勉强答应。遗憾的是，"文革"时期岳墓被作为"四旧"横扫，四跪像不翼而飞。1979年，岳王庙得以重修，并按照河南汤武庙里的四跪像重铸，继续跪在原地。

在岳飞故乡河南汤阴县城岳王庙山门外，跪着的是五人，即又增加了王俊。另外还有施全铜像，意在监视奸臣。跪像后面的对联是：蓬头垢面跪阶前，想想当年宰相；端冕垂旒临座上，看看今日将军。

据说乾隆年间，秦桧七世孙秦涧泉考中状元，邀几位学友畅游西湖。在岳墓前，有人让他题写墓联，秦涧泉愧恨交集，挥笔写下"人从宋后少名桧，我到坟前愧姓秦"。

与秦桧得到同样下场的，还有抗日战争时期的大汉奸汪精卫。他公开投敌后，反汪讨逆的声浪席卷全国。百姓还纷纷主动捐款，铸了汪精卫和陈璧君夫妇的丑像，也像秦桧夫妇那样长跪街头，随时让人们唾骂践踏。

对卖国贼的愤恨，除了铸跪像以外，还有其他的表达方式。

张勋原是清朝的江南提督，统帅江防营驻扎南京。辛亥革命爆发后，革命军进攻南京，张勋负隅顽抗，战败后率溃兵据守徐州、兖州一带，继续与革命为敌。民国成立后，他和他的队伍顽固地留着发辫，表示仍然效忠于清廷，人们称张勋为"辫帅"，他的队伍被称为"辫子军"。

1917年6月14日，张勋率辫子军抵京后，邀集保皇派康有为等策划清帝复辟。30日晚，张勋等潜入清宫，发动政变，拥清废帝溥仪复辟。7月1日，溥仪下诏即位，宣布恢复宣统年号，任命张勋为内阁议政大臣兼直隶总督等职，

奸臣跪像

张勋

张勋复辟，北京
街头又挂起龙旗

这就是历史上著名的"张勋复辟"。

1917年7月12日晨，讨逆军分三路进攻北京。当天中午，张勋逃入荷兰使馆，辫子军全部投降，短命复辟宣告结束。溥仪的皇位还没坐热，仅12天就被赶下了台。消息传出后，江西人民集会通电全国，否认国贼为赣省张氏子孙，张勋被江西人开除省籍。

在1919年的巴黎和会上，由于部分列强与日本事前签署了密约，协约国公然将战败国德国在山东的权益转让给日本，激起中国人民的强烈不满，从而引发了具有划时代意义的五四运动。当时，交通总长曹汝霖、货币局总裁陆宗舆及驻日公使章宗祥被并称为"三大卖国贼"。"五四"当天，学生游行到赵家楼曹宅，曹汝霖躲了起来。学生误把当时在曹宅的章宗祥当成曹汝霖，痛打了一顿，并放火烧了曹宅，此即火烧赵家楼事件。

"三大卖国贼"之一的曹汝霖被免职后转入实业界，仍任交通银行总经理、中国通商银行总经理、天河煤矿公司总经理、中国实业银行总经理、正丰煤矿公司董事长、张作霖军政府财政委员会委员长等。抗日战争爆发后，曹汝霖曾公开表示要以"晚节挽回前誉之失"，不在日伪政权任职。据说日军在筹组华北伪政权时，一度曾把曹汝霖看作理想人选，但曹汝霖坚持不与日本人合作，拒绝担任伪政府总理大臣一职。后来，王克敏给他挂上伪华北临时政府"最高顾问"的虚衔；王揖唐出任伪华北政委会"委员长"时，又给曹汝霖挂了个华北政务委员会"咨询

五四运动

曹汝霖　　　　　章宗祥　　　　　陆宗舆

委员"的空衔，但曹汝霖从不到职视事，实际上未给日本人出力，保持了晚节。抗战胜利后，国民党政府把他及一班敌伪汉奸头子抓了起来，后经蒋介石亲下手令将其释放。1949年去台湾，1950年赴日本，1957年迁居美国。1966年8月4日逝世于美国底特律，终年89岁。

"三大卖国贼"之一的章宗祥被免职后，湖州各界人民于6月召开大会，宣布开除章宗祥乡籍，宣告出族，并议决查封其家产。1928年后，长期寓居青岛。1942年3月，任伪华北政务委员会咨询委员。不久，又任电力公司董事长。抗日战争胜利后，迁居上海。因没有新的罪行，解放后一直安居上海，有时还会提供一些他在五四运动前后亲身经历的史料，1962年病逝上海，终年83岁。

"三大卖国贼"之一的陆宗舆是浙江海宁市盐官镇（当时是县城）人，全城5月13日在他的旧宅附近的拱辰门举行抗议活动，然后在县城游行。在当天海宁人民召开的万人国民大会上还通过一项公决："开除陆宗舆的乡籍"，并通电全国。其中写道："青岛问题，交涉失败，推原祸始，良由陆宗舆等秘结条约，甘心卖国所致，义情愤慨，已于元日特开国民大会，到会万余人。公决以后，不认陆宗舆为海宁人，以为卖国贼戒。"公报在国内引起强烈反响，《申报》《晨报》《上海新闻报》等大报都做了报道。

1919年6月10日，北洋军阀迫于民愤，宣布罢免三人的职务，并拒绝在和约上签字。消息传到海宁的第二天，海塘脚夫头之子庞景祺等人发起，决定为卖国贼陆宗舆竖立石碑，以示遗臭万年，并警告教育后人。石碑上刻"卖国贼陆宗舆""海宁公民团立""民国八年六月"等字，共刻三块，分别立于盐官邑庙前、镇海塔下和陆家门口。当时报道"一时观者人山人海，

卖国贼陆宗舆石碑

途为之塞"。陆宗舆闻讯后，重贿海宁县知事毁碑，群众愤起阻止，后经北洋政府总统徐世昌亲自下令将碑拆去。

此后，陆宗舆仍任汇业银行总理及龙烟煤矿和铁矿督办，1925 年后一度出任临时参政院参政，1927 年任交通银行总理。后辞职，躲进天津租界当寓公。1940 年，汪伪国民政府成立，被聘为行政院顾问，以卖国终老。晚年迷信扶乩，1941 年 6 月 1 日因肺炎病死于北平，终年 85 岁。

纵观中国历史，爱国者流芳万世，卖国贼遗臭万年！

1935 年，一位年仅 23 岁的青年作曲家为一部电影的主题歌谱曲。这就是——

## 聂耳与《义勇军进行曲》

田汉

1934 年，革命戏剧家田汉愤于民族的危难，着手创作以抗日救亡为主题的文学剧本《凤凰的再生》，后被改编成电影《风云儿女》。一天，他突然文思泉涌，手头却又找不到纸，便急忙在香烟盒的锡箔衬纸上将所想记录下来，这一段文字后来成为影片主题曲的第一段，即现在的《义勇军进行曲》歌词。由于叛徒的出卖，电影剧本的分镜头脚本还没来得及写，田汉于 1935 年 2 月 19 日夜被捕了。后来，这部电影由我国第一代电影导演夏衍改成摄制台本。

田汉被捕后，当时正准备去日本的音乐家聂耳听说《风云儿女》有首主题歌要谱曲，遂主动找到夏衍，承担了《风云儿女》主题歌作曲的创作任务。写有歌词的那张香烟纸曾被茶水濡湿，字迹模糊不清。聂耳仔细辨认后，以火一般的激情投入创作。在上海霞飞路 1258 号 3 楼居所内，聂耳连熬两夜，完成了曲谱初稿。当写完曲谱，聂耳对导演许幸之说："为创作曲谱，我一会儿在桌子上打拍子，一会儿在钢琴前弹奏，一会儿在楼板上不停走动，一会儿又高声唱起来。房东老太以为我发疯了，跑到楼上骂了我一顿。"

聂耳

前奏曲以嘹亮的进军号开始，引出高亢激越的呐喊；中间反复唱出叠句："起来！起来！起来！"把音调推向高潮；结尾原为"我们万众一心，冒着敌人的飞机大炮，前进，前进，前进！"聂耳将"飞机大炮"改为"炮火"，并在末尾又加了一个"进"字，表现出一往无前的气势和与敌人血战到底的气概。

聂耳曾在日记中写道："我写这首曲子的时候，感情很激动，创作的冲动像潮水一样从思表绪里涌出来，简直来不及写，一气呵成，两夜的功夫就写好了。"

义勇军进行曲

1935 年 4 月 18 日，为躲避敌人追捕，聂耳东渡到达日本东京，4 月下旬把定稿的曲谱寄回祖国。据上海国歌展示馆工作人员介绍，在电影《风云儿女》前期拍摄完成以后，田汉的主题歌歌词并没有确定歌名，而聂耳从日本寄回来的歌词谱曲的名称只写了"进行曲"3 个字。最后是《风云儿女》投资人的朱庆澜将军在"进行曲"3 个字前面加上了"义勇军"3 个字，《风云儿女》主题歌的歌名就成了《义勇军进行曲》。

朱庆澜早年参加辛亥革命，1912 年辛亥革命胜利后任袁世凯总统府军事顾问，同年 11 月授陆军中将，1915 年授陆军上将。后历任黑龙江省护军使、黑龙江省将军、广东省长、广东新军司令。1922 年，他受孙中山推荐和张作霖邀请重返东北，同年 10 月 27 日出任中东铁路护路军总司令，次年又兼任介于黑龙江、吉林两省之间管理中东路沿线地带的省级特别行政区——东省特别行政区首席行政长官。1925 年，朱庆澜因张作霖发动直奉内

朱庆澜

《风云儿女》海报

战而辞官，回锦州私邸居住，为一介平民。

　　1933 年初，在张学良指挥的热河保卫战期间，朱庆澜以东北抗日义勇军总司令和辽吉黑热民众后援会会长的双重身份，几次奔赴热河前线，会同张学良、张作相、宋子文等人视察督战和慰问东北军、义勇军将士。当时，田汉和聂耳曾随从朱庆澜赴热河保卫战采访，这段采访经历，对义勇军进行曲的创作和诞生具有重大的历史意义。

　　1935 年 5 月 8 日，上海《申报》《时报》刊出《义勇军进行曲》词谱；9 日，上海百代唱片公司为《义勇军进行曲》灌制唱片；24 日，《风云儿女》在上海金城大戏院首映，引起强烈的社会反响。此时，田汉还在狱中，距离聂耳逝世仅两个月，他们都未能在第一时间听到这首《义勇军进行曲》。

　　伴随着唱片和电影的宣传，上海各个角落都响起了《义勇军进行曲》的歌声。这首歌以其高昂激越、铿锵有力的旋律，鼓舞人心的歌词，反映了在民族危亡时，中华民族万众一心、团结御侮、奋勇抗争、一往无前的伟大的爱国主义精神，激发了中国人民与日本侵略者血战到底的英勇气概。它一诞生，迅即成为中华民族解放的号角。

　　伴随着全国救亡运动的热潮，在抗日战争的烽火硝烟中，《义勇军进行曲》传遍大江南北、长城内外，成为中国各族人民反抗日本侵略者的高昂的战歌，鼓舞了无数中华儿女用自己的血肉，筑成了万众一心、团结御侮的新的长城。无数中华民族的优秀儿女，高唱着、呼喊着"把我们的血肉，筑成我们新的长城"，冒着日本侵略者的炮火，不惧流血牺牲，英勇冲锋陷阵，为挽救祖国和民族的危亡，与日本侵略者血战到底！

在抗战时期，《义勇军进行曲》还成为国民党军的军歌。曾在远征军担任上尉参谋的著名历史学家黄仁宇曾回忆道："取用为国歌之前，早经国军选用为标准军歌之一；我们在成都草堂寺青羊宫做军官的年代也唱过不知多少次了。'我们万众一心，冒着敌人的炮火，前进！前进！'其音节劲拔铿锵，至今听来还令人想念当时抗战的气魄。"而根据远征军第 200 师师长戴安澜将军的作战秘书张家福少校的回忆，著名的第 200 师的军歌就是《义勇军进行曲》。

戴安澜

1939 年，国际著名记者伊斯雷尔·爱泼斯坦在当年写成的《人民之战》一书里曾这样形容这首抗日歌曲的流行程度："《义勇军进行曲》诞生的历史，就是抵抗日本侵略的浪潮不断高涨的历史。这首歌的曲和词深深扎根于中国人民之中。从前线到大城市，从城市到最遥远的乡村，每一个中国人都知道这首歌，都会唱。"

任光

1938 年春，在法国巴黎召开的有 42 个国家参加的反法西斯侵略运动大会上，音乐家任光指挥巴黎华侨演唱了《义勇军进行曲》，从此，这首歌走向了世界。

1940 年，美国著名黑人歌唱家保罗·罗伯逊第一次听到这首《义勇军进行曲》时非常激动。他学会了歌中的中文，并在纽约露天音乐堂用中英文演唱了这首歌，用音乐向浴血奋战的中国人民致敬，也向聂耳致敬。他把《义勇军进行曲》列入他的《和平之歌》曲目中，在国际活动中多次用汉语演唱。

保罗·罗伯逊

他后来还灌录了一套包括这首《义勇军进行曲》在内的中国歌曲唱片，起名就是这首歌曲的英文名《起来》。宋庆龄为唱片亲自撰写了英文序言，其中写道："我很高兴得知保罗·罗伯逊的唱片将一些最好的歌曲翻唱给美国人，这是所有国家的人民发出的声音……"保罗·罗伯逊还曾预言，这首歌曲将会成为中国的国歌。以后，一直到他去世之前，还想到诞生过聂耳这样伟大音乐家的中国来访问。

《龙种》

二战即将结束之际，在盟军凯旋的曲目中，《义勇军进行曲》赫然名列其中。当时，在遭受法西斯侵略的东南亚，在争取民族解放和独立的欧洲和北美，《义勇军进行曲》同样被广为传唱，成为国际反法西斯阵营的战歌之一。二战期间，美国、英国、苏联、印度、新加坡等国的广播电台都经常播放《义勇军进行曲》，表达世界人民反法西斯的共同心愿。

在抗战时期，《义勇军进行曲》不仅在中国深入人心，而且在别国盟友心中也成为代表中国军民抗战形象的歌曲。1944年，美国好莱坞米高梅公司拍摄了一部反映中国抗日的故事片《龙种》(《Dragon Seed》，曾获得奥斯卡最佳女配角奖提名、最佳摄影奖提名)。这部影片是根据美国女作家赛珍珠同名小说改编的，女主角是得过4次奥斯卡最佳女主角奖的凯瑟琳·赫本。《义勇军进行曲》就是这部电影中的插曲。

1949年6月，在北平成立了以毛泽东为主任的中国人民政治协商会议筹备会，负责政协会议的筹备工作。筹备会的第六小组负责国歌、国旗、国徽的制定。组长为著名教育家、中国民主促进会负责人马叙伦，副组长为叶剑英、沈雁冰。为了更好地完成征集国歌的任务，第六小组还设立了"国歌初选委员会"。7月4日，叶剑英在中南海勤政殿第一会议室主持召开了第六小组第一次会议，推选郭沫若、田汉、茅盾、钱三强、欧阳予倩5人组成国歌词谱初选委员会，郭沫若为召集人。

从7月15日到26日，由郭沫若等人起草的"征求国歌词谱启事"经毛泽东、周恩来修改审定后，分送《人民日报》《天津日报》《光明日报》等各大报纸连续刊登8天，国内各报和香港及海外华侨报纸也纷纷转载。启事对国歌词曲稿提出了如下要求：(甲) 歌辞应注意：(1) 中国特征；(2) 政权特征；(3) 新民主主义；(4) 新中国之远景；(5) 限用语体，不宜过长；(乙) 歌谱于歌辞选定后再行征求，但应征国歌歌辞者亦可同时附以乐谱(须用五线谱)。另外，考虑到征集国歌需要有精通音乐的专业人士参加评选，8月5日，第六小组举行第二次会议，决定聘请马思聪、贺绿汀、吕骥、姚锦新4位音乐专业人士为国歌词语初选委员会顾问。

毛泽东与周恩来

　　征稿启事发出后，在国内和海外华夏儿女中引起强烈反响。全国各地来稿如同雪片纷至，到 1949 年 9 月 21 日，共收到国歌征稿 632 件，歌谱 694 首，连著名诗人郭沫若也写了题为《中华颂》的歌词，发表在 10 月 1 日的《人民日报》上。但经评审，都不够理想。这时，曾留学法国、对《马赛曲》有深刻印象的画家徐悲鸿提议："用《义勇军进行曲》代国歌怎么样？"语惊四座，顷刻得到许多政协委员的赞同。

　　实际上，此前的 1949 年 7 月初，周恩来就认为可以用《义勇军进行曲》作为国歌。他在审批"征集条例启事"时就说：我个人的意见最好就用《义勇军进行曲》为国歌，不过，这只是我个人意见，你们大家可以讨论，再征求一下群众的意见。

　　9 月 25 日，毛泽东、周恩来在丰泽园颐年堂会议室召集协商国旗、国徽、国歌方案座谈会。当汇报到以《义勇军进行曲》作为国歌的提议时，周恩来当即表示支持这一方案。他说，这支歌曲很雄壮，很豪迈，有革命气概，而且节奏鲜明，适合演奏。当汇报到有人认为歌词中"中华民族到了最危险的时候"提法过时了，现由一些同志修改了歌词，周恩来脸色严肃地说：要么就用旧的歌词，这样才能激励感情。修改了唱起来就不会有那种感情了。接着他又说，我们面前还有帝国主义反动派，我们的建设愈进展，敌人愈嫉恨我们，想法破坏我们。你能说就不危险了吗？倒不如留下这句词，使我们耳边警钟长鸣的好！周恩来的话使人豁然开朗。最后，毛泽东综合与会者的意见说：大家都认为《义勇军进行曲》作国歌最好，意见比较一致，我看就这样定下来吧。但是，确定代国歌还要由政协会议决定。会议结束时，毛泽东、周恩来和大家一起放声高唱《义勇军进行曲》。

9月27日，全国政协第一届全体会议通过了《关于中华人民共和国国都、纪年、国歌、国旗的决议》，分别是：中华人民共和国的国都定于北平，自即日起改名北平为北京；中华人民共和国的纪年采用公元，今年为1949年；在中华人民共和国的国歌未正式制定前，以《义勇军进行曲》为国歌；中华人民共和国的国旗为五星红旗，象征中国革命人民大团结。会议以多数人举手表示赞同通过，决定在开国大典中演奏《义勇军进行曲》。

1949年9月28日的《人民日报》发布了"以《义勇军进行曲》为国歌"的消息。11月15日《人民日报》又以"新华社答读者问"的方式回答为什么采用这首歌为国歌时说："《义勇军进行曲》是十余年来在中国广大人民的斗争中最流行的歌曲。"

1949年10月1日，中华人民共和国开国大典在天安门广场举行。下午2时55分，毛泽东率中共中央领导人和各民主党派领导人、民主人士代表登上天安门城楼。当毛泽东等登上天安门西城台时，军乐队奏《东方红》乐曲。当毛泽东以洪亮的声音宣布"中华人民共和国中央人民政府已于本日成立了"后，中华人民共和国国旗——五星红旗在天安门广场冉冉升起。这时，军乐队奏响了中华人民共和国代国歌《义勇军进行曲》。天安门广场上数十万群众一起和着激昂的军乐，放声高唱：

　　起来！
　　不愿做奴隶的人们！
　　把我们的血肉，筑成我们新的长城！
　　中华民族到了最危险的时候，
　　每个人被迫着发出最后的吼声！
　　起来！起来！起来！
　　我们万众一心，

冒着敌人的炮火前进！
冒着敌人的炮火前进！
前进！前进！进！

　　1982 年 12 月 4 日，中华人民共和国第五届全国人民代表大会第五次全体会议确定《义勇军进行曲》为中华人民共和国国歌。
2004 年 3 月 14 日，第十届全国人民代表大会第二次会议通过的《宪法修正案》在第一百三十六条中第二款规定：中华人民共和国国歌是《义勇军进行曲》。这样一来，已经传唱近七十年的《义勇军进行曲》作为国歌的地位，最终被宪法正式确认。

　　**链接**：《义勇军进行曲》的曲作者聂耳，原名聂守信，祖籍云南玉溪，1912 年 2 月出生于云南昆明一个贫苦的中医家庭。他 4 岁丧父，家境贫困，靠着母亲维持生计。他的母亲是傣族人，不光教聂耳文化知识，另外还会唱许多民歌，包括在昆明等地民间广泛流传的洞经调、花灯调、洋琴调等。由于受到母亲传唱云南丰富多彩的民间音乐的熏陶，10 岁时，他就跟邻居一位姓邱的木匠师傅学会了吹笛子，后来又陆续学会了二胡、三弦、月琴。

　　1927 年，聂耳考入云南省立第一师范学校，他刻苦学习小提琴，积极参加文艺演出，并开始阅读进步书刊。1928 年加入中国共产主义青年团，此后积极参加昆明地下党组织的学生运动。1930 年 7 月，由于叛徒告密，被迫逃亡上海，不久参加反帝大同盟，并积极投身中国共产党领导下的革命文艺活动。

　　1931 年 4 月，聂耳考入国内最早的职业歌舞社团——上海明月歌剧社，正式开始了他的艺术生涯。1932 年上海"一·二八"抗战爆发后，全国人民抗日救亡风起云涌。此时，聂耳结识了共产党员、左翼戏剧的重要组织者和领导人、戏剧家田汉。1932 年赴北平参加革命音乐活动，不久回到上海发起组织中国新兴音乐研究会。1933 年初，聂耳由田汉介绍加入中国共产党。同时，他的创作也进入了高峰期。此后的两年中，聂耳为歌剧、话剧和电影谱写了《新女性》《开路先锋》《大路歌》《前进歌》《毕业歌》《铁蹄下的歌女》等主题歌和抗日救亡歌曲30多首，在全国广为传唱，对激发民众的抗日救亡运动起了积极作用。他所编写的《金蛇狂舞》《翠湖春晓》《山国情侣》等乐曲，亦深受人们喜爱。

1935年1月，上海电通影北公司拍摄抗日影片《风云儿女》，田汉为影片写了主题歌词，聂耳承担了为之谱曲的任务。他于3月中旬开始创作，几经修改，4月下旬将定稿交给电通公司。《义勇军进行曲》就这样诞生了。这首雄壮激昂的《义勇军进行曲》，被郭沫若称赞为"闻其声者，莫不油然而兴爱国之思，庄然而宏志士之气，毅然而同趣于共同之鹄的"；聂耳也被郭沫若誉为"中国革命之号角，人民解放之鼙鼓也"。这是聂耳和田汉的最后一次合作，也成为聂耳的绝笔之作。也正是这首歌，奠定了聂耳在中国音乐史上的地位。

由于聂耳所谱写的大量歌曲反映了人民的心声，成为鼓舞人民、教育人民、打击敌人的有力武器和战斗号角，因而引起了反动当局对他的仇恨而要将其逮捕。聂耳按照党组织的决定离开上海，取道日本赴苏联。1935年4月16日，聂耳乘坐"长崎丸"号渡轮抵达日本长崎，18日到达东京。7月17日，聂耳在日本神奈川县藤泽市鹄沼海滨游泳时，不幸溺水身亡，年仅23岁。

聂耳一生从事音乐创作不足三年，却给我们留下了36首歌曲，6首民族器乐曲。他把他的全部才华，都贡献给了他深深热恋的祖国和人民。虽然他在这个世界上仅生活了23年，但他创作的《义勇军进行曲》的旋律，永远激荡在每一个中国人的心中！

聂耳与《毕业歌》

聂耳逝世报道

1944 年 9 月 8 日，毛泽东作为我们党的最高领袖，亲自参加了一位普普通通的警卫战士的追悼会——

# 一名普通士兵与一篇著名悼词

1944 年 9 月 8 日，在延安枣园的沟口操场上，中共中央直属机关约 1000 人正在这里举行一场隆重的追悼大会。不过，这次追悼会所悼念的并不是什么声名显赫的重要人物，而是中共中央警备团一名普普通通的警卫战士——张思德。

会场的土台子中央悬挂着毛泽东主席亲笔题写的挽联："向为人民利益而牺牲的张思德同志致敬。"台上立着张思德同志的遗像，台前摆放着机关干部战士采摘的鲜花和用树枝做的花圈，整个会场布置得庄严肃穆。

张思德同志是四川仪陇人，1915 年出生于一个贫苦的农民家庭。由于家境贫寒，他的父母和几个哥哥相继冻饿而死，是叔父叔母收养了他。1933 年 8 月，红四方面军解放了张思德的家乡。他第一个报名参加少先队，并成为乡里的首任少先队长。他积极帮助红军筹粮筹款，曾受到乡苏维埃的嘉奖。同年 10 月，苦大仇深的张思德加入红军，在县独立团二营任通讯员。因表现出色，他在瓦子寨战斗中曾立功一次。

1935 年 5 月，已是红四方面军总部通信班战士的张思德跟随部队踏上了艰辛的长征之路。在长征途中，张思德经常主动帮助体弱多病的战友背行李、扛枪支、背弹药。因作战勇敢，在长征中多次负伤。

1937 年抗日战争爆发后，张思德因伤病被编入警卫连，担任副班长，负责云阳镇八路军留守处和荣誉军人学校的警卫。同年 10 月，张思德同志面对党旗庄严宣誓，成为一名中国共产党党员。

1940 年春，张思德调往延安，在军委警卫营任通讯班长。1942 年 10 月，军委警卫营与中央教导大队合编为中央警备团，张思德又愉快地接受组织安排，成为中央警备团直属警卫队的一名普通战士。虽然与他同期入伍的战友有许多已是团长甚至旅长，但张思德毫不计较。他说："当班长是革命工作需要，

张思德（左）

当战士也是革命工作需要。"他一贯吃苦在前，享受在后，能上能下，任劳任怨。尽管当时生活特别艰苦，住的是土窑洞，睡的是茅草床，但他和战友们仍然生活得十分愉快。他教大家打草鞋，想方设法用桦树皮写字、做饭筒，与大家同甘共苦，不愧共产党员的光荣称号。

1944 年夏天，中央决定次年在延安召开党的第七次全国代表大会。为解决与会代表的烤火问题，张思德所在的通讯班承担了烧木炭的任务。由于张思德会打窑洞和烟道，因此与另两人被派到安塞县山中烧木炭，他任副队长。完成任务后，为了多出炭，他又参加了突击队，与战友一起开挖了一孔新窑。

9 月 5 日中午时分，天空正下着雨。张思德在挖一个新的炭窑时，因雨水渗透造成土质松软，炭窑意外坍塌而不幸牺牲，年仅 29 岁。

由于张思德是毛主席等主要领导同志的警卫员，因此警卫队长古远兴直接报告了毛主席。毛主席得知这一噩耗后，心情十分沉重："前方打仗死人是没办法的，后方生产劳动死人不应该！"

毛主席点着一支烟站在窗前，深情地望着安塞山张思德牺牲的方向，问道："这件事，你向你的上级报告了没有？"古远兴回答："没有，我想直接报告给主席就行了。"

"这不行，你还要向你的上级报告。"毛主席皱了皱眉，又问，"张思德现在在什么地方？"

"还被压在炭窑里。"

毛主席显然生气了："怎么能这样呢？要尽快挖出来，放哨看好。山里狼多，不要被狼吃了。要是被狼吃了，你的队长就不要当了。"接着问道。"张思德遗体挖出来准备怎么处理？"

"主席，我打算刨出来就地安葬。"古远兴答道。

"不行！"毛主席显然对这种从简办理后事的做法不满意。他思索了一会，对古远兴作了三条指示："第一，给张思德身上洗干净，换上新衣服；第二，搞口好棺材；第三，要开个追悼会，我要去讲话。"

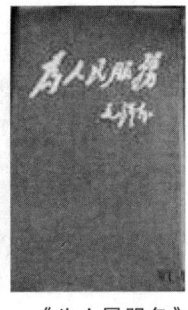

吴烈　　《为人民服务》

三天后，作为我们党最高领袖的毛泽东同志身穿灰色粗布衣，在中央警备团团长兼政委吴烈的陪同下神情庄重地步入会场，亲自献上花圈。挽带上写着他的亲笔挽词："向为人民利益而牺牲的张思德同志致敬。"

追悼大会由吴烈主持，警备团政治处主任张廷珍致了悼词。

毛泽东同志肃立在台下，静静地听着。

当张廷珍接着代表全团向党和毛主席宣誓表决心后，毛泽东同志迈着沉重的脚步，缓缓走上台，站在一个稍高的土墩上，没拿讲稿，打着强有力的手势，操着浓重的湖南口音开始作演讲。他讲道：

"我们的共产党和共产党所领导的八路军、新四军，是革命的队伍。我们这个队伍完全是为着解放人民的，是彻底地为人民的利益工作的。张思德同志就是我们这个队伍中的一个同志。"

"人总是要死的，但死的意义有不同。中国古时候有个文学家叫做司马迁的说过：'人固有一死，或重于泰山，或轻于鸿毛。'为人民利益而死，就比泰山还重；替法西斯卖力，替剥削人民和压迫人民的人去死，就比鸿毛还轻。张思德同志是为人民利益而死的，他的死是比泰山还要重的。"

追悼会结束后，毛泽东同志走在长长的送葬队伍的前面，并向张思德同志的遗体三鞠躬。

张思德同志的遗体埋葬在枣园后沟，后来迁葬到宝塔山下。

不久，毛泽东同志的这篇悼词以《为人民服务》为题，在延安《解放日报》上发表，并由新华社转发到各解放区的报纸和国统区重庆的《新华日报》刊登。

从此，张思德这位普通警卫战士的名字，开始留在了每一个八路军、新四军指战员的心目中。

《为人民服务》讲话纪念广场

从此，张思德这位普通警卫战士的名字，永远留在了中国人民的心中。

从此，张思德这位普通警卫战士的名字，与毛泽东同志这篇著名讲演一起，永远留在了青史中。

从此，"为人民服务"这五个金光灿灿的大字，永远成为中国共产党的唯一宗旨，并郑重地写进党章中。

从此，"为人民服务"这五个金光灿灿的大字，也永远深深地铭刻在中国共产党人的心中！

> **链接**："当官不为民做主，不如回家卖红薯。"这句出自七品"芝麻官"徐九经之口的名言，曾一度在我们的一些干部中备受推崇。虽然这里道出了当官要为老百姓做事的真谛，但从根本上说它反映的仍然是一种"父母官"的意识，体现的仍然是"官为民做主"，从而颠倒了人民是"国家主人"、官员是"人民公仆"的这一根本关系。为民做主，还是人民做主，一字之差，却反映出唯物史观和唯心史观两种不同的世界观，也反映了封建专制与民主政治两种相悖的政治意识。正确的说法应该是：我们不是老百姓的"父母官"，而老百姓才是我们的"衣食父母"。
>
> 毛泽东曾经指出："共产党员绝不可脱离群众，绝不可高踞于群众之上，做官当老爷。"社会主义制度从本质上说，是同当官做老爷不相容的。国家主人、社会公仆的关系颠倒不得，否则社会主义的性质就变异了。
>
> 官员是人民公仆，只有在中国共产党人这里成为现实。中国共产党人来自人民，共产党的干部是为人民服务的。1944年9月，毛泽东在出席中央警卫团一名普通士兵、共产党员张思德的追悼会上所作的题为《为人民服务》的著名演讲，就鲜明地指出了中国共产党为人民服务的根本宗旨。在延安，毛泽东率先垂范，跟大家一样享受同等待遇，即每天三钱盐，五钱油，吃小米，穿粗布。美国记者斯特朗在她的访问记中写道："党的负责干部住着寒冷的窑洞，凭借着微弱的灯光，长时间地工作，那里没有讲究的陈设，很少物质

享受，但他们是头脑敏锐、思想深刻和具有世界眼光的人。"

毛泽东与陈嘉庚

1940 年，南洋华侨领袖陈嘉庚为了慰劳祖国抗战军民，亲自组织并率领南洋各属华侨筹赈会回国慰劳团（简称"南侨慰劳团"），对重庆和延安等地进行了实地慰劳考察。3 月 26 日，陈嘉庚一行 5 人飞抵重庆。国民党政府对南侨慰劳团的接待工作异常重视，由近 30 个党政部门组成了一个庞大的欢迎南洋侨胞回国慰劳委员会，并拨出 8 万元专款以供接待之用。这使陈嘉庚非常不安，认为这样铺张浪费，不合时宜；重庆如此，必引起连锁反应，不仅耗费大量钱财，也会造成不良影响。

3 月 28 日，陈嘉庚往重庆励志楼谒见蒋介石，这是两人首次见面。当蒋的座车驶到，传令兵高喊："蒋委员长到——"所有人立刻肃立，大气也不敢喘。蒋介石和宋美龄姗姗而入，挥手示意大家就座，众员方敢徐徐坐下。回来后，陈嘉庚说蒋像个皇帝。陈嘉庚在重庆呆了 1 个多月，耳闻目睹，深感失望："第就外表数事，认为虚浮乏实，绝无一项稍感满意，与抗战艰难时际不甚适合耳。"

同年 6 月，陈嘉庚率"南侨慰劳团"又来到延安。为答谢陈嘉庚的爱国热忱，毛泽东在杨家岭请他吃饭。餐桌上除了豆角、西红柿等几样家常菜外，只是多了一味鸡汤。毛泽东说："我没钱买鸡，邻居老大娘知道我有远客，送我的。"陈嘉庚看了看饭菜，回想起此前到重庆时蒋介石花 800 银元宴请他的情景，不禁意味深长地说了一句："得天下者，共产党也；中国的希望，在延安。"

中国共产党执政以后，一贯强调各级党政干部都是人民公仆、是人民勤务员，执政的目的是为人民服务。如果以官老爷自居，不以人民为本位，不在全心全意为人民服务上下功夫，不廉，贪污腐败，为政这就不仅玷污了共产党人为人民服务和为共产主义奋斗的理想信念，也与孙中山一百年前就提出的人民公仆观念格格不入。

　　1940 年 8 月，晋察冀军区的八路军战士在一次战斗中救出了两名
日本小姑娘，从而引出了——

# 中日友好的一段佳话

　　1980 年 5 月 29 日，《人民日报》刊登了一位抗日老战士姚远方的文章《日本小姑娘，你在哪里？》，文章发表后，引起读者的热烈反响。

　　1940 年 8 月，晋察冀军区某部三团参加了闻名中外的百团大战。主攻的目标是日军驻守的井陉煤矿。当时，井陉煤矿火车站日方副站长加藤清利及其妻子均在炮火中身亡，遗下两个小女孩，大的五六岁，小的还在襁褓之中，但脚跟被炸伤。是三团一营四连的战士冒着生命危险把她们抢救出来的，聂荣臻司令员听说此事后，要求立即把她们送到指挥所。

　　两个日本小女孩由一位民兵用箩筐挑着，直接送到了聂荣臻的前线指挥所。聂荣臻问："孩子送来之前，在你们那儿是怎样安排饮食的？"

　　来人回答："我们四分区政治部的袁心纯副主任规定，按团职干部负重伤的伙食标准特别照顾，供给奶粉、罐头、白糖、水果。"

　　"嗯，做得对！"聂荣臻满意地点了点头。

　　聂荣臻抱起那个正在熟睡的小女孩，交代警卫员赶紧抱到村里，设法找正在哺乳期的妇女，给孩子喂奶，还要军区的医生为小女孩治伤。而那个大女孩则一直跟在聂荣臻身边，常常用小手拽着聂荣臻的裤腿，走到哪里跟到哪里。聂荣臻还和小姑娘在指挥所外的土场上合了个影，这张照片如今成了珍贵的历史见证。

　　但是，聂荣臻并不知道，精心照料和护送日本孩子的民兵，其母虽然是瞎子，却被日寇用刺刀活活捅死了。而那位袁心纯副主任，后来竟被日寇用马刀砍了头！

　　据原晋察冀第一军分区司令员杨成武将军在回忆录中记载："一个日军中佐一手提着指挥刀，一手抓起一个刚出生几天的中国婴儿剁成碎块，扔进磨盘里，令其士兵推磨洒水，在婴儿母亲撕心裂肺的哭叫声中，将婴儿磨成了

井陉车站

八路军战士与美穗子

聂荣臻与美穗子

肉酱！还有一群日本兵把一个中国孕妇拖进猪栏里，一阵惨不忍睹的蹂躏之后，猪栏里传出初生婴儿的啼哭声。日本兵却拍手大笑'大大地好！'"这样残忍的事，就发生在日军对我晋察冀根据地的大扫荡中。然而，晋察冀八路军战士却冒死在战火中救出了两个日本孤女！日军的残暴和我八路军的仁义，形成何等鲜明的对比！

　　当时聂司令员的前线指挥部驻地洪河槽村里的老百姓听说捉来了两个"小日本"，群情激奋，都想来为受害的亲人出一口气。没有想到的是聂荣臻司令员不仅请医生为日本女孩疗伤，找奶妈喂养，还亲手削雪梨让"小日本"解渴。后来，聂荣臻考虑到战事频繁，两个孩子留在中国会很困难，孩子也会伤感，还是送回去交给孩子的亲戚抚养比较好。于是写了一封意味深长的信，让八路军战士封奇书和民兵李化堂肩挑荆筐，头顶烈日，翻山越岭几十公里，把戴着遮阳帽的美穗子小姐妹送回正在与之交战中的日方军营。为了防止孩子在半路上饥饿啼哭，他还特地准备了各种食品。孩子上路前，他依依不舍地挨个抱起来，摸摸头，以示祝福。

　　事隔40年后的1980年，姚远方的文章发表后，日本《读卖新闻》社奇迹般地弄清了当年两个小姑娘中的姐姐就是住在日本宫崎县都城市的美穗子。美穗子后来回忆说，她们姐妹获救后，被送到石家庄的石门医院。不满周岁的妹妹镏美子因消化不良不幸死去。她本人于1940年10月被伯父平安带回日本后，与外祖母相依为命。对于劫后余生的经历，美穗子说："小时候听外祖母讲过父母都被卷入了战火，自己记忆不甚分明。因此直到 1980 年，对自己的身世不愿多想，渐渐也都遗忘了，是日中两国的报道和事后的调查唤起了幼时的记忆。"美穗子在 1980 年 6 月写给聂帅的信中提到，"据伯父讲，我被八路军领走，后又送回来了……回国那阵子，我常常向外祖母讲起'吃梨'和'坐挑筐'等事情。"

将军救孤的美谈传开后，美穗子接到上百封来信，一夜之间成了新闻人物。随后中国驻日使馆王公使寄来了中日友协邀请美穗子一家访华的请帖。怀着半是激动半是忐忑的心情，美穗子在 1980 年 7 月 10 日恰逢她 44 岁生日那天，与全家一起飞往中国。

在中国访问的两周里，美穗子一家访问了北京、石家庄、杭州、上海等地，参观了天安门、长城、军事博物馆、当年父亲工作过的煤矿，每

送走日本小女孩

到一处都受到热情接待。最令她终生难忘的是与聂帅的会见。7 月 14 日，在人民大会堂新疆厅，聂帅与美穗子在分别整整 40 年后重逢，美穗子如同见到阔别多年的亲人般激动得哭起来，从心里感谢将军当年的救命之恩。她以额头接触聂荣臻那双温暖的大手，表达她深深的感激之情。聂帅说："不能这么说，这不是我个人的问题。我们这样做，是因为中国人民有讲人道主义的光荣传统……中日两国是一衣带水的近邻，没有理由不友好。"美穗子说，一些日本旧军人知道了这件事的来龙去脉后，非常感动和惭愧，更加认识到了侵华战争的罪恶。美穗子在手记中说，那次中国之行，一路上不知哭过多少次，尽情的宣泄使她长存在心中的隔阂一扫而光。

劫后余生的美穗子，怀着报恩之心与中国交往。她说，1980 年那次会见后，她觉得聂将军本人要比照片上更和蔼，更慈祥，内心里已经把聂将军当父亲，

也很想叫"父亲"。1982年5月，美穗子得知聂帅生病后特地前往北京看望，并以"父亲"相称，道出了美穗子对聂将军的深厚情意。

聂荣臻与美穗子

2002年8月，在获救62年后，美穗子再次回到河北省井陉矿区、井陉县、平山县进行"谢恩之旅"。她连续三天，奔波100多公里，从平山到井陉，沿着当年的路线一一拜谢恩人。在清凉山主峰下山坳里的天户峪村。百团大战中我晋察冀一分区三团救护所的房东李保英老大娘惊喜地抓住美穗子的手，竭力在她脸上寻找那个穿条纹衣服的日本小姑娘的面影。李大娘还清楚地回忆着当年她烧水煮饭和卫生员给美穗子小妹镏美子疗伤的细节。美穗子望着她曾经暂栖的山村石屋，土炕、土灶，亲情涌动，泪眼婆娑。她来到万人坑纪念馆祭奠，到曾为妹妹喂过奶的许秀妮、陈文瑞老人以及最初带着聂将军书信把姐妹俩挑着送往日军驻地的八路军战士封奇书、李化堂的坟前烧香祭拜，竭尽所能寄托自己的哀思和祝愿。所到之处，美穗子都受到热情接待。

2003年11月，美穗子因病不能来华，就委托长女福山真智子等一行七人来到井陉矿区，冒雨参加了"美穗子获救纪念碑"揭碑仪式和"万人坑"纪念馆的开馆活动，出席了井陉县洪河漕村的"聂将军与美穗子雕像落成仪式"，并看望了当年最后一位挑着箩筐把美穗子姐妹俩送到日军驻地的许凤堂（已故）的老伴张凤英老人。

美穗子的故事给人们的深刻启示是：中日两国要实现世代友好，还是应该以史为鉴，面向未来！

**链接：**当年聂荣臻司令员为送日本孤女而写给日军官兵的信原件至今下落不明，但幸运的是，《晋察冀画报》摄影记者沙飞在该信送出前拍下了书信全貌。2005年7月21日，在纪念中国人民抗日战争胜利60周年之际，《人民日报》全文刊登了这封信：

日本军官长、士兵诸君：

日阀横暴，侵我中华，战争延绵于兹四年矣。中日两国人民死伤残废者不知凡几，辗转流离者又不知凡几。此种惨痛事件，其责任应完全由日阀负之。

此次我军进击正太线，收复东王舍，带来日本弱女二人。其母不幸死于炮火中，其父于矿井着火时受重伤，经我救治无效，亦不幸殒命。余此伶仃孤苦之幼女，一女仅五六龄，一女尚在襁褓中，彷徨无依，情殊可悯，经我收容抚育后，兹特着人送还，请转交其亲属扶养，幸勿使彼辈无辜孤女沦落异域，葬身沟壑而后已。

中日两国人民本无仇怨，不图日阀专政，逞其凶毒，内则横征暴敛，外则制造战争。致使日本人民起居不安，生活困难，背井离乡，触冒烽火，寡人之妻、孤人之子、独人父母。对于中国和平居民，则更肆行烧杀淫掠，惨无人道，死伤流亡，痛剧创深。此实中日两大民族空前之浩劫，日阀之万恶之罪行也。

但中国人民决不以日本士兵及人民为仇敌，所以坚持抗战，誓死抗日者，迫于日阀侵略而自卫耳。而侵略中国亦非日本士兵及人民之志愿，亦不过为日阀胁从耳。为今之计，中日两国之士兵及人民应携起手来，立即反对与消灭此种罪恶战争，打倒日本军阀、财阀，以争取两大民族真正的解放自由与幸福。否则中国人民固将更增艰苦，而君辈前途将亦不堪设想矣。

我八路军本国际主义之精神，至仁至义，有始有终，必当为中华民族之生存与人类之永久和平而奋斗到底，必当与野蛮横暴之日阀血战到底。深望君等幡然觉醒，与中国士兵人民齐心合力，共谋解放，则日本幸甚，中国亦幸甚。

专此即颂

安好

聂荣臻

八月二十二日

　　一名普普通通的县委书记，以他清正廉洁、无私奉献，为了党和人民的事业鞠躬尽瘁、死而后已的精神而被誉为"县委书记的好榜样"。他就是——

# 焦裕禄：领导干部的楷模

　　焦裕禄，山东省淄博市博山区崮山乡北崮山村人，1922 年 8 月 16 日出生在一个贫苦家庭。因生活所迫，幼年时代只读了几年书就在家参加劳动。

　　1946 年 1 月，焦裕禄在本村参加中国共产党。不久，他又正式参加了本县区武装部的工作，在当地领导民兵，坚持游击战争。解放战争时期，他带领民兵参加过不少战斗，以后又调到山东渤海地区参加过土地改革复查工作，曾担任组长。

　　解放战争后期，焦裕禄随军离开山东，到了河南，被分配到尉氏县工作，一直到 1951 年。他先后担任过副区长、区长、中共区委副书记、青年团县委副书记等职。以后又被先后调到青年团陈留地委和青年团郑州地委工作，担任过团地委宣传部长、第二副书记等职。

焦裕禄

　　1953 年 6 月，焦裕禄响应党的号召，被调到洛阳矿山机器制造厂参加工业建设，直到 1962 年。他在这个工厂担任过车间主任、科长。1962 年 6 月，为了加强农村工作，焦裕禄又被调回尉氏县，任县委书记处书记。1962 年 12 月，焦裕禄被调到兰考县，先后任县委第二书记、书记。

　　兰考县地处豫东黄河故道，是个饱受风沙、盐碱、内涝"三害"之患的老灾区。1962 年冬天，正是豫东兰考县遭受风沙、盐碱、内涝最严重的时刻，也是这个地区遭受连续 3 年自然灾害较严重的一年。1949 年前，兰考县的粮食年产量达到 1.0902 亿斤，1956 年上升到 2.0151 亿斤，而 1962 年降至 0.6825

亿斤（一说 6000 万斤），即下降到历年最低水平。全县 36 万人中，20 万人因灾缺粮，就连一般干部都处在半饥半饱的状态。因饥饿，许多人被迫外出逃荒、乞讨。到 1963 年春，外出谋生者仍多达 3.8 万人。

就在这样的关口，焦裕禄于 1962 年 12 月 4 日来到了兰考。面对重重困难，焦裕禄坚定地说："我们对兰考的一草一木都是有感情的。面对当前严重的自然灾害，我们有革命的胆略，坚决领导全县人民，苦战三五年，改变兰考的面貌。不达目的，我们死不瞑目。"

从第二天起，焦裕禄就深入基层调查研究，他说："吃别人嚼过的馍没味道。"他拖着患有慢性肝病的身体，在一年多的时间里，跑遍了全县 140 多个大队中的 120 多个。

为了改变兰考的面貌，在担任兰考县委书记近两年的时间里，焦裕禄全身心地投入到治理内涝、风沙、盐碱的"三害"斗争中。组成了由 120 名干部、老农和技术员三结合的"三害"调查队，展开了查风口、追洪水、探流沙的工作。他自己忍着肝病的折磨，常年奔波在农舍、田地，置身于群众之中，深入到生产第一线。每当风沙最大的时候，就是他带头下去查风口、探流沙的时候；雨最大的时候，也就是他带头下去冒雨涉水，观看洪水流势和变化的时候。

两年中，焦裕禄行程 5000 余里，带领调查队搜集了"三害"的第一手资料，查出兰考县共有 86 个大风口、261 个沙丘、63 个沙群，还有十几条沙龙，危害农作物达 30 万亩。调查队还就全县的每条河流、沟渠、桥涵、闸洞都调查得清清楚楚，并绘成了详细的排涝泄洪图。

在经过认真调查研究、充分掌握了第一手资料以及通过发现并提炼农民治风沙、水涝的宝贵经验的基础上，焦裕禄与县委的其他领导一起，研究制定了治理"三害"科学规划。一方面，制定出淤土压沙、植树防沙、挖渠排涝、挖沟淋碱等措施，有效治理了"三害"；另一方面，他还带领群众大力调整农业结构，根据本地实际发动群众栽种泡桐树、枣树，种植花生、棉花，种藕、养鱼、发展畜牧业，从而为兰考人民的脱贫致富指出了一条康庄大道，打下了良好的发展基础。

焦裕禄对同志对人民满腔热情。他常说，共产党员应该在群众最困难的时候，出现在群众的面前；在群众最需要帮助时候，去关心群众、帮助群众。

他的心里装着全县的干部群众，唯独没有他自己。

焦裕禄常说："我们领导干部，在遇到新工作到来时，特别是转折时，必须认真学习毛主席有关转折的文章。学习《为人民服务》，要学会像张思德那样全心全意为人民服务；学习《纪念白求恩》，要学会像白求恩那样树立爱国主义和国际主义思想；学习《愚公移山》，要学会像愚公搬山那样除掉兰考的'三害'。"

"在任何时候、任何情况下，不能忘记党的政治思想教育工作……只有加强思想工作，道路才明确，革命干劲才足。"

"任何时候都要坚持党的方向，发扬党的光荣传统，勤俭办事业，不贪污，不浪费，和人民同甘共苦，吃苦在前，享受在后。"

"我们不是人民的上司，我们都是人民的勤务员，必须和群众同甘共苦共患难。"

"治沙、治碱、治水工作，既是专业工作，技术工作，经济工作，又是群众工作，也是政治工作。一定要有广大群众参加，没有群众参加不可能搞好。要把党的领导和群众路线结合起来，要把群众的当前利益和长远利益结合起来。"

在一次会上，他还针对在火车站劝阻外流人口一事说："我们扬汤止沸，不如釜底抽薪，我们要从根本上解决外流，就要把家里生产生活安排好，让他们不再想外流。"

……

焦裕禄在生前根据自己的实践，总结出做好工作的十条经验："一、要依靠党的领导；二、要依靠群众；三、要发扬民主；四、要经常总结工作；五、要学习政治理论；六、要利用积极分子做好工作；七、要了解群众思想、关心群众生活；八、要搞好团结；九、要学习党的政策；十、要主动向上级汇报工作。"

焦裕禄带领兰考人民艰苦奋斗，植树治沙，一步一个脚印地与"三害"博斗，取得了显著的成效。因积劳成疾，焦裕禄不幸于 1964 年 5 月 4 日病逝，年仅 42 岁。他临终前对组织上唯一的要求，就是"把我运回兰考，埋在沙堆上，活着我没有治好沙丘，死了也要看着你们把沙丘治好"。

1964 年 5 月的一个上午，河南省沙区造林工作会议在毗邻兰考的民权县

张钦礼

召开。整个上午的会议日程，是由四个沙区造林先进县的领导做典型发言，时限为 1 个小时。兰考县委副书记、县长张钦礼第二个发言。他在介绍兰考防沙造林成绩和经验的同时，着重介绍了在治沙斗争中为兰考人民献身的县委书记焦裕禄同志的感人事迹。

一个个故事仿佛就发生在昨天，全场四百多人无不为之动容。限定的时间过去了，大家还是那样专注地听着。主持会议的副省长王维群站起来，挥一下手说："讲下去，不受时间限制！"就这样，张钦礼从焦裕禄上任后第一次访问老农讲到他走过的最后一个沙丘，从治"三害"的豪言壮语讲到他亲手栽下的泡桐……当他讲到焦裕禄临终前要求组织在他死后把他埋在沙丘上，"活着我没有治好沙丘，死了也要看着你们把沙丘治好"时，整个会场的人们已是泣不成声。

张钦礼讲了足足两个半小时。副省长王维群当即宣布：暂停典型发言，休会讨论焦裕禄事迹。结果引起了大家的强烈共鸣。

几个月后，张钦礼向省委递交了近万字的《关于在兰考人民除"三害"斗争中焦裕禄同志先进事迹的报告》。1964 年 11 月，中共省委很快下发了《关于向模范共产党员焦裕禄同志学习的通知》，号召全省干部学习焦裕禄同志忠心耿耿地为党为人民工作的革命精神。

1965 年秋，新华社副社长穆青、冯健，新华社河南分社记者周原等一行 5 人来到兰考。他们花费了 1 个多月的时间，几乎走遍了兰考，采访了几百名干部群众。采访中人们声泪俱下的诉说和百姓悄悄去哭坟的感人场景，深深地打动了他们……

采访结束回到北京后，穆青向中央有关领导作了汇报，中央决定要像宣传雷锋、王杰那样树立这个典型。

1966 年 2 月 7 日，《人民日报》发表长篇通讯《县委书记的榜样——焦裕禄》，全面介绍了焦裕禄的感人事迹，同时还刊登了《向毛泽东同志的好学生——焦裕禄同志学习》的社论。随后，全国各种报刊先后刊登了数十篇文章通讯，在全国掀起了一个学习焦裕禄的热潮。1990 年 5 月 10 日，《人民日报》发表

习近平在焦裕禄同志纪念馆

了《领导干部要学焦裕禄》的社论，在神州大地再掀焦裕禄的热潮。从此，焦裕禄同志成为各级干部特别是领导干部学习的榜样。

焦裕禄同志集中体现了立党为公，执政为民；求真务实，开拓创新；艰苦奋斗，自强不息；严于律己，无私奉献的时代特征。

焦裕禄同志之所以被誉为县委书记的好榜样、共产党员的光辉典范，深受人民群众爱戴的好干部，最根本的就是他与老百姓心相连，情相依，听心声，办实事；视人民为衣食父母，全心全意为人民服务。

焦裕禄身为县委书记，一贯严于律己，从来不贪不沾，连自己的孩子被别人领进剧院未花钱看电影看戏，他也让孩子补交票款。而他自己省吃俭用，衣服破了即补，舍不得买新的。但对于人民群众的生活则无比关切，凡是遇到揭不开锅的、有病的或有困难的人，他都竭尽全力予以救济，为他们排忧解难。

在 20 世纪 60 年代产生的焦裕禄精神，曾对中华民族发挥过极大的激励和鼓舞作用。进入 21 世纪，我们同样需要这种精神。

历史，将永远铭记这位人民的儿子！

2009 年 4 月，习近平同志视察兰考时指出："焦裕禄同志用自己的实际行动，塑造了一个优秀共产党员和优秀县委书记的光辉形象，铸就了亲民爱民、艰苦奋斗、科学求实、迎难而上、无私奉献的焦裕禄精神。焦裕禄同志离开我们 45 年了，但他的崇高精神却跨越时空、历久弥新，无论过去、现在还是将来，都永远是亿万人心中一座永不磨灭的丰碑，永远是鼓舞我们艰苦奋斗、执政为民的强大思想动力，永远是激励我们求真务实、开拓进取的宝贵精神财富，永远不会过时。"

2014 年 3 月，习近平总书记再次来到兰考。18 日，他在参加县委常委扩

习近平在兰考调研

大会议时说，兰考是焦裕禄同志生活工作的地方、焦裕禄精神发祥地，希望通过学习焦裕禄精神，为推进党和人民事业发展、实现中国梦提供强大精神正能量。他还充满深情地念了自己在当福州市委书记时追思焦裕禄所填的《念奴娇·追思焦裕禄》一词："中夜，读《人民呼唤焦裕禄》一文，是时霁月如银，文思萦系……魂飞万里，盼归来，此水此山此地。百姓谁不爱好官？把泪焦桐成雨。生也沙丘，死也沙丘，父老生死系。暮雪朝霜，毋改英雄意气！依然月明如昔，思君夜夜，肝胆长如洗。路漫漫其修远矣，两袖清风来去。为官一任，造福一方，遂了平生意。绿我涓滴，会它千顷澄碧。"他说，这首词直抒了我的胸臆。

习近平同志还指出：要特别学习弘扬焦裕禄同志"心中装着全体人民、唯独没有他自己"的公仆情怀，凡事探求就里、"吃别人嚼过的馍没味道"的求实作风，"敢教日月换新天""革命者要在困难面前逞英雄"的奋斗精神，艰苦朴素、廉洁奉公、"任何时候都不搞特殊化"的道德情操。要组织党员、干部把焦裕禄精神作为一面镜子，从里到外、从上到下反复照一照自己，深入查摆自己在思想境界、素质能力、作风形象等方面存在的问题和不足，努力向焦裕禄同志看齐，从今天做起，从眼前做起，从小事做起，像焦裕禄同志那样对待群众、对待组织、对待事业、对待同志、对待亲属、对待自己，像焦裕禄同志那样生命不息、奋斗不止，努力做焦裕禄式的好党员、好干部。

**链接：**人们常说："为官一任，造福一方。"但是，一位官员在一地任职，离开以后怎样才能被当地人民所记住、所怀念？这里不妨举一古一今两位官员的例子。

我们都知道北宋文豪苏东坡。他不仅是著名文学家、书画家、诗人，还是一位优秀的政治家。他曾被任命为山东登州府军州事，但上任仅五天就接到朝廷命令返回京城。

苏东坡

对于一位刚上任的官员而言，短短的五天能做什么事？但是苏东坡却在五天内，干了两件大事：

第一件大事：当时推行榷盐即食盐官卖，弊端丛生。而当地靠海，吃盐本不成问题，却仍然得买官盐。苏东坡回京后即向朝廷上奏《乞罢登莱榷盐状》，获得朝廷批准。从此，当地百姓不必再买官盐，从而大大减轻了当地老百姓的负担；

蓬莱阁

第二件大事：苏东坡上任后，还特意来到蓬莱阁，观察、分析了登州的战略地位。他看到了"见其久安，便谓无事"的危险性，并就此也给朝廷写了有关加强海防的报告。后来，这里不断出现倭寇侵犯，证明苏东坡确有远见。

短短五天，苏东坡就在安民、保国两方面都留下了建树。此后，登州、莱州县县都立有"苏公碑"，并流传着"五天登州府，千年苏公祠"的赞誉。

另一位是南下干部谷文昌，曾在福建省东山县任区委书记、县长、县委书记，一干就是15年。他带领群众在枪林弹雨中保卫东山，在风沙弥漫中植树造林，在惊涛骇浪中填海筑堤，硬是把一个荒漠化的海岛建设成海上绿洲。1981年病逝后，东山县人民为怀念他为人民造福兴利的崇高精神，自发地为他雕塑石像，还形成了一个独特的民俗："先祭谷公，后祭祖宗。"

2003年，福建省委作出决定，号召全省党员、干部特别是领导干部认真学习谷文昌"执政为民的宗旨意识，艰苦奋斗的优良作风，求真务实的科学态度，致力发展的进取精神"。

谷文昌

谷文昌塑像

苏东坡和谷文昌，一个是古人，一个是共产党人；一个在一地的工作时间只有短短的5天，一个在一地工作的时间长达15年，但是他们的一个共同点都是为当地人民作出了重要贡献，从而为当地老百姓自发地树碑立传所铭记。他们给我们，尤其是各级领导干部最大的启示是什么？

"为官一任，造福一方。"作为一名领导干部，不管你在一个地方待的时间短还是待的时间长，不管你是否经常上报纸、上电视，是否经常作重要指示、重要讲话，只要做到这一点，群众就一定会记住你。

能否做到"造福一方"，关键在于：你有没有一颗为民服务之心！

　　自诩为世界宪兵、世界警察的美国一向在全球到处插手，想打谁就打谁。但是二战结束以来，美国却有过三次失败，而且全都是直接或间接地败给了以中国文化软实力武装起来的中国共产党和人民解放军，从而充分显示了——

## 中国文化软实力的强大力量

　　美国的第一次失败是在我解放战争时期。整个解放战争，实际上就是我们同美国在进行间接较量。美国全力以赴支持蒋介石，提供了大量美援和军援，派出大量飞机、军舰抢运国民党军队，甚至直接出动海军陆战队帮助蒋介石抢占战略要地，以阻止我军接收。

　　但是较量的结果，国民党的800万军队被我人民解放军消灭，蒋介石也被赶到了台湾。以至于美国府院之间在20世纪40年代末、50年代初期发生了一次大争论："谁让美国失去了中国？"他们一直无法理解：美国付出了这么多的美援和军援，为什么拥有800万军队的蒋介石打不赢小米加步枪的共

占领总统府

产党？当然，这场争论是没有道理的，因为中国并不是美国的一个州！

美国的第二次失败是在我抗美援朝战争时期。

这是基本上没有什么优势可言的我人民军队与拥有当时世界最先进武器装备的美军面对面的一场生死较量。何况我们面对的不仅仅是一个美国，而是打着联合国军旗号的 16 个国家的军队！可是较量的结果，我们硬是把美军从开战之初的鸭绿江边赶到了战争结束时的三八线。

1840 年以来，我们与西方列强几乎每战必败，而抗美援朝战争则打出了我们的国威和军威，特别是恢复了因每战必败而几乎丧失殆尽的民族自尊心和自信心。一仗下来，全世界都对新中国刮目相看，从而奠定了新中国的世界强国地位！

美国的第三次失败是在我抗美援越战争时期。这场战争，实际上也是中国与美国在间接的较量。

中国对越南共产党抵抗美国、统一南方的斗争，一开始即采取了坚决支持、积极援助的政策。1962 年夏，中国决定向越南无偿提供可装备 290 个步兵营的枪炮；到 1966 年 3 月，中国在越南北方的支持部队，包括两个高射炮

抗美援朝

师，总共有 13 万人。在整个越南抗美救国战争期间，中国对越南的物资援助折价达 200 多亿美元。据不完全统计，从 1962 年至 1966 年，中国援助越南各种枪械 27 万支、火炮 540 多门、枪弹 2 亿多发、炮弹 90 多万发、炸药 700 多吨、军服 20 万套、布匹 400 多万米以及大批蚊帐、胶鞋、副食品、交通通讯器材等。

我军战士在学习

在中国的全力支持下，最终迫使美国不得不承认失败，撤出越南。

美国在中国文化圈内三次失败的背后，可以看到的是我们党所拥有的这种新型文化的力量。毛泽东指出："这支军队具有一往无前的精神，它要压倒一切敌人，而决不被敌人所屈服。不论在任何艰难困苦的场合，只要还有一个人，这个人就要继续战斗下去。"

这种精神源自哪里？正是来自我们党在长期的血与火的洗礼中形成的革命文化软实力的熏陶。毛泽东强调："没有文化的军队是愚蠢的军队，而愚蠢的军队是不能战胜敌人的。"同样一名士兵，在国民党军队中没有战斗力，但是一旦进入人民军队，经过我党我军所独有的革命文化的洗礼，他就知道了很多革命道理，明白了自己是在为谁扛枪为谁打仗，明确了自己的职责和使命，从而激发出强大的战斗力。我军之所以历来能够以弱胜强，其奥秘就在这里。

党的十七届六中全会通过的《中共中央关于深化文化体制改革、推动社会主义文化大发展大繁荣若干重大问题的决定》中强调："中国共产党既是中华优秀传统文化的忠实传承者和弘扬者，又是中国先进文化的积极倡导者和发展者。"

因为，我们党始终就是中国先进文化前进方向的忠实代表！

对于这一点，只需三句话就可以说明：

——我们党是中国先进文化的开创者；

——我们党是中国先进文化的建设者；

——我们党是未来中国先进文化蓝图的描绘者，或者说我们党指明了中国先进文化的前进方向。

这三句话从过去、现在和未来的角度，高度概括了我们党在中国先进文化及其文化软实力的创立、建设和今后进一步发展、完善中所起到的主导作用。

**链接**：一个民族、一个国家的文化软实力，总是从政治、经济、军事等诸多方面体现出来的。中国文化软实力同样如此。历经从未间断过的五千年文明的积淀，中国文化软实力不仅具有极为丰富的内涵，在世界民族文化之林中亦独树一帜，具有多方面的特色：

——作为一个长期被视为"东亚病夫"的贫穷大国，新中国成立后又长期被排斥孤立于国际社会之外，却能顽强生存下来并一跃成为在当今国际舞台上具有举足轻重地位的大国，表明历来崇尚独立自主、自力更生、艰苦奋斗、自强不息的中国文化软实力绝非弱者文化，而是在政治上有着很强适应性的强者文化；

——在几十年的经济封锁中未被摧垮，新中国成立以来尤其改革开放三十多年来所取得的令人瞩目的经济成就，以及同属中国文化圈内的日本成为世界经济强国之一，"四小龙"的经济腾飞和迅速崛起，海外华人所表现出来的经商理财的才干，都表明中国文化软实力在经济上并不是走向现代化的障碍，而是同样能够适应现代经济生活的商者文化；

——得到美国全力支持的蒋介石在大陆的溃败，抗美援朝与援越抗美以及多次抵抗外侵的胜利，表明中国文化软实力体现在军事上绝非重文轻武，不堪一击，而是一种敢于碰硬，毫不示弱的勇者文化；

——中国人在被全方位孤立和封锁的恶劣环境下，能凭借自己的力量连续取得原子弹和氢弹的爆炸成功，杨利伟乘坐"神舟五号"飞船飞向太空的成功以及一系列高科技成果，海外华人在众多科学技术领域所展现出来的聪明才智和举世瞩目的成就，表明中国人在智力上绝不逊色于一向自诩人种优越的西方人，积几千年结晶凝聚而成的中国文化软实力亦体现为一种智者文化；

——中国文化历来主张并力行文明礼貌，尊老爱幼，与人为善，一视同仁，反对恃强凌弱，强加于人，少有种族歧视，因此中国文化软实力又可被视为一种仁者文化、礼者文化。

当然，我们也应清醒地看到，由于中国长期处于农业社会，其经济形态一直是以自给自足的自然经济为主体，因而中国文化还带有浓厚的农业文化的特征。由此产生的一些诸如重义轻利、节情寡欲、等级森严、崇尚权威、平均主义、急功近利、知足常乐等思想观念，就是与我们现在正在发展的社会主义市场经济和走向现代化所不相适应的东西。其精华和糟粕共存，还有待于我们按照建设社会主义新文化的要求去认真清理，对其中的精华加以吸取、弘扬，对糟粕则予以否定、扫除，为改革开放和社会主义市场经济的健康发展、为中国文化软实力的更好发挥创造良好的文化环境和氛围。

第 **5** 章

# 民族大团结：
# 中华振兴的凝聚力量

　　实现中国梦必须凝聚中国力量。这就是中国各族人民大团结的力量。

　　汉代王符说："大鹏之动，非一羽之轻也；骐骥之速，非一足之力也。"就是说，大鹏冲天飞翔，不是靠一根羽毛的轻盈；骏马急速奔跑，不是靠一只脚的力量。中国要飞得高、跑得快，就得依靠13亿人民的力量。

　　每个人的力量是有限的，但只要我们万众一心、众志成城，就没有克服不了的困难；每个人的工作时间是有限的，但全心全意为人民服务是无限的。

——习近平

怀着坚定的信仰，四路红军分别踏上了漫漫长征路，并创造了无与伦比的人类战争史上的奇迹——

# 长征：红军创造的奇迹

长征，是一首诗，一首悲壮的史诗。

长征，是一首歌，一首英雄的赞歌。

长征，是一个奇迹，一个无与伦比的奇迹。

中国工农红军近 20 万将士，是 80 多年前长征奇迹的创造者。

让我们走进历史，走进长征，去领略一下中国工农红军所创造的奇迹吧！

### 长征：战略转移的奇迹

80 年前，由于王明"左"倾冒险主义在党内的错误领导，中央苏区和其他几个革命根据地的红军虽经浴血奋战，却在付出重大代价后仍无法像以往那样打破敌人的第五次"围剿"，不得不作出战略大转移的决策。

1934 年 8 月 7 日，红六军团 9700 余将士从江西遂川县的横石出发，开始西征，拉开了长征的序幕。

10 月 10 日晚，中共中央、红军总部率领五个军团连同后方机关共 86000 余人，从红都瑞金出发，开始长征；

11 月 16 日，红二十五军 2980 余将士从河南罗山何家冲出发，开始长征；

1935 年 3 月，红四方面军 80000 余将士撤离川陕苏区，开始长征；

同年 11 月 19 日，红二方面军（原红二、六军团）主力 17000 余将士离开湘鄂川黔苏区，开始长征。

在历时一年的战略大转移中，漫长的征程全是一步一步走过来的，而且沿途险恶丛生、危机四伏：前有虎视眈眈的阻敌，后有穷跟不舍的追兵。然而这股红流滚滚向前，势不可挡，冲破一切艰难险阻，终于在 1936 年 10 月以欢呼雀跃的红军三大主力在甘肃会宁和将台堡的会师为标志，宣告红军万里长征的胜利结束和北上抗日战略大转移的胜利实现。

在历史上，这样的远征也曾发生过一次。

公元前 218 年，29 岁的北非古国迦太基军队统帅汉尼拔·巴卡，亲率 50000 步兵、9000 骑兵远征意大利。在连续行军作战 5 个月后，他们历时 15 天翻过了中欧南部的巨大山脉阿尔卑斯山，与罗马统帅西庇阿相遇并给其予重创。这次远征，被认为是举世无双的壮举，汉尼

汉尼拔·巴卡

拔也被认为是古代最伟大的军事统帅之一，还被誉为"西方战略之父"。

但是，在曾到延安采访过不少长征将士的那位著名的美国记者斯诺的眼里，与中国工农红军相比，汉尼拔的那次远征，只不过是一次假日远足！

### 长征：战争史上的奇迹

红军实行战略转移后，国民党调动其中央军和十个地方军阀的上百万军队围追堵截，前后夹击，欲置红军于死地。

兵力、装备都处于绝对劣势，只能在无后方依托的情况下进行流动作战的红军，却以高昂的斗志，坚强的毅力，一往无前的英雄气概，敢打敢拼，冲锋陷阵，夺桥抢渡，闯关越隘。四渡赤水河，巧渡金沙江，强渡大渡河，飞夺泸定桥，转战乌蒙山，激战嘉陵江，血战独树镇，抢占腊子口……这一系列战役、战斗在我军作战史上写下了一段段精彩的篇章，创造了一个接一个中外战争史上的奇迹！

据不完全统计，红军在长征中打了大约 120 次主要战役、战斗，共歼敌 40 个团，击溃敌军数百个团，击落敌机 4 架，缴获长短枪 3000 多支、轻重机枪 330 多挺、火炮 20 多门，骡马 2000 多匹。

中央红军在 368 天里，有 235 天用在白天行军上，18 天用在夜间行军上，只休息了 44 天，平均每天行军 71 里，平均走 365 里才能休息一次，还几乎每天就有一次遭遇战；总共有 15 个整天用在打大决战上，共进行了 380 多次战斗，攻占过 62 座县城，是各路长征大军中路途最远、作战最多、伤亡最大的一支，到达陕北时仅有 6000 余人。

尤其值得大书一笔的，是强渡大渡河、飞夺泸定桥的战斗。因为在 1863 年 5 月，太平天国骁勇善战的翼王石达开就是在大渡河畔紫打地（今安顺场

附近）陷入清军重围的，为保全三军，他亲往清军总兵唐友耕营地求降，押到成都后被四川总督骆秉章杀害。而他麾下勇猛剽悍的 7000 将士除部分被遣散的老弱病残及新兵外，其余全部在放下武器后惨遭杀戮，留下一段可歌可泣的悲壮故事。

72 年后，蒋介石给四川军阀杨森打来电报，命令他所率的 6 个旅全部开到大渡河前线布防，希望杨森能重演这段历史。为此蒋介石特意在电报最后写上一句为其打气的话："子惠兄此次参与大渡河会战，必定马到成功，朱、毛成为石达开第二已无疑问，而兄即今日之骆秉章也。"

然而，蒋介石打错了算盘。

毛泽东不是石达开。

红军也不是太平军。

杨得志率领的红一团如同神兵天降一般，突然从数百里外出现在安顺场渡口，歼守敌两个连。17 勇士凭借缴获的一只小船，冒着

飞夺泸定桥

枪林弹雨强渡大渡河。但几万人马靠小船一趟趟来回摆渡，无疑是杯水车薪，且时间也拖不起。毛泽东审时度势，当机立断，一声令下，杨成武指挥红四团连夜强行军，犹如"飞将军自重霄入"，突然出现在 120 公里开外的泸定桥畔，22 名勇士又创下飞夺泸定桥的壮举。

令蒋介石失望的是，第二个石达开的悲剧没有重演。

令毛泽东骄傲的是，我红军将士又创造了一次奇迹！

### 长征：人定胜天的奇迹

在长征途中，红军不仅要与围追堵截的数百万敌军殊死搏斗，还要与沿途恶劣的自然环境和气候搏斗。一路上所遇到的艰难险阻，是令人难以想象的：

——红一方面军历时 1 年，共翻越山脉 18 座，其中 5 座终年覆盖冰雪；跨过 24 条河流，攻占 62 座县城，转战 12 省 25000 里；

过草地

——红二方面军历时 1 年，转战 10 省 92 县，沿途攻占县城 92 座，行程 19000 里；

——红四方面军历时 19 个月，转战 4 省，曾三过纵深近 1000 里的水草地，行程 10000 里；

——红 25 军历时 10 个月，转战鄂豫陕甘四省，行程近万里。

数字是枯燥的，然而在这些数字的背后，是何等的艰苦卓绝！

长征中，最艰苦的路程，莫过于爬雪山、过草地了。

"雪皑皑，野茫茫，高原寒，炊断粮"，这正是在皑皑雪山、茫茫草地上艰难跋涉的缺衣少食的红军之真实写照。特别是那些二过、三过雪山、草地的红军将士们，因为人迹罕至，给养无着，不得不挖野菜、吃草根、抓老鼠、嚼皮带，甚至连粪便中尚未消化的青稞粒都挑出来洗净咽下。可即使这样，仍有上万名红军战士永远倒在了那里。

但是红军并没有被大自然所露出的狰狞面目所吓倒，而是以惊人的毅力义无反顾地迎上前去，与之拼搏、抗争。

不应忘记的是，在长征红军的队伍里，还活跃着数千名女战士的身影。其中红四方面军是长征女战士最多的部队，出发时有 2000 人左右，到达陕北时只有 300 多人。作为战士，作为女性，甚至作为母亲，她们要付出比男战士多得多的艰辛。可是她们与千千万万男战友们一样行军作战，一样爬雪山、过草地，一样挖野菜、吃草根。她们当中有的负伤，有的分娩，有的带着孩子，有的还是小脚，却硬是毫不退缩，勇往直前。

她们，不愧是 20 世纪中国女兵、中国女性的骄傲！

我们每个人都应记住这两句话："苦不苦，想想长征两万五；累不累，想想革命老前辈。"与长征相比，还有什么苦我们不能吃，还有什么累我们不能受呢？

### 长征：民族关系的奇迹

位于四川西南部一个足有 20 万平方米面积的高山淡水湖，拥有一个很好听的名字——彝海。

1935 年 5 月 22 日，刘伯承将军依照当地彝族同胞的风俗习惯，同彝族沽基部落首领小叶丹在彝海边一起以水代酒，歃血为盟，结为兄弟。在小叶丹的帮助下，红一方面军主力顺利通过了千百年来从未有过的一支汉族军队能打这里过去的彝民聚居区，为向大渡河挺进赢得了宝贵的时间。

从此，"彝海结盟"成为红军长征史上的一段佳话。

从此，在中国民族关系史上又掀开了新的一页。

然而，四川冕宁的彝族聚居区并不是红军经过的唯一的一个少数民族聚居区。在长征途中，红军还先后经过了瑶、侗、苗、羌、回、藏、东乡、裕固等十个少数民族聚居区。他们以尊重少数民族的风俗习惯、严格的纪律和秋毫无犯的实际行动，不仅使沿途的少数民族消除了敌意，而且认定这支头戴红五星、衣衫褴褛但却精神饱满、斗志高昂的汉族军队确实是各族穷人自己的队伍。因此，他们不仅没有像国民党所希望的那样与红军作对，反而有很多少数民族兄弟加入了红军的行列。仅在川西北草原，就有 5000 多名藏、羌族青年投身革命。

红军老战士王作义曾讲到：1935 年 5 月，他在家乡越西被一条红军写的"各民族一律平等"的标语所吸引。这位年仅 16 岁的彝族青年作为 500 名彝族青年中的一员，与 500 名汉族青年一起毅然参加红军，成为红一方面军三军团的一名战士，踏上了漫漫长征路。当年参加红军的千百个彝族热血青年，今天只剩下他一个。讲到动情处，老人落泪了。

但是，共和国永远不会忘记那些同样为民族解放事业而献身的少数民族将士们！

长征途中还发生过这样一件事：1935 年 7 月，红军到达藏民居住地区的毛儿盖后，某团司号兵贺敏仁违反纪律，擅自进入喇嘛庙内拿了藏民供奉的银元，打算给姐姐贺子珍养伤用。被发现后，师部把他捆起来并要枪决他。

贺敏仁恳求一起参军的老乡替他给姐姐写封信，但未来得及写。他所在团的团长、政委主张就此事给毛泽东发个电报，等批复后再执行。可是因为延误了收发电报的时间，等中央关于要缓期执行的批示下达时，贺敏仁已被师部枪决了。

后来，贺子珍提到此事时说："如果这件事发生在平时，当然可以争个是非曲直，但当时是战争，是红军生死存亡的紧要关头，一切要服从这个大局，不能干扰毛泽东对军队指挥工作的进行。即使是有人有意的陷害，我也要用红军的纪律严格要求自己的亲人。"

这就是一个共产党员、一个长征女战士的宽阔胸怀。

这件事也从一个侧面，解开了红军创造民族关系的奇迹之谜！

### 长征：一支年轻军队的奇迹

1927 年 8 月 1 日南昌城内一声枪响，宣告了人民军队的诞生。当红军踏上长征之路时，距南昌起义也不过七个年头。无论就这支军队的领导层还是各级指挥员和士兵，主要是由年轻人组成的。

长征开始时，领导核心成员的年龄是：中央总负责人博古，27 岁；中央组织部部长李维汉，38 岁；中央宣传部部长张闻天，34 岁；中华苏维埃共和国中央政府主席毛泽东，41 岁；中央军委主席、中国工农红军总司令朱德，48 岁；中央军委副主席、中国工农红军总政委周恩来，36 岁；总参谋长刘伯承，36 岁；中央军委副主席、总政治部副主任王稼祥，28 岁；军事顾问、德国人李德，34 岁。他们的平均年龄为 35.6 岁。

1955 年授衔的我军 10 位元帅中有 9 位、10 位大将中有 8 位参加了长征；同年授衔的 1360 多名将军中，90% 以上参加了长征。仅就这些将军授衔时的平均年龄来看：上将为 45.6 岁，中将为 45.1 岁，少将为 42.9 岁。往前追溯 21 年，即长征开始时的 1934 年，他们的平均年龄是多少呢？上将 24.6 岁，中将 24.1 岁，少将 21.9 岁，清一色的年轻人！

仅以脍炙人口的《长征组歌》作者萧华为例：12 岁参加革命，13 岁在家乡江西兴国任团县委书记，17 岁任少共国际师政委，18 岁参加长征，先后任红一军团第十五师、第二师政委。1955 年授衔时是全军最年轻的上将，年仅

39 岁，尚不到不惑之年！

就是这支由年轻的领袖们指挥、年轻的将领们率领和由年轻的士兵们组成的年轻的军队，却在人类战争史上创造了拖不垮、打不烂的万里长征的奇迹。

就是这支走过雪山草地、走过二万五千里长征的年轻军队，以后又走向延安，走向西柏坡，走向北京，走向全国，迎来了一个年轻共和国的诞生。

**奇迹的长征，长征的奇迹！**

伟大的长征，给中国共产党和中国人民留下了伟大的长征精神。正如江泽民同志所指出的那样：长征精神，"就是把全国人民和中华民族的根本利益看得高于一切，坚定革命的理想和信念，坚信正义事业必然胜利的精神；就是为了救国救民，不怕任何艰难险阻，不惜付出一切牺牲的精神；就是坚持独立自主、实事求是，一切从实际出发的精神；就是顾全大局、严守纪律、紧密团结的精神；就是紧紧依靠人民群众，同人民群众生死相依、患难与共，艰苦奋斗的精神"。

有着坚定的信仰、能创造出长征奇迹和长征精神的中国共产党人和人民军队，在今天的新长征中，还有什么奇迹不能创造出来？！

**链接：** 四路红军长征出发前共有将近 20.6 万兵力，共经过 14 个省，10 个少数民族聚居和杂居区。

黔东南是长征中经过的第一个少数民族聚居区。1934 年 11 月底，红军进入湘桂黔边境苗、瑶等族地区时，红军总政治部在这里专门颁布了《关于我军沿途注意与苗民关系，加强纪律检查的指示》，要求红军经过苗民地区"不打苗民土豪"，不杀苗民的牛，还号召广大指战员都要送一件东西给少数民族同胞作为礼物。红军官兵纷纷拿出自己所留无几的衣服、毛巾等，送给各族兄弟姐妹，赢得了他们的爱戴。红军总政治部这些措施得到民族上层和群众的支持，使红军得以顺利通过。当地许多年轻人纷纷报名参军，长征中的第一批少数民族战士，就是从这里投身革命的。

红军进入羌族聚居区后，纪律严明，秋毫无犯。当地一位土司安登榜深受感动，深信红军是真正平等对待羌人的军队，于是毅然动员 200 多名羌族勇士集体参加红军。他作战勇敢，在走出草地的战斗中壮烈牺牲。四川茂县当年仅有 3.4 万人口，就有 2000 多名羌族儿女跟着红军走了。

刘华清将军回忆：当年红二十五军西进北上过程中，途经一些少数民族地区。部队每到一地，都要调查了解社会情况，帮助当地百姓解决困难，严格遵守纪律，坚决保护群众利益。1935 年 8 月中旬，部队进入甘肃静宁县以北的单家集和兴隆寺等回民聚居地，军政委吴焕先及时对全体指战员进行纪律和政策教育，并写在街上。他还亲自到清真寺拜访，召开座谈会，宣传党的抗日救国主张和红军纪律。有十多位回族青年参加了红军。正是有了这种支持，红二十五军才在长征中，战胜了敌人 80 多个团的多次"围剿"，并扩大到 3400 多人，成为长征途中唯一得到壮大的红军队伍。

1936 年 4 月底，红二军团、六军团渡过金沙江后，万余名身穿单衣、脚穿草鞋的南方籍红军指战员在滇西北的中甸（今云南迪庆藏族自治州香格里拉县）翻越雅哈雪山。红二军团、六军团虽远离中央、远离根据地，但始终严明军纪，坚守民族大义。对前来袭扰的藏族武装只是驱赶，并不真打，结果造成大量伤亡。雪山脚下的干岩房和资纳腊村的哨壁上，百余名年轻的红军官兵流尽了最后一滴血。

进入藏区后，由于红军进城后不住寺庙，不扰藏家，这些义举终于感动了因听信"红军吃人"的谣言而逃离家园的藏民。一些淳朴善良的藏族老人主动为牺牲的红军收尸。他们把一具具小红军的遗体蜷起来，折成婴儿出生时的样子，用粗绳捆扎，顺江而下。来不及水葬的几十具红军遗体则就地掩埋，解放后再重新安葬于烈士陵园。

四川阿坝藏族羌族自治州辖域面积不足 6 万平方公里，人口仅 20 余万，年产粮食不过亿斤，牲畜不到 40 万头，人均年有粮 500 斤左右、有牲畜不到两头。从 1935 年 4 月至 1936 年 8 月，先是红四方面军接应中央红军到此开辟新苏区，接着是三个方面军长征先后过境和留驻在这里，总共 16 个月。阿坝地区藏、羌、回、汉各族人民总共为红军筹集粮食 3000 多万斤，大小牲畜 20 多万头，土盐 5000 余斤，还有大量干牛肉、猪膘、食油和蔬菜等。为数甚巨的粮食和物资，是保证红军征服雪山草地的基本物质基础。在物资上支援红军的同时，有 5000 多位少数民族优秀青年加入到红军队伍中，还有 10000 多人参加了游击队。到全国解放，这些藏族、羌族等少数民族红军战士幸存的不足 60 人！

红军走后，许多支持过红军的农牧民被反对势力残酷迫害。面对敌人的残暴，川西北各族群众没有低头，许多藏族、羌族同胞冒着杀身之祸，把长征中掉队的红军伤病员保护起来，像对待自己的亲人一样细心呵护。

毛泽东到延安后，曾经高度评价过藏族、羌族人民对红军的巨大支援。他说：长征在川西北，我们是欠了藏民、羌人的债的。有一天，我们必须向他们偿还那时不得不从他们那里拿走的给养。他曾深情地说，这是中国革命史上特有的"牦牛革命"。邓小平在主政西南时也说过：红军北上，把少数民族地区搞苦了，当时为保存红军，没有别的办法，将他们的粮食吃光了，要向他们赔偿，从经济上帮助他们得到利益。

在长征路上，红军通过与彝、苗、瑶、壮、布依、土家、侗、纳西、白、傈僳、藏、羌、回、蒙古等少数民族的直接交往，加深了对各少数民族政治、经济、宗教、文化、风俗习惯的了解，同时也以自己的实际行动让沿途经过的各少数民族认识了红军是一支为包括各少数民族穷人打天下的队伍，从而不仅得到了他们的全力支持，使红军得以顺利地通过了这些地区，而且从多方面积累了民族工作经验，为我们党的民族理论和民族政策的形成和发展打下了坚实的基础。

在 20 世纪 60—70 年代，我国相继实现了"两弹一星"的重大突破，谱写了——

# 民族正气的史诗

1964 年 10 月 16 日下午 3 时整，在中国西部上空爆炸了一颗中国人自己研制的原子弹。消息传出，顿时中国沸腾了，世界也沸腾了！

此后，喜讯一个接着一个：1966 年 10 月 27 日上午 9 时 9 分 14 秒，中国

毛泽东与钱学森

第一颗装有核弹头的地地导弹在预定高度实现核爆炸成功；

1967年6月17日上午8时，中国第一颗氢弹空爆试验成功；

1970年4月24日21时35分，中国第一颗人造卫星发射成功……

20世纪50年代、60年代，对中国而言是极不寻常的时期。

当时面对严峻的国际形势，为打破核大国的讹诈与垄断，为了世界和平和国家安全，在条件十分艰苦的情况下，党中央审时度势，果断决定研制"两弹一星"。重点突破国防尖端技术，作出了对人民共和国的发展和安全具有重大战略意义的英明决策。

老一代科学家和广大研制人员风餐露宿，顽强拼搏，团结协作，克服了各种难以想象的艰难险阻，突破了一个又一个技术难关，取得了中华民族为之自豪的伟大成就。

"两弹一星"的研制成功是自力更生的结果。当时，不仅帝国主义封锁我们，连一些社会主义国家也和我们断绝了交往。为此，我们只有自己另起炉灶，自力更生。

当时的中国领导人毛泽东、周恩来等人意识到，新中国要在世界民族之林有一席之地，就必须反对核战争、核垄断，维护世界和平，中国就一定要有强大的国防，包括研制自己的原子弹。1958年6月，毛泽东指出："搞一点原子弹、氢弹，我看十年功夫完全可能。"周恩来总理亲自主持了研制的组织领导工作，国防科委主任聂荣臻是这项工作的具体领导人和组织者。为了了解原子能的进展，毛泽东曾请科学家李四光、钱学森等进行专门汇报；为了加强原子能的普及，周恩来曾指示组织有关科学家成立原子能通俗讲座组织委员会；在苏联停止技术援助后，中国领导人决定完全依靠自己的力量研制原子弹。1958 年 5 月 17 日，苏联发射人造地球卫星成功后仅仅半年，毛泽东就提出："我们也要搞人造卫星。"这些都展示了毛泽东、周恩来等伟人作为政治家的智慧和胆识。

与美国不同的是，中国采取了积极防御的国防战略。中央制定发展核武器的方针是立足有限目标、先进技术，即用先进技术打破核垄断，因此我们集中力量突破重点，并不追求核武器的多样化；当时，中国还比较穷，因此科学家们选择了既有发展前途又踏实稳妥的途径，大多时间是在计算机上做模拟试验，集思广益，保证了技术路线几乎没有走过弯路。所以，中国进行的核试验虽然次数少，但却几乎次次成功。

"两弹一星"的研制者们怀着强烈的报国之志，自觉把个人的理想与祖国的命运紧紧联系在一起，把个人的志向与民族的振兴紧紧联系在一起。许多功成名就、才华横溢的科学家放弃国外优厚的条件，义无反顾地回到祖国。自 1950—1957 年，约有 3000 名留学生回国。这一段时期回国的科学家有李四光、吴自良、

李四光　　　　　　赵忠尧

朱光亚、王希季、赵忠尧、钱学森、邓稼先、程开甲、黄昆、杨承宗、杨澄中、谢希德、唐敖庆、徐光宪、吴文俊、郭永怀、张文裕、林兰英、师昌绪、杨家墀、陈能宽，等等。

其中，有些科学家回归的路途遥远而曲折。如 1949 年 10 月，著名的地质学家李四光从英国辗转瑞士、意大利，于 1950 年 5 月回国。赵忠尧回国时曾被无理监禁两个多月。钱学森排除美国当局的种种干扰，在被无理阻扰、滞留 5 年之后才回到祖国。其中一部分科学家，直接领导和参加了两弹一星的研制工作。

像美国的曼哈顿工程一样，"两弹一星"的研制也是一个大科学工程。在研制"两弹一星"的伟大历程中，全国各地区、各部门成千上万的科学技术人员、

工程技术人员、后勤保障人员团结协作，群策群力，汇成了一支向现代科技高峰前进的浩浩荡荡的队伍。广大研制工作者求真务实，大胆创新，突破了一系列关键技术，使中国科研能力实现了质的飞跃。

修筑通往导弹试验基地的铁路

"两弹一星"的研制工作者们，是一支特别能吃苦、特别能战斗的队伍。他们在茫茫无际的戈壁荒原，在人烟稀少的深山峡谷，风餐露宿，不辞辛劳，克服了各种难以想象的艰难险阻，经受住了生命极限的考验。他们运用有限的科研和试验手段，依靠科学，顽强拼搏，发愤图强，锐意创新，突破了一个个技术难关。他们所具有的惊人毅力和勇气，显示了中华民族在自力更生的基础上自立于世界民族之林的坚强决心和能力。许多研制工作者甘当无名英雄，隐姓埋名，默默奉献，有的甚至献出了宝贵的生命。他们用自己的热血和生命，写就了一部为祖国为人民鞠躬尽瘁、死而后已的壮丽史诗！

当年，在大西北"死亡之海"罗布泊，在那个"牙缝里长久留着细细沙粒，漱也漱不尽"，"空中满天舞着黄沙，隔着玻璃也会钻进被窝"的地方，几十万大军为祖国制造"争气弹"奉献着青春与才华，甚至是生命。

20 世纪 50 年代后期，数以十万计的工程兵、铁道兵部队和建筑工人从四面八方秘密向大西北开进，形成继解放大西北以来最大规模的军事集结，开始了导弹、原子弹研制试验基地和工业企业建设的巨大工程。

一群群骆驼向戈壁荒滩深处走去。这些背着炒面、住着帐篷、用冰化水、口嚼干菜的军人，按照苏联专家的要求，在荒漠上挖了十几万个地质坑，确定核试验场的布局。后来，选定的地方被认为不妥，上级要求部队移师罗布泊。

说实话，这些拿惯了枪的军人们并不习惯挥舞铁锹、地质锤，他们不问为什么在地上挖坑是基于"不该问的就别问"的习惯。可这回，他们忍不住了：我们到底要到什么地方去？去干什么？

我们国家要制造导弹、火箭、原子弹，我们就是去给它们建家的！振奋之后的军人们立刻意识到了自己的使命和责任。扛过枪的肩膀扛起了枕木，铁路专线在一米米向"家"延伸。沙暴多次淹没这条生命线，有时连路旁的电线杆都数不清了，可它就是没有误过一趟车。因为，这儿有一支我军唯一的专门负责扒沙的"特殊兵种"，他们用双手与沙暴较量着。

在通往罗布泊的路上，有一棵树。

当年，到罗布泊是一项"上不能告父母，下不能告妻儿"的神秘事业。有一对夫妻接到命令后，互相隐瞒着出发了。当来到这棵树下等车时，才发现彼此的目标是一致的，意外和惊喜不言而喻。张爱萍将军听说这个动人的故事后说：就把它叫夫妻树吧。

当年，一批批热血青年就是这样，义无反顾地走向了通往罗布泊的道路。核试验基地急需大型电影经纬仪，沿途须经盘山险道、河川、峡谷。没有路，运输人员带着推土机、炸药包和炒面，一边修路一边走，硬是将设备安全、及时地送到基地。

"娃娃博士"邓稼先带着从各地调来的第一批大学毕业生，踏上了这条漫漫长路。没有书，就从最基础的书学起；没有大型计算机，就用手摇式计算机日夜运算，装计算稿纸的麻袋堆满了房间；没有办公桌，就趴在水泥地上设计图纸；没有现代化的设施，就从一把老虎钳、两把锉刀、几张铝皮和几张三合板，外加十几支蜡烛和几把手电筒，开始了中国卫星、火箭的设计与研制……

邓稼先

"两弹一星"的创造者们有着强烈的爱国主义精神。他们中的许多人都在国外学有所成，拥有优越的科研和生活条件。但是为了投身于新中国的建设事业，他们冲破重重障碍和阻力，毅然回到祖国。几十年中，他们为了祖国和人民的最高利益，默默无闻，艰苦奋斗，以其惊人的智慧和高昂的爱国主义精神创造着人间奇迹。"中华民族不欺侮别人，也绝不受别人欺侮"，是他们的坚定信念。爱国主义是他们创造、开拓的动力，也是他们克服一切困难的精神支柱。

"两弹一星"的创造者们有着强烈的艰苦奋斗、无私奉献的精神。正是有了这样的精神，"两弹一星"的创造者们不怕狂风飞沙，不惧严寒酷暑，没有条件，创造条件；没有仪器，自己制造；缺少资料，刻苦钻研。就是这样，他们以惊人的毅力和速度从无到有、从小到大，创造出"两弹一星"的惊人业绩。

"两弹一星"的创造者们有着强烈的勇于探索、勇于创新的精神。在"两弹一星"的研制过程中，我们看到了高水平的技术跨越。从原子弹到氢弹，我们仅用两年零八个月的时间，比美国、苏联、法国所用的时间要短得多。在导弹和卫星的研制中所采用的新技术、新材料、新工艺、新方案，在许多方面跨越了传统的技术阶段。完全可以无愧地说，"两弹一星"是中国人民创造活力的产物。

中国在物质技术基础十分薄弱的条件下，成功地研制出"两弹一星"，为我们实现技术发展的跨越创造了宝贵的经验：

——坚持党的统一领导，充分发挥我国社会主义制度的政治优势。毛泽东曾多次亲自主持会议，成立了以周恩来为主任的专门委员会。经过缜密研究，中央制定了一系列重大方针、原则和政策措施。在党的统一领导下，全国"一盘棋"，集中攻关。二十六个部委、二十多个省区市、一千多家单位的精兵强将和优势力量大力协同，表现了社会主义中国攻克尖端科技难关的伟大创造力量。

原子弹试爆成功

——坚持自力更生，自主创新。在当时的国际条件下，"两弹一星"事业依靠我们自己的力量来进行。广大研制工作者敢于创新、善于创新。他们攻破了几千个重大的技术难关，制造了几十万台件设备、仪器、仪表。他们知难而进，奋力求新，不仅使研制工作在较短时期内连续取得重大成功，而且有力地保证了我国独立地掌握国防和航天的尖端技术。

——坚持有所为、有所不为，集中力量打"歼灭战"。"两弹一星"事业，所以能够对增强我们的综合国力发挥重大作用，关键在于它的成功使我国在一些重大尖端技术领域取得了历史性的突破，进入了世界前列。

——坚持尊重知识，尊重人才。"两弹一星"事业，汇集了我国一大批杰出的科学家、科研人员、工程技术人员和管理工作者。党和国家充分信任和大胆使用来自各个方面的科技专家，委以重任，充分发挥他们的积极性、主动性和创造性。同时，在艰苦的研制工作中，培养和造就了年轻一代的科技人才。

——坚持科学管理，始终抓住质量和效益。"两弹一星"事业，技术密集，系统复杂，综合性强，广泛运用了系统工程、并行工程和矩阵式管理等现代管理理论与方法，建立了协调、高效的组织指挥和调度系统，从而提高了整体效益，走出了一条投入少、效益高的发展尖端科技的路子。

从此之后，我国的国防科技工业不断发展壮大，先后掌握了中子弹设计技术和核武器小型化技术；研制和发射了各种型号的战略战术导弹和运载火箭；潜艇水下发射成功；还发射了多颗返回式卫星、地球同步轨道及太阳同步轨道卫星……

"两弹一星"不仅为我们建立战略导弹部队提供了装备技术保障，增强了我军在高技术条件下的防御能力和作战能力，而且带动了我国高技术及其产业的发展，促进了经济建设和科技进步。

"两弹一星"事业所取得的巨大成就，是中国人民挺直腰杆站起来的重要标志，增强了民族凝聚力，激发了振兴中华的爱国热情。正如邓小平同志曾经指出的那样："如果六十年代以来中国没有原子弹、氢弹，没有发射卫星，中国就不能叫有重要影响的大国，就没有现在这样的国际地位。这些东西反映 个民族的能力，也是一个民族、一个国家兴旺发达的标志。"

在我国第一个导弹、卫星综合试验及发射基地——酒泉发射中心，在位于基地十号区东北四公里处，有一个占地

东风革命烈士陵园

三万平方米的"东风革命烈士陵园"。在这里，长眠着二十基地、工程兵7169部队、空二基地等630多位将帅士兵及其家属。在他们当中，有开国元勋、我国导弹及原子弹和航天事业的主要奠基人聂荣臻元帅，有基地第一任司令员、老红军孙继先中将，有众多的高级工程师和科技工作者，以及许多默默无闻的科研人员和他们的家属。

他们对中国航天事业的无私奉献，将永垂史册！

**链接**：1999年9月18日，在庆祝中华人民共和国成立50周年之际，党中央、国务院、中央军委决定，对当年为研制"两弹一星"作出突出贡献的23位科技专家予以表彰，并授予于敏、王大珩、王希季、朱光亚、孙家栋、任新民、吴自良、陈芳允、陈能宽、杨嘉墀、周光召、钱学森、屠守锷、黄纬禄、程开甲、彭桓武"两弹一星功勋奖章"，追授王淦昌、

两弹一星功勋奖章

邓稼先、赵九章、姚桐斌、钱骥、钱三强、郭永怀"两弹一星功勋奖章"（以上排名按姓氏笔画为序）。上述获奖的23位中国科学家，均被称为两弹一星元勋。

于敏（1926—　）核物理学家，中国科学院学部委员，河北宁河（今天津）人。1960年底开始从事核武器理论研究，在氢弹原理突破中解决了热核武器物理中一系列关键问题。

王大珩（1915—2011）光学专家，生于江苏吴县。中国光学界的主要学术奠基人、开拓者和组织领导者，开拓和推动了中国国防光学工程事业。

王希季（1921—　）卫星和卫星返回技术专家，生于昆明，白族。在美国弗吉尼亚理工学院获硕士学位。任航天工业部总工程师，返回式卫星总设计师。

朱光亚（1924—2011）核物理学家，湖北武汉人。1957年后从事核反应堆的研究工作。1994年中国工程院成立，朱光亚出任工程院首任院长。

孙家栋（1929—　）运载火箭与卫星技术专家，辽宁复县人。长期领导中国人造卫星事业，中国探月工程总设计师。20世纪60年代，孙家栋受命

为卫星计划技术总负责人。

任新民（1915— ）航天技术和火箭发动机专家，安徽宁国人。中国导弹与航天事业开创人之一，曾任卫星工程总设计师。

吴自良（1917—2008）物理冶金学和材料学家，生于浙江浦江县。1948年获美国卡内基理工大学理学博士学位。在分离铀235同位素方面作出突出贡献。

陈芳允（1916—2000）无线电电子学、空间系统工程专家，浙江黄岩人。1964年至1965年，提出方案并参与研制出原子弹爆炸测试仪器，并为人造卫星上天作出了贡献。

陈能宽(1923— )金属物理学家、材料科学和工程专家，生于湖南慈利县。1960年以后从事原子弹、氢弹及核武器的发展研制。

杨嘉墀（1919—2006)中国航天科技专家、卫星和自动控制专家、自动检测学的奠基者，江苏吴江人。领导和参加了卫星总体及自动控制系统研制。

周光召（1929— ）理论物理学和粒子物理学家。湖南长沙人。20世纪60年代初开始核武器的理论研究工作，曾任中国科学院院长。

钱学森（1911—2009）空气动力学家，浙江杭州人，1959年8月加入中国共产党，博士学位，中将军衔，被誉为"中国导弹之父"，"中国火箭之父"，"导弹之王"，2007年被评为感动中国年度人物。

屠守锷（1917—2012）火箭技术和结构强度专家，浙江湖州人。曾任地空导弹型号的副总设计师，远程洲际导弹和长征二号运载火箭的总设计师，

黄纬禄（1916—2011）自动控制和导弹技术专家，安徽芜湖人。中国导弹与航天技术的主要开拓者之一，曾任中国液体战略导弹控制系统的总设计师。

程开甲（1918— ）核武器技术专家。江苏吴江人。中国第一颗原子弹研制的开拓者之一、核武器试验事业的创始人之一，核试验总体技术的设计者。与张存浩一起荣获2013年度国家最高科学技术奖。

彭桓武（1915—2007）理论物理学家，生于吉林长春。在英国爱丁堡大学获博士学位。曾参与并领导了中国的原子弹、氢弹的研制计划。

王淦昌（1907—1998）核物理学家，生于江苏常熟。中国惯性约束核聚变研究的奠基者，中国核武器研制的主要科学技术领导人之一。

邓稼先（1924—1986）地球物理学家和核物理学家。安徽怀宁人。在原子弹、氢弹研究中，领导了爆轰物理、流体力学、状态方程、中子输运等基础理论研究。

赵九章（1907—1968）地球物理学家和气象学家，浙江吴兴人。是中国地球物理和空间物理的开拓者，人造卫星事业的倡导者、组织者和奠基人之一。

姚桐斌（1922—1968）冶金学和航天材料与工艺技术专家，江苏无锡人。中国导弹与航天材料、工艺技术研究所的主要创建者、领导者。

钱骥（1917—1983）地球物理与空间技术和空间物理学家、气象学家、航天专家，江苏金坛人。中国人造卫星事业的先驱和奠基人。

钱三强（1913—1992）原子核物理学家，浙江湖州人。中国原子能事业的主要奠基人和组织领导者之一，在研究铀核三裂变中取得了突破性成果。

郭永怀（1909—1968）空气动力学家，生于山东省荣成县。中国大陆力学事业的奠基人之一，在力学、应用数学和航空事业方面有卓越贡献。

让我们永远记住这些为"两弹一星"做出杰出贡献的元勋吧！

20 世纪 60 年代，河南林州人民创造了曾被周恩来总理誉为新中国两大奇迹之一的——

# 人工天河红旗渠

河南省林州市（原林县）正处于太行山的南端，河南、山西、河北三省的交界处。

20 世纪 60 年代，在辽阔的中国大地，乃至在全世界，都在传颂着一个新的"愚公移山"的故事：林县人民靠一锤、一钎、一双手苦干 10 个春秋，建成了曾被外国某总统誉为世界第八大奇迹的人工天河——红旗渠。

在林州，曾有这样一首民谣广为流传："咱林县，真苦寒，光秃山坡旱河滩。雨大冲得粮不收，雨少旱得籽不见。一年四季忙到头，吃了上碗没下碗。"据林县县志记载：从明正统元年（1436）到新中国成立的 1949 年的 514 年中，林州曾发生自然灾害一百多次，大旱绝收达 30 次，颗粒无收，民不聊生……

人工取水

新中国成立后，林州人民在党的领导下，大力开展打旱井、修渠道、挖池塘、引山泉等兴修水利活动，修建了英雄渠、淇河渠等一批小型渠道。1958 年底至 1959 年 5 月，林州又遇大旱，河水断流，井塘干涸，水库底朝天，已建成的水渠成了干渠。

大旱，给人们带来灾难，但也给人们带来思索：

挖山泉、打水井，地下不给水；

挖旱池、打旱井，天上不给水；

修水渠、建水库，河又不给水。

怎样才能彻底解决水的问题？

杨贵与民工在一起

20 世纪 50 年代末，杨贵"怀揣着改变山区面貌，造福林县人民"的强烈愿望与抱负，走上了林县县委书记的工作岗位。上任伊始，他即率调查组跑遍林县的山山水水，为林县把脉。他很快发现：缺水，是制约林县人民生存和发展的最大障碍。当时，全县的 90 多万亩耕地中，只有 1 万多亩水浇地，其他耕地全是靠天收获；小旱薄收，大旱绝收，种麦亩产仅有七八十斤，秋粮亩产也不过百把斤。全县 550个行政村，就有 305 个村人畜吃水困难，有的村群众要跑 5~10 华里才能取到水。一个区 3 万~5 万人，只有 3~5 眼活水井，一到干旱年头，井旁的人和水桶就会排成长队，人们从早等到晚，每天只能担上一挑水。为了取水，群众之间经常发生打架斗殴，甚至伤人亡命事件。全县每年因远道取水而导致的误工约 300 万个。当时，在林县群众中流传着"吃水如吃油"的俗话。

他决心"把天上水蓄起来，把地下水挖出来，把境外水引进来"，并促使县委作出了修建红旗渠的重大决策：北水南调——引山西省平顺县境内的漳河水入林县！

当时，林县的自然、经济、政治条件都不好，环境极其艰苦。何况对修渠能否成功，即使修成了能否得到公正评说，都没有绝对把握。但是，面对争议，杨贵并没有瞻前顾后，患得患失。事实也证明：这是一个得民心、顺民意、解民忧、去民愁的好决策，因此得到了 60 万林县人民的衷心拥护。

修建红旗渠，从开始的这一天起，就决定了它是一场艰苦卓绝的斗争。因为，这时正处于极端困难的三年自然灾害时期。据杨贵后来回忆说，当时手里只有 290 多万元经费和 3000 多万斤储备粮可以动用。林州人民就是在没有任何机械设备，在每天很少粮食的情况下，在极其险恶的大自然中开始了一项开创世纪性的伟大工程。

任羊成

没有参考资料，土专家就亲自勘测、精心设计。

没有炸药和水泥，就土法上马，自己研制。

由于总干渠的 70 多公里要全部在峰峦叠嶂的太行山腰上开凿，农民们就用长绳把自己吊

修渠时民工吃的野菜

在悬崖峭壁上施工。头上是巨石嶙峋，脚下是万丈深涧。负责打眼放炮的人，一锤下去一个白点，常常打坏 10 根钢钎还凿不成一个炮眼。一旦炮响，乱石滚滚，血汗交迸，这是人与大自然的肉搏，悲壮激烈，惊天地而泣鬼神！

太行山目睹了这样的悲壮场面：天寒地冻，河水寒彻透骨，80 个民工在没有任何机械、材料的情况下，仅仅凭借一副肩膀两只手，在寒风大雪中忍着双手布满裂口的疼痛，争分夺秒地锻出了 3 万块料石。当眼见一块块料石投进水里却被大水冲走的时候，几百名太行汉子硬是跳进冰冷的河中，臂挨着臂，肩挨着肩，架起一道道人墙。当岸上的人们急步流星地抬石头、背沙袋，在人墙下用一块块巨石垒起 70 米长的拦河大坝时，河里的人们却冻紫了嘴唇、冻僵了四肢……

太行山的悬崖上，永远留下了任羊成凌空除险的身影。这位被人们称为到"阎王殿"报了名的人，在梨树崖、老虎嘴、鹦鹉崖、小鬼脸等千百米悬崖绝壁上，仅凭腰间所系的一根绳索，凌空飞荡，手握一把铁锹，手起手落，排险除石。落石砸掉了他四颗门牙，砸断了他的腿。他的英雄事迹，曾经感动过许许多多的人。著名记者穆青采访他时，也被他的事迹感动得流下了热泪……

在山西境内的石城乡附近，至今还留有一处近 200 个"猫耳洞"组成的洞穴群。在这里，100 多个民工曾经度过了近两年的艰苦岁月，当地人现在还称它为"林红村"。

简陋的工具，恶劣的施工条件，繁重的体力劳动，考验着林州人的决心和意志。三年自然灾害，没能使林州人在大自然面前屈服，而是更加勃发了林州人不屈不挠的创业精神。在修渠民工每人每天只有 6 两的口粮、3 斤蔬菜的情况下，民工们上山采树叶，下河捞河草，吃的是糠菜团、喝的是野菜汤，几乎把山上所有能吃的东西全填进肚子里充饥。营养的缺乏，过度的疲劳，使许多人得了浮肿病。

名闻遐迩的青年洞，就是在这样艰难困苦的条件下开凿的。320 名青年经过 17 个月艰苦卓绝的苦战，终于在 1961 年 7 月 15 日从坚硬的岩石上凿通了一条宽 5 米，高 6.2 米，长 616 米的输水洞。由于参加凿洞的突击队是从全县民工中抽调出来的优秀青年，为了纪念青年们的丰功伟绩，它被正式命名为"青年洞"。1995年4月14日，时任中共中央政治局常委、书记处书记的胡锦涛，参观红旗渠青年洞后，他说："当年林州人民在那样困难的情况下，能把红旗渠修起来，真不容易。红旗渠精神在改革开放的年代，仍需要大力弘扬，希望你们利用青年洞、神工铺等景点，办成青少年教育基地，继续发扬红旗渠精神，再创林州辉煌，谱写好林州发展四部曲。"

红旗渠，凝聚着林州人民团结协作的精神。

林州人民在与大自然搏斗的实践中体会到：只有团结起来，才能生存，只有团结起来，才能使大山让路、河流改道。在当时，不知有多少人、多少村、多少乡，顾大局，识大体，团结协作，共创大业。

大战鹦鹉崖，便是林州人民团结协作的集体力量的展示。位于林州和山西省平顺县交界处的鹦鹉崖、鸡冠山、谷堆寺，三座险峰像三把擎天飞剑，直抵苍穹。

万丈崖壁上处处吊挂着摇摇欲坠的怪石，望而生畏；

万丈崖壁下滚滚浊漳河但见波涛在翻腾，更添险恶。

山西当地有一民谣："鹦鹉崖是鬼门关，风卷白云上了天，猴子爬不上，禽鸟不敢攀。"

鹦鹉崖工段地势险要，任务艰巨，人少了不好对付。总指挥部根据勘测

红旗渠竣工通水

情况，决定组织15个公社大会战，由5000余名热血青年组成的攻坚大军，在3000米长的鹦鹉崖工段摆开了气势磅礴的战场。他们依靠团结协作力量，硬是用钢钎、铁锤，打出了384个山窟窿，把鹦鹉崖、鸡冠山、谷堆寺打成了马蜂窝，装上了炸药，按照指挥部统一号令，一齐引爆，惊天动地，浓烟滚滚，乱石腾空，半架崖壁裹着硝烟倒了下来。

1960年春，经过一个月的苦

战，红旗渠渠道拦河坝 95 米的坝体只剩下 10 米宽的龙口尚未合龙，奔腾咆哮的河水喷涌而出。500 多名共产党员和共青团员跳进冰雪未消、寒气逼人的激流中，手挽手，臂挽臂地排起三道人墙，高唱《团结就是力量》的歌曲，终于拦住了汹涌的河水。在他们的身后，很快砌起了底宽 13.46 米、顶宽 2 米、高 3.5 米的拦河大坝。

伟大的红旗渠，就是林州人民在与大自然的斗争中一米一米地艰难向前延伸的。

珍贵的红旗渠水，就是林州人民淌着一滴一滴的血汗换来的。

宝贵的红旗渠精神，也就是在修建的过程中一步一步地孕育而成的。

红旗渠的修建用了 10 年的时间，它是林州人民整整一代人用青春、鲜血和生命筑就的。据统计，开工第一天就有 37000 人报名。按照规定，18 岁至 60 岁之间的青壮年负责修渠，但不到或超出这一年龄段的往往瞒报年龄参加。当时林州有 50 万人口，其中就有 30 万人参与了红旗渠的建设。

在修建这一宏伟工程的过程中，自林州 1960 年 2 月至 1969 年 7 月，这一工程建设总投资 6865.64 万元，累计消耗钢材 123.5 吨，水泥 6705 吨，炸药 2740 吨；削平了 1250 座山头，钻透了 211 个隧洞，架起了 152 座渡槽，挖砌土石 1696.19 万立方米，相当于从哈尔滨到广州高 3 米、宽 2 米的一道"万里长城"。

在修建这一宏伟工程的过程中，整个总干渠、3 条干渠及支渠配套工程共投工 3740.17 万个，投资 6865.64 万元，其中国家补助 1025.98 万元，占总投资的 14.94%，自筹资金 5839.66 万元，占 86.06%（其中含投工折款，一工 1 元钱）。

人们形容该工程是"劈开太行山"，建成了"人工天河"。

在修建红旗渠的整个过程中，当时的林县共产党人始终走在前面，发挥着先锋模范作用。从县委书记、县长到各级干部，都带头扛起工具上工地，与群众心往一处想，劲往一处使，汗往一处流。凡是最危险的地方，凡是最困难的活，差不多都是党团员和干部先冲上去。全县的共产党员、各级干部几乎都到工地劳动过。在滴水成冰的冬天，干部把房子让给民工住，自己住工棚或山洞；当粮食紧缺的时候，干部把馒头让给民工吃，自己则吃糠菜。县委书记杨贵甚至因挨饿晕倒在工地上。

红旗渠建设劳模李天德回忆，在红旗渠工地上，看不出谁是干部谁是民工。红旗渠第三任总指挥长、副县长马有金是抢大锤的好手，抢开 12 磅大锤，一口气能打一百多下。由于长期风吹日晒，他的脸膛黝黑，人称"黑老马"，"县长"的职务倒是很少被提起。特别是在领给养补助时，干部的标准始终低于群众。1960 年 2 月至 8 月，民工补 2 市斤，干部补 1.5 市斤；1961 年至 1966 年，民工补 1.8 市斤，干部补 1.2 市斤。参与修渠的大小干部上千名，他们用行动彰显了党的纯洁信念和优良作风。他们，不愧为特殊钢铁炼成的人！

在修建红旗渠的过程中，共有 189 名英雄儿女献出了宝贵生命，256 名民工重伤致残。人民永远不会忘记他们的名字：年仅 27 岁的红旗渠总设计师吴祖太烈士、神炮手常根虎、凿洞能手岳松栋、爆破英雄元金堂、铁姑娘队长郝改秀、范巧竹、郭秋英、韩用娣……

在 30 万农民工的参与下，林县人终于修建了总长 1500 多公里的红旗渠，解决了 57 万人和 37 万头家畜吃水的问题。1964 年，林县的粮食亩产量增加至 410 斤，从而成为全省第一个粮食亩产量达到《全国农业发展纲要》的县。在通水后的前 20 年里，粮食亩产就提高了五倍！

20 世纪 70 年代，周恩来总理曾经自豪地告诉外国友人：新中国有两大奇迹，一是南京长江长桥，另一个是林县红旗渠。1968 年 7 月 15 日，周总理在一次关于外事工作的谈话中说："第三世界国家的朋友来访，要让他们多看看红旗渠是如何发扬自力更生艰苦创业的精神的。"

1970 年，林县被批准为对外开放县。仅 20 世纪 70 年代前来红旗渠参观的外国友人就达 11300 余人，涉及五大洲 119 个国家和地区。1974 年 2 月 25 日，时任国务院副总理的李先念陪同赞比亚总统卡翁达前来参观，因山路陡峭不敢前行而被抬上青年洞的卡翁达看到这一奇观后感慨不已地说："太伟大了！感谢毛主席和周总理为我安排了这么好的参观项目，我建议所有的发展中国家都来看看你们的红旗渠！"

《红旗渠》纪录片的最早拍摄者之一赵化老人曾回忆，20 世纪 80 年代中期，他在非洲考察时，包括埃塞俄比亚、苏丹在内的许多国家仍在放映纪录片《红旗渠》。"他们对我竖大拇指，说'中国人太伟大了，我们要学习中国人劈山引水、自力更生的精神！'我深为自己是中国人民的一员而自豪！"有的国际友人还盛赞红旗渠为"世界第八大奇迹"。

绵绵红旗渠水，吟唱着一曲林州人民不怕牺牲、无私奉献的赞歌；

绵绵红旗渠水，记述着林州人民"艰苦创业，改造自然"的伟绩；

打造"人工天河"

绵绵红旗渠水，也就是林州人民"自力更生，战天斗地"的丰碑！

从此，红旗渠被林州人民称为"生命渠""幸福渠"。

现在，红旗渠已不仅仅是一项单纯的水利工程。

现在，红旗渠也不仅仅是一个单纯的旅游景点。

人们到这里来，不仅是要看这条渠。

更重要的是，红旗渠所代表的是一种时代的精神。

红旗渠精神是以独立自主为立足点，以艰苦创业、无私奉献为核心，以团结协作的集体主义精神为导向，既继承和发展了中华民族勤劳坚韧的优秀传统，又体现了当代中国人的理想信念和不懈追求。

弘扬"红旗渠"精神，就是要弘扬"自力更生、艰苦奋斗"的精神。试想，在严重自然灾害时期，用10年时间，劈开太行山，在悬崖峭壁上建成了总长1500公里的"人工天河"，其工程之巨大，开凿之艰难，是今天的人难以想象的。

1990年11月，红旗渠·林虑山风景名胜区被河南省人民政府公布为省级名胜区，2004年1月被国务院公布为国家重点风景名胜区；1996年、1997年，红旗渠被国家有关部委确定为"全国中小学爱国主义教育基地"和"全国爱国主义教育示范基地"；2002年，红旗渠景区被评为国家AAAA级旅游区和中国旅游知名品牌；同年又通过了国家水利风景区评审验收。

毫无疑问，红旗渠已经成为一座丰碑。

它是一座自力更生、艰苦创业的丰碑；

也是一座团结协作、无私奉献的丰碑；

更是一座立党为公、执政为民的丰碑！

1978 年 11 月 24 日晚，18 个农民秘密开会。他们并不会想到，在一份密约上摁的手印和盖的图章，竟然——

# 一纸密约引发改革大潮

凤阳花鼓

安徽省凤阳县是明朝开国皇帝朱元璋的故乡，以凤阳花鼓出名。而自从出了皇帝朱元璋后，凤阳人民讨饭就同凤阳花鼓一样，闻名全国。有一首广泛流传的凤阳花鼓唱道：说凤阳，道凤阳，凤阳本是好地方，自从出了朱皇帝，十年倒有九年荒。大户人家卖牛羊，小户人家卖儿郎，奴家没有儿郎卖，身背花鼓走四方。

《凤阳花鼓》节奏明快，但讲述的却是青黄不接时数万农民扶老携幼、成群结队逃荒要饭的情景。凤阳县的一些生产队由队长带领，拿着盖上公章的介绍信，打起凤阳花鼓，集体踏上乞讨之路。

1978 年特大灾荒后，凤阳人"走四方"更是达到了高峰。与其坐等饿死，不如斗胆"包产到户"，哪怕为此坐班房也在所不惜。

悄悄迈出第一步的，是凤阳县梨园公社小岗生产队。全队共 20 户人家（包括两户单身），共 115 人，517 亩农田，10 头耕牛，几把犁耙，曾是当地著名的"吃粮靠返销，用钱靠救济，生产靠贷款"的"三靠村"。1966 年到 1978 年，总计 156 个月里，竟然有 87 个月靠救济度过。总计吃掉救济粮 11.4 万公斤，比他们自己生产的粮食多出三分之一；花去救济钱15000元，比他们自己挣的钱多出十分之一。20户人家中，11户的门是用高粱秆扎成的。当时村里人人讨过饭，全都是茅草房，很多人家只有一床棉被，一条裤子。来了亲戚，几乎家家都要找邻居借碗。

改革前的小岗村

1978年大旱，饥饿的小岗村人为了填饱肚皮，秋收后90%的村民陆续拖儿带女外出乞讨。就在这一年的12月11日夜晚，时任小岗生产队队长的严俊昌和副队长严宏昌、会计严立学召集全队18户户主（除了关友德、严国

密约的签署者们

昌两位户主去江西讨饭外），聚集在严立华家的破草屋里，围坐在煤油灯前，冒着坐牢的危险，召开了一次秘密会议，决定实行包产到户。他们明知此举是当时的政策所不允许的，所以"立字为凭，有罪同担"，以托孤的形式，在大包干的协议上，郑重地按下了自己的红手印或图章。这份秘密的协议是这样写的：

我们分田到户，每户户主签字盖章，如以后能干，每户保证完成每户的全年上交和公粮，不在（再）向国家伸手要钱要粮，如不成、我们干部作（坐）牢杀头也干（甘）心，大家社员也保证把我们的小孩养活到十八岁。

关廷珠　关友德　严立苻　严立华　严国昌　严立坤　严金昌　严家芝

关友章　严学昌　韩国云　关友江　严立学　严俊昌　严美昌　严宏昌

严付昌　严家其　严国品　关友申

参加会议的18位户主，除严宏昌、严立学和韩国云加盖了名章外，其余

15 人均在自己的姓名上按了手印。外出讨饭的关友德，他的手印由其叔叔关庭珠代按，严国昌的手印则由其儿子严立坤代按。然后，他们连夜抓阄分牲畜、农具并丈量土地，一个早晨就将土地、牲畜、农具等生产资料包干到户。

由于当时气氛紧张，加上 18 位参与者的文化水平低，这份密约写得歪歪扭扭，标点符号也不规范，还有几个错别字。然而这些纯朴本分的农民，以自己的惊人之举，拉开了中国农村改革的序幕，被载入中国史册。

现在，小岗村人当年秘密签下的那份摁了十几个红手印的密约，已经被中国革命博物馆收藏，成为中国改革开放的一个重要见证，小岗村也因此成为中国农村改革的发源地，被誉为"中国农村改革第一村""中国改革的圣地"。

小岗村大包干第一年，就获得大丰收：全队粮食总产 6.6 万多公斤，是上年的 4 倍之多，也相当于 1966 至 1970 年 5 年粮食产量总和；生猪饲养量 135 头，超过历史上任何一年；油料总产 1.75 万公斤，相当于过去 20 年产量的总和；交售给国家粮食 1.25 万公斤，超额完成任务近 8 倍，结束了自农业合作化 23 年以来从未向国家交售一粒粮的历史；人均收入 400 元，是 1978 年 22 元的 18 倍。全村一举脱贫，从此告别了"逃荒要饭的日子"。

小岗村原来曾流传过一首民谣："春紧夏松秋光蛋，碾子一住就要饭。"现在则编了一首新的顺口溜："大包干，就是好，干部群众都想搞。只要搞上三五年，吃陈粮，烧陈草，个人富，集体富，国家还要盖仓库。"当时，群众这样概括"包干到户"："大包干，直来直去不拐弯，保证国家的，留足集体的，剩下都是自己的。"

小岗生产队的"包干到户"，首先得到县委书记陈庭元的理解和支持。到 1978 年底，当安徽省委工作组把《农民普遍要求实行"包产到户"》送到万里手上时，万里批了四个字："我看可以！" 1979 年 1 月 5 日，万里对凤阳县委书记陈庭元说：单干也没什么了不起。后来万里又表示："那就让他们干三五年。"

第二年，"包产到户"迅速燃遍了近 5000 万人口的安徽省大部分地区，粮食大幅增产，但是安徽省委却承受着改革带来的巨大压力。万里领导的安徽省委和全省要求改革的广大干部群众面对旧的条条框框和各种压力，坚持实事求是的精神，始终对实行"包产（干）到户"不动摇。

1980 年初，安徽召开省委工作会议，研究如何使已见成效的改革得到巩固，继续发展。就在这个会上，凤阳县委书记、严格为小岗保密的陈庭元，才第一次向省委坦白交代了小岗村包干到户的秘密，并把一份书面材料交给了万里。几天后，会议一散万里就亲自踏着残雪到小岗村去了。小岗人兴高采烈地把花生往万里棉军大

万里在小岗村

衣口袋里塞，万里不要。一位老太太笑着说："往年想给也没有！"小岗人要求让他们试上3年，万里回答："地委批准你们干3年，我批准你们干5年！"小岗人说："有人打官司要告我们。"万里回答："这个官司我包打了！"

在万里的强力推进下，小岗村的大包干经验一夜之间就在安徽全境推广，民谣说"要吃米，找万里"。后来，这个小村庄成了中国改革的一个著名符号。

摘牌与挂牌

到1979年底，包产到户、包干到户在全国尽管还只是个别地方试行，比重仅占9%，但各地纷纷仿效，参加人数迅速增加。从1979年到1984年，在短短的6年时间里，我国粮食产量从6000亿斤增加到8000亿斤。

1980年4月，四川广汉向阳人民公社管理委员会的牌子被小心翼翼地摘下来，取而代之的是向阳乡人民政府的牌子。耐人寻味的是，与1950年代人民公社成立时的喧闹不同，它的消失悄无声息。没有广播，没有登报，四川省广汉县的向阳公社成为全国第一个重建的乡政府。1982

年 11 月，五届全国人大正式立法确定我国恢复设立乡镇一级的人民政府。到 1983 年底，全国已有 1188 个县、14630 个人民公社实现了政社分开，建立了乡镇人民政府。到 1985 年 6 月，全国基本上完成了这一历史性工作。人民公社的解体，乡镇人民政府的建立，给中国农村带来了举世公认的变化。

但是大包干的做法与传统体制相违，引起了激烈的争论，在推行过程中也遇到了重重阻力。1978 年底，党的十一届三中全会通过的《关于加快农业发展若干问题的决定（草案）》，虽然提出在生产队统一核算和分配的前提下，可以包工到组，联产计酬。但同时又明确规定"不许包产到户"。

在 1979 年 3 月召开的国家农委座谈会上，很多人以及会议通过的《纪要》都认为"包产到户"就是分田单干，"是一种倒退"。会议期间的 3 月 15 日，《人民日报》发表署名张浩《"三级所有，队为基础"》的读者来信及编者按，认为"包产到组"是一种违反党的政策的"错误做法"，在安徽引起一片恐慌。正在人们不知所措之际，万里说话了："《人民日报》能给你饭吃？"他对《人民日报》文章的作用轻描淡写地说，"不就是一封读者来信吗，就起这样的震动？""正确不正确，你自己不知道吗？为什么不看群众，不看实践？"要求顶住压力继续搞大包干。他还回敬批评者说，"你走你的阳关道，我走我的独木桥。"

1980 年 2 月，万里调到中央工作后，新的省委领导对"包产（干）到户"提出不同看法，连续召开会议想扭转"包产（干）到户"，一时间，安徽上下掀起一阵阵反对"包产（干）到户"的声浪。

就在安徽农村改革承受巨大压力、面临夭折的时候，1980 年 5 月 31 日，邓小平力挽狂澜，在《关于农村政策问题》的重要讲话中旗帜鲜明地指出："安徽肥西县绝大多数生产队搞了包产到户，增产幅度很大。'凤阳花鼓'中唱的那个凤阳县，绝大多数生产队搞了大包干，也是一年翻身，改变面貌。有的同志担心，这样搞会不会影响集体经济。我看这种担心是不必要的。"邓小平的讲话一举改变了安徽农村改革的困境，"包产（干）到户"如决堤之水在全省迅猛蔓延开来。当年底，全省 66% 的生产队实行了"包产（干）到户"，到 1982 年 6 月，全省实行"包干到户"的生产队已达 95%。

1980 年 9 月 14 日，在中南海召开了各省、市、自治区第一书记座谈会，讨论农业生产责任制问题。对于包产到户，众书记各持己见，只有安徽的万里等同志公开声明落后地区可以搞包产到户；其余要么模棱两可，要么坚决反对。会后，中共中央发了一个很谨慎的文件：包产到户是"依存于社会主义经济，而不是脱离社会主义轨道，没有什

包产到户，划分土地

么复辟资本主义的危险"。

"群众愿意采取哪种生产形式，就应该采取哪种形式，不合法的使它合法起来"，是邓小平一贯坚持的做法。因此中央权衡利弊后，对人民群众的这种首创精神给予肯定，并把这种创造总结提高，形成家庭联产承包责任制并加以推广，由此开启了中国改革开放"农村包围城市"的伟大征程。

1981年，全国农村绝大部分地区都建立和稳定了家庭联产承包责任制。到1983年底，全国"大包干"的生产队占总数的98%以上。从1982年到1986年，中共中央连续发出5个"一号文件"，反复肯定了包产到户这一联产承包责任制的生产形式。1982年的"一号文件"，明确指出包产到户、包干到户或大包干"都是社会主义生产责任制"，同时还说明它"不同于合作化以前的小私有的个体经济，而是社会主义农业经济的组成部分"。1982年12月，五届全国人大五次会议审议通过的《中华人民共和国宪法》明确规定改革农村人民公社政社合一的体制，设立乡政府。

1983年1月的"一号文件"，从理论上说明了家庭联产承包责任制"是在党的领导下中国农民的伟大创造，是马克思主义农业合作化理论在我国实践中的新发展"。1984年10月1日，在建国35周年的庆典上，兴高采烈的中国农民簇拥着"一号文件"和"联产承包好"的彩车出现在天安门广场。

到 1984 年底，全国各地建立了 9.1 万个乡（镇）政府、92.6 万个村民委员会。吃大锅饭，搞平均主义，损害了群众利益和社员积极性，自然解决不了农村生产力发展的问题，至此，实行了 20 多年的人民公社制终于退出了历史舞台。中国农村 99% 的生产队选择了家庭联产承包责任制，统分结合的农业经济新体制在全国范围内逐步形成。

**链接**：1977 年 6 月，中共中央任命万里为安徽省委第一书记。当时的安徽有多贫困，也许当年万里在安徽定远县考察时与一位农民的对话可以说明：

"你有什么要求？"

这位农民打开破棉袄，拍

改革前的小岗村

着肚子说："没有别的要求，只要能吃饱肚子就行了。"

万里说："这个要求太低了，还有什么要求？"

这位农民又拍拍肚子说："这里面少装点山芋干子就行了。"

万里感慨地对随行的新华社记者说，解放 28 年了，我们连农民这么低的要求都没有满足。

据 1977 年统计，安徽全省农民人均收入只有 66 元，其中阜阳地区只有 33 元。全省 28.7 万个生产队只有不到 10% 的生产队能够维持温饱，仅凤阳县每年外出要饭的人口达五六万人。

为了改变这种状况，万里做了一个大胆的尝试：给农民松绑，给予他们一定的自主权。在 1977 年 11 月 15 日的安徽全省农村工作会议上，在万里的主持下，通过了称为"安徽六条"的《关于当前农村经济政策几个问题的规定（试行草案）》（简称"省委六条"）。

这个文件提出：尊重生产队的自主权；允许农民搞家庭副业，其收获除完成国家任务之外，可以到集市上出售。还特别规定：生产队可以实行定任务、定质量、定工分的责任制，只需个别人完成的农活还可以责任到人。

　　这是粉碎"四人帮"后全国出现的第一份关于农村政策的突破性文件。"省委六条"的推出，扭转了"农业学大寨"的做法；集体联产，突破了"三级所有，队为基础"；家庭联产，彻底改变了人民公社僵化的生产管理方式。在当时的历史条件下，它触动了人们那敏感的神经，具有很大的政治风险，但却点燃了安徽农民心中改革的火种。

　　1978年秋，在一次省委座谈会上，研究如何解决凤阳农民外流讨饭的问题。有人说，那里农民有讨饭的"习惯"。万里听后气愤地指出："胡说！没听说过讨饭还有什么习惯，讲这种话的人立场站到哪里去了，是什么感情？""社会主义还要饭，那叫什么社会主义？解放快30年了，老百姓还这么穷，社会主义优越性哪里去了？"还强调："共产党不代表人民利益，不关心人民生活，算什么共产党？"

　　这一年，安徽省发生了百年不遇的特大旱灾。除长江、淮河流域外，全省绝大多数河川断流，土地龟裂，又刮了3次热风。全省受灾农田6000多万亩，粮食减产，夏收分麦子时，凤阳县小岗村每个劳动力才分到7斤。

借地度荒

　　在省委召开的紧急会议上，万里心急如焚地说："我们不能眼看农村大片土地撂荒，那样明年生活会更困难，与其抛荒，倒不如让农民个体耕种，充分发挥各自潜力，尽量多种'保命麦'度过灾荒。"

　　经过讨论和激烈的斗争，安徽省委做出了"借地种麦"的决定。凡是集体无法耕种的土地，借给社员种麦种菜；鼓励多开荒，谁种谁收，国家不征统购粮，不分配统购任务。

　　这项战胜农业灾害的决策，极大地调动了广大农民生产自救的积极性。全家男女老幼齐下地，加上天公作美，借地农民普遍获得了好收成。

　　"借地度荒"，只是当时一种临时性的变通办法，但正是这一"借"，让农民尝到了"甜头"，暂时摆脱了饥饿的农民，下定了将这一政策固定下来

今日小岗村

的决心。肥西县山南区在执行过程中按照当年"责任田"的办法，对全区十几万亩土地最早实行"包产到户、联产计酬"的家庭联产承包责任制。安徽省委不但未加制止，反而决定把山南公社作为推广"包产到户"的试点。与此同时，省内其他地方也自发出现了"包产到户"的做法。在安徽省委的支持下，山南公社的"包产到户"迅速扩展到全县，并在全省各地推行开来。

据当年农业部人民公社管理局的统计，1978年，全国农民每人年平均从集体分配到的收入仅有74.67元，其中2亿农民的年平均收入低于50元；有1.12亿人每天能挣到1角1分钱，1.9亿人每天能挣到1角3分钱，有2.7亿人每天能挣1角4分钱。相当多的农民辛辛苦苦干一年，不仅挣不到一分钱，反而倒欠生产队的钱。所以不难想见，已经尝到"包产到户"甜头的农民，再也不愿回头了。

据中央农村政策研究室原主任杜润生回忆，早在20世纪60年代，就有20%～30%的生产队实行过包产到户，但遗憾的是它们都没有成功。即使有个别地方像浙江台州白水洋镇皂树村那样实行了包产到户，但因是偷偷摸摸的局部试验，在全国几乎没有示范意义，产生不了多大影响力。

真正在全国产生重大影响，并把"大包干"模式推向全国的应该说还是小岗村。包产到户的实行，不仅释放了小岗村农业生产的巨大潜力，而且也推广到全国，让全中国人的吃饭问题迅速得到解决。当然，包括当年小岗村在那张密约上摁下手印和图章的18位农民在内的所有人都不曾预料到，农村改革的星星之火会从那里迅猛地燃遍全国农村，中国改革的大幕会从那里正式揭开！

中国，一个最早萌发飞天梦想、一个最早发明和使用火箭的伟大民族，依靠自己的力量，终于实现了载人航天飞行的千年梦想——

# 日跃东方，叩启天穹

在 20 世纪，人类已进入"太空文明"时代。

浩瀚无际的太空，神秘辽阔的宇宙，有多少无穷的秘密等待着人类去探索和发现。

杨利伟

聂海胜、费俊龙

2003 年 10 月 16 日 6 时 23 分，苍茫的内蒙古草原敞开胸怀，深情地拥抱朝阳和在朝阳中缓缓降落的中国第一位航天员——杨利伟。

这次的成功发射，标志着中国成为继苏联（现由俄罗斯承继）和美国之后，世界上第三个有能力独自将自己的航天员送入太空并成功返回的国家。

这是中国人民在攀登世界科技高峰的征程上完成的又一个伟大壮举。

这是我国航天发展史上耸立的又一座里程碑。

这是我们在推进中国特色社会主义事业进程中取得的又一个辉煌成就。

这也是中国人民为世界航天事业做出的又一个重要贡献。

当"神舟"五号载人飞船在太空运行 14 圈、历时 21 小时 23 分、顺利完成各项预定操作任务重返神州，当飞天英雄杨利伟巡天归来，人类航天史也由此翻开了崭新的一页——探索太空的队伍中，又多了一支新生的力量！

这是我们中华民族的骄傲。

这是每个中华儿女的骄傲！

2005 年 10 月 17 日，在太空运行 76 圈、经过 115 小时 33 分钟太空飞行，费俊龙、聂海胜两名航天员乘坐的第二艘"神舟"六号载人飞船又顺利返回祖国怀抱。中国第一艘执行"多人多天"任务的"神舟"六号载人航天飞行的成功，标志着我国在发展载人航天技术、进行有人参与的空间实验活动方面取得了又一个具有里程碑意义的重大胜利！

2008 年 9 月 25 日，"神舟"七号载人飞船顺利升空，航天员为翟志刚、刘伯明、景海鹏。飞船在太空飞行 46 圈、历时 68 小时。27 日 16 时 35 分 12 秒，42 岁的翟志刚打开了"神舟"七号飞船轨道舱的舱门，在刘伯明的帮助下顺利出舱，迈出了中国人在太空的第一步！这标志着中国成为世界上继美国、俄罗斯之后，第三个独立掌握出舱活动关键技术的国家。为后面月球登陆和建立空间站，做了准备工作。

2011 年 9 月 29 日，中国第一个目标飞行器"天宫一号"发射成功。它的发射标志着中国迈入中国航天"三步走"战略的第二步第二阶段，即掌握空间交会对接技术及建立空间实验室，也被认为是中国空间站的起点。

2011 年 11 月 1 日，"神舟"八号无人飞船升空。升空后两天，"神八"与此前发射的"天宫一号"目标飞行器进行了两次自动对接工作，使中国成为继美国和俄罗斯之后，世界上第三个掌握完整的太空对接技术的国家。

2012 年 6 月 16 日 18 时 37 分，"神舟"九号飞船载着刘旺、刘洋和景海鹏三位航天员在酒泉卫星发射中心发射升空，刘洋成为中国首位女航天员。18 日约 11 时左右转入自主控制飞行，14 时左右与"天宫一号"实施两次自动交会对接，其中第二次是由航天员手动控制完成，这是中国实施的首次载人空间交会对接。三位航天员成功进入"天宫一号"内部，进行各种太空试验。

翟志刚、刘伯明、景海鹏

"神舟八号"与"天宫一号"对接

2013年6月11日17时38分，"神舟"十号飞船载着聂海胜、张晓光、王亚平三位航天员在酒泉卫星发射中心发射升空，23日10时07分，飞船与"天宫一号"成功实现手控交会对接，并按计划开展了相关科学实验，王亚平还作为我国第一位"太空教师"进行了太空授课。

刘洋、景海鹏、刘旺

克服了交会对接难关后，接下来要解决补加技术和再生式生命保证技术，实现2020年前后在太空中建成一个60吨级载人空间站的目标。

在华夏飞天之梦一步步成为现实的时候，让我们回顾一下中国航天事业所走过的光辉历程吧：

聂海胜、张晓光、王亚平

1956年3月，国务院制订了《一九五六年至一九六七年科学技术发展远景规划纲要（草案）》，其中提出要在12年内使中国喷气和火箭技术走上独立发展的道路。它标志着中国开始谋划发展独立的航天事业。

1958年1月，国防部制订了喷气与火箭技术十年(1958—1967)发展规划纲要。1957年10月苏联第一颗人造地球卫星发射之后，钱学森等一些著名科学家建议开展中国卫星工程的研究工作。

1958年4月，在甘肃酒泉开始兴建中国第一个运载火箭发射场，标志着中国航天第一个自主发射基地的诞生。

1960年2月19日，中国自行设计制造的试验型液体燃料探空火箭首次发射成功。这是中国研制航天运载火箭征程上的一次重大突破。

1965年，中央专门委员会批准第七机械工业部制订的1965—1972年运载火箭发展规划，标志着中国开始正式立项研制航天运载火箭。

1966年11月，"长征一号"运载火箭和"东方红一号"卫星开始立项研制。

1968年2月20日，中国空间技术研究院成立，专门负责研制各类人造卫星。

东方红一号

实践一号

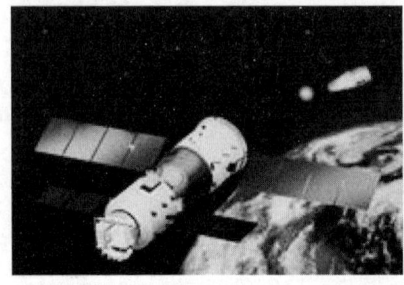

神舟飞船

1968 年 4 月 1 日，中国航天医学工程研究所成立，开始进行载人航天医学工程研究。

1970 年 4 月 24 日，"东方红一号"卫星在甘肃酒泉航天发射基地由"长征一号"火箭发射成功，美妙的"东方红"乐曲首次响彻太空。这是中国发射的第一颗人造卫星，使中国成为世界上继苏联（1957 年 10 月 4 日）、美国（1958 年 1 月 31 日）、法国（1965 年 11 月 26 日）和日本（1970 年 2 月 11 日）之后，第五个自主发射人造卫星的国家。

1971 年 3 月 3 日，中国发射了科学实验卫星"实践一号"。这是中国发射的第一颗科学试验卫星，卫星在预定轨道上工作了八年。此后又陆续发射了"实践二号""实践三号""实践四号"和"实践五号"，从而大大推进了中国空间科学的发展。

1975 年 11 月 26 日，中国发射了第一颗返回式遥感卫星，卫星按预定计划于当月 29 日返回地面。这使中国成为世界上继美国和苏联之后，第三个掌握人造卫星返回技术的国家。

1981 年 9 月 20 日，中国用一枚运载火箭发射了三颗科学实验卫星，这是中国第一次一箭多星发射，使中国成为世界上第三个掌握一箭多星发射技术的国家。

1990 年 7 月 16 日，"长征" 2 号捆绑式火箭首次在西昌发射成功，其低轨道运载能力达 9.2 吨，为发射中国载人航天器打下了基础。

1992 年 1 月，我国正式启动载人航天工程，命名为"921 工程"，这项工程后来被命名为"神舟"号飞船载人航天工程。

实际上，我国载人航天研究的历史可以追溯到 20 世纪的 70 年代。早在"东方红"一号上天之后，当时的国防部五院院长钱学森就曾提出，中国要搞自己的载人航天。当时，国家把这个项目命名为"714 工程"，并把飞船命名为"曙光"一号。但是，由于综合国力、工业基础的薄弱，这一项目最终下马。

然而，"神舟"号飞船已分别于 1999 年 11 月 20 日、2001 年 1 月 10 日、2002 年 3 月 25 日和 2002 年 12 月 29 日成功地进行了四次无人试验发射，首次载人航天、实现中国人"飞天"梦想的夙愿已是指日可待……

从"嫦娥奔月"神话到莫高窟壁画的"飞天"，蕴涵着中华民族几千年的丰富瑰丽的想象。

从"两弹一星"奇迹到"神舟"系列飞船的功勋，承载着几代中国人对国家富强的美好期待和对世界和平的善良愿望。

从 1999 年 11 月 20 日"神舟"一号飞船飞向茫茫太空，到"神舟"五号飞船首次载人飞行大获成功，再到"神舟"六号、七号、八号和九号飞船的胜利归来，中国的载人航天事业留下了清晰而坚定的足迹。

中国人一飞冲天，一鸣惊人，将使太空世界更加波澜壮阔，绚丽多姿；中国航天科技工作者的载人航天精神，将在人类和平与进步的史册上永放光芒！

回眸从"两弹一星"到载人航天所走过的不平凡历程，一次次托举起我们这个民族尊严与自豪的是这样一种精神：爱国、奉献，自强、创新，团结、协同。广大航天科技工作者不负党和人民的重托，满怀为国争光的雄心壮志，自强不息，顽强拼搏，团结协作，开拓创新，表现出"特别能吃苦，特别能战斗，特别能攻关，特别能奉献"的载人航天精神。

在当下这个诱惑与选择都已是多元的时代，他们不计名利、得失，年复一年默默无闻地辛勤工作，毫无保留地奉献着自己的青春、汗水、智慧甚至是宝贵的生命。直到今天，虽然载人航天飞行已经成功，当鲜花和掌声潮涌般到来时，我们仍然不会知道绝大多数航天人的名字。

十年磨一剑，奋斗铸辉煌。

我们不会忘记：新中国成立以来，在党中央正确决策和指挥下，广大航天工作者艰苦创业，不懈奋斗，为发展我国航天事业建立的丰功伟绩。

　　我们不会忘记：中国载人航天工程实施以来，参加工程研制、建设和试验的航天人牢记党和人民的重托，勇敢地肩负起攀登航天科技高峰的神圣使命，以惊人的毅力和勇气，战胜各种难以想象的困难，创造了非凡的人间奇迹，必将载入中华民族的光辉史册！

　　我国载人航天飞行圆满成功，是中国人民在攀登世界科技高峰征程中的一个伟大壮举。中国航天人在这让全世界瞩目和震撼的宏大工程中铸就的"特别能吃苦、特别能战斗、特别能攻关、特别能奉献"的载人航天精神，为我们伟大的民族精神又增添了一笔宝贵财富。它将同"井冈山精神""长征精神""延安精神""两弹一星"等精神一样，永耀中华民族史册！

　　载人航天飞行的成功，标志着中国航天技术和国防科技工业取得了新的重大突破，整体科技水平实现了新的历史性跨越。航天事业作为高新科技综合集成的国防科技事业，集中反映着一个国家的整体科技水平。"神舟"系列飞船的成功发射和回收，中国载人航天工程由无人飞行进入载人航天飞行阶段，使我国航天技术实现了一次重大突破，标志着中国人民在攀登世界科技高峰的征程中又迈出了具有历史意义的一步。以载人航天为龙头，信息技术、材料科学、生命科学、空间科学等新兴高科技得到了快速发展，我国科技的整体水平也得到了进一步提高。

　　载人航天飞行的成功，进一步增强了中国的综合国力，提高了中国的国际地位。当今世界，国家之间的竞争体现为综合国力的竞争。航天高科技是综合国力的重要

一年磨一剑

组成部分，多学科集成的载人航天工程作为当今航天技术领域的前沿，成为世界强国竞相抢占的科技制高点。首次载人航天飞行成功，使中国成为继前苏联和美国之后第三个独立自主地完整掌握载人航天技术的国家，中国的国际威望和大国地位显著提高。

载人航天飞行的成功，大大激发了中华民族的自豪感和凝聚力，为实现中华民族在 21 世纪的伟大复兴而努力奋斗。航天事业是一项振奋人心的攀登科技高峰的事业，载人航天工程是迄今为止中国航天史上规模最大、系统最复杂、技术难度最高的一项国家重点工程。载人航天飞行的圆满成功，进一步激发了中华民族开创美好未来、实现伟大复兴"中国梦"的信心和决心，中国人完全有能力独立自主地攻克任何尖端技术，有能力在世界高科技领域大展宏图，有能力以辉煌的成就，为人类作出更大的贡献。

载人航天飞行的成功，为中国探索太空事业进一步发展奠定了坚实基础。载人航天工程在多方面取得了重要成果：突破了大量的关键技术，大大提高了中国航天科技水平；建设并完善了一批先进性与实用性兼备、适应中国航天事业持续发展需要的载人航天工程设施；培养了一支德才兼备、素质精良的科技与管理人才队伍；丰富和发展了中国大型航天工程的管理经验，探索了一条具有中国特色的载人航天发展之路。

从进军"两弹一星"到载人航天飞行成功，四十五年风雨，弹指一挥间。

四十五载年轮，印下了中国尖端科技事业所经历的坎坷与辉煌，载录着一个民族在历史大跨越中的自强、自信与自豪。

载人航天是规模宏大、高度集成的现代化系统工程，由航天员、飞船应用、载人飞船、运载火箭、发射场、测控通信、着陆场等七大系统组成，涉及航空、船舶、兵器、机械、电子、化工、冶金、纺织、建筑等多个领域和有关省市区，汇聚了全国 110 多个研究院所、3000 多个协作配套单位和几十万工作人员，形成了空前规模的社会主义大协作体系。习近平总书记在谈到推进科技体制改革问题时指出："我们要注意一个问题，就是我国社会主义制度能够集中力量办大事是我们成就事业的重要法宝。我国很多重大科技成果都是依靠这个法宝搞出来的，千万不能丢了！"

参加工程研制建设的各地区、各方面、各部门、各单位同心同德、群策群力，大力协同、密切配合，保证了载人航天工程的高效运行。

它突破了一系列关键技术，使中国在世界高科技领域占有了一席之地；

它带动了一大批相关产业，推动了经济和社会的发展进步；

它培养、造就、锤炼了一支能创新、能吃苦、能协作的高素质高技术人才队伍，为我国航天事业实现新的突破积蓄了强大的发展后劲……

四十五度春秋，从"两弹一星"到载人航天，航天人创造了一个又一个人间奇迹，铸就了民族精神的丰碑。

他们让我们感到无比的自豪和骄傲。

让我们永远铭记他们的成就和功绩！

**链接**：中华民族，是一个极富想象力的民族，很早就有飞天的梦想，也留下了许多飞天的神话传说。万户，就是其中一位佚名的传奇人物。

国际天文学联合会月面形态命名报告中称："万户在 14 世纪末发明了可操纵的火箭推进装置，试验用 47 支巨型火箭载人飞向天空，不幸在试验中罹难。"这份报告的依据是 20 世纪 50 年代英国出版的《火箭与喷气》一书。书中引用了这个驾火箭想飞天的故事，并附有一幅插图。该书作者称，万户是"世界上第一个试图利用火箭作飞行的人"。

万户飞天图

据记载，14 世纪末期，曾有一位明代军事技术家万户在飞行器（其实是张椅子）底部装了 47 只火箭筒，利用总引火线串联，并在两旁装上大风筝，自己坐在椅子上，双手拿着大风筝，以此在空中滑翔。他将自己绑在飞行器的座椅上，命

人点燃火箭。一声轰鸣，万户在火焰和气流中急速升空，不久即在烟雾中消失。他希望借助火箭的推力拔地而起，再利用风筝的浮力，在空中作短时间滑翔，然后利用风筝平稳着陆。

万户在国外备受重视，而国内却鲜为人知。我国古代在火药、火器与火箭技术方面素有悠久而光辉的历史，中华大地乃是火药、原始飞弹和多级火箭（古代叫飞空砂筒）的故乡。因此，到14世纪末，万户用47支巨型火箭进行载人飞行是不足为怪的。遗憾的是，万户的故事仅见于国外书刊，国内尚未找到相关的史籍记载。

以现代的眼光看，万户的行动可以说是很创新大胆，但也没考虑自身安全，所以飞行了几百米便机毁人亡。实际上，美国《文明》杂志曾介绍过美国火箭学家赫伯特·基姆（Herbert Zim）早在1945年出版的《Rockets and Jets》一书中，就提到了"万户飞天"的事迹，更说万户是"尝试利用火箭作为交通工具的第一人"，将他的壮举称为"首次进行火箭飞行的尝试"。

基姆的著作被清华大学教授刘仙洲翻译为中文，从此"万户飞天"的故事便得到广泛引用；后来在德国、英国、俄罗斯等国的火箭专家的著作中，也常提及此事。因此，万户可以说是人类航天的先锋，他的首次火箭载人飞行尝试虽然不成功，更因而壮烈牺牲，但其技术设想也有划时代意义，所以受到近代火箭学家及航天技术专家的肯定及称颂。

当美国航天员登陆月球，并绘出月球的地图后，美国科学家将月球背面的一个环形山以Wang Hu（即万户的英文名）命名，以表扬他对人类航天研究的贡献，使这位中国人的名字与世界著名天体学家伽利略等人的名字一同出现在月球地图上，作为永久纪念。

2008 年 5 月 12 日，一场突如其来的特大地震降临四川省阿坝藏族羌族自治州汶川县一带——

# 汶川大地震：中国力量大凝聚

2008 年 5 月 12 日 14 时 28 分，四川省阿坝藏族羌族自治州汶川县一带突然山崩地裂，一场特大地震突然降临！

这是新中国成立以来最大的一次地震，震级里氏 8.0 级，地震烈度 11 度，破坏面积超过 10 万平方公里！

瞬间破碎的家园，生死离别的家庭，废墟掩埋的生命，顿时揪紧了全国人民的心！

汶川大地震

我们看到，震后仅 18 分钟，解放军应急预案就紧急启动，国家也及时启动了最高级别应急预案；

我们看到，总书记在第一时间就发出了"尽快抢救伤员，保证灾区人民生命安全"的重要指示；

我们看到，大约两小时后，国务院总理、抗震救灾总指挥部总指挥温家宝便飞赴灾区一线亲临指挥；

我们看到，紧急抽调的解放军和武警官兵十多万大军争分夺秒、昼夜兼程，克服艰难险阻，向灾区挺进；

我们看到，医疗人员、中外专业搜救队伍、各种志愿者队伍以及大量救灾物资，从全国各地涌向灾区；

我们看到，国务院公告：2008 年 5 月 19 日至 21 日为全国哀悼日。2008 年 5 月 19 日 14 时 28 分，国旗低垂，汽笛长鸣，山河齐哀，举国同悲，13 亿中华儿女为大地震遇难同胞默哀 3 分钟；

我们看到，全国人民纷纷捐款捐物献血，向灾区人民奉献自己的爱心……

这次抗震救灾，就是以人为本的一次生动体现！

截至 5 月 18 日 12 时，军队和武警共出动救灾人员 113080 人，救灾飞机 1069 架次，救灾专列 92 列，全军在救灾过程中动用大型运输车、吊车、冲锋舟等各型装备 11 万台（件），派出医疗队、防疫队等 115 支，调运各类物资 7.8 吨，从废墟中救出被埋人员 21566 人，救治伤员 34051 人，转移安置灾民 205370 人，抢修道路 557 公里。

在这次汶川大地震中，涌现出许许多多优秀的共产党员，他们的先进事迹，感动着全国人民。

廖凯　　　　　　　　　蒋敏　　　　　　　　　谭千秋

蒋敏，一名普普通通的女警官。在得知 10 位亲人遇难的情况下，她忍着巨大的悲痛坚守岗位，虽多次昏倒在抢险救援现场却坚持战斗在抗灾第一线，被誉为"全国最坚强警花"；

廖凯，一名普普通通的乡党委书记。他从废墟中爬出后，迅速带领救援组赶到伤亡惨重的北川中学，成功救出 200 多人；

谭千秋，一名普普通通的中学教师。他以自己的生命换取 4 名学生的行动，向人们展现了一位人类灵魂工程师的高尚灵魂；

刘刚文，一名普普通通的农村党员。地震后，"不要慌，我是党员，一切听我的指挥！"他红着双眼的一声喊，立即稳定了惊慌失措的群众。全村小组 135 人没有一个人落下，全部平安！

正是这些普普通通的党员，创造了抗震救灾的奇迹！

在灾区，共有 17500 多名副县级以上领导干部投身抗震救灾一线。哪里

铁军来了

灾情最严重、哪里危险最大、哪里困难最多，哪里就有领导干部的身影。

他们中，有不少人自己才刚刚从废墟里爬出来，有不少人失去了自己的亲人，有不少人还不知道自己亲人的下落，但是他们却义无反顾地先去抢救人民群众。

这些优秀的共产党人以自己的行动，向人们展示了冲锋在前、舍小家顾大家的高尚品质。

这些优秀的共产党人以自己的行动，向人们表明了他们就是中国共产党唯一宗旨的忠实执行者。

这些优秀的共产党人以自己的行动，向人们诠释了"为人民服务"的真谛。

全心全意为人民服务的精髓，在他们身上得到了实在而完美的体现！

**链接**：当时的俄新社报道："我们知道，一个总理能在两小时就飞赴灾区的国家，一个能够出动十万救援人员的国家，一个企业和私人捐款达到数百亿的国家，一个因争相献血、志愿抢救伤员而造成交通堵塞的国家，永远不会被打垮。"对比而言，卡里亚娜飓风于 2005 年 8 月 29 日登陆美国新奥尔良，布什总统 8 月 31 日才坐空军一号在天上转了半个小时"视察"灾区。

北京时间 2013 年 4 月 20 日 8 点 02 分，四川省雅安市芦山县又发生了一场 7.0 级的大地震。震源深度为 13 公里，震中距成都约 100 公里，成都、重庆及陕西的宝鸡、汉中、安康等地均有较强震感。

据雅安市政府应急办通报，震中芦山县龙门乡 99% 以上房屋垮塌，卫生院、住院部停止工作，停水停电。截至 2013 年 4 月 24 日 10 时，共发生余震 4045 次，3 级以上余震 103 次，最大余震 5.7 级。受灾人口 152 万，受灾面积 12500 平方公里。据中国地震局网站消息，截至 4 月 24 日 14 时 30 分，地震共计造成 196 人死亡，失踪 21 人，11470 人受伤。

地震发生后，第一时间启动应急预案，紧急集结、迅速挺进、全面救援……在党中央统一领导、统一指挥、统一部署下，抗震救灾战斗迅速打响。

赶赴灾区

国务院召开抗震救灾紧急会议，迅速成立抗震救灾指挥部，根据国家抗震救灾应急预案启动抗震救灾一级响应机制，一个个灾情信息、一项项救灾进展不断汇总而至，一项项果断决策、一道道及时指令随即传出落实……

灾情就是命令，时间就是生命！

8时03分，震后1分钟，中国地震局发布自动地震速报信息；

8时16分，发布正式地震速报信息；

8时20分启动地震应急Ⅰ级响应。

震后1小时内，公安部、民政部、国家卫生计生委、交通运输部等迅速启动应急响应机制，救灾指挥系统各相关部门全部到位。

强震发生仅仅10分钟，成都军区及四川省军区抗震救灾指挥部同时成立；约2000人的救援队伍随即奔赴芦山，武警四川总队所属官兵就近展开救援。

同一时刻，中国国际救援队通过官方微博，呼吁灾区尚有手机信号的群众"快快告诉我们您的位置、震感和看到的破坏情况"，成为第一个发声的专业救援组织；

8点29分，壹基金也通过官方微博宣布，正在联系其设在四川当地的志愿者组织，了解灾情，随时准备行动；

8点30分，武警四川总队出动1200人赶赴灾区；

8点40分，四川省地震灾害紧急救援队、四川省应急救援总队赶赴雅安灾区；

地震发生整整一小时，第一张震区航拍图片已经发布……

如此快速、多方面的反应，不仅远远超过汶川地震的应急响应水平，也是历次重大自然灾害中所未有过的！

当天上午 11 点，中国国家地震局把先前启动的地震三级应急响应，调整为一级。按照国家相关规定的标准，此时芦山地震已知的一些数据尚不满足启动一级应急响应的条件，属于破例而为。

更重要的是，芦山抗震救灾建立起了统一高效的调度指挥机制。在党中央统一领导和部署下，在国务院抗震救灾指挥部直接指挥下，四川省统一领导、统筹安排，国务院各有关部门分工负责、密切配合，地方、军队、武警、中央部门等各方救援力量明确分工，落实责任，形成了大力协同、密切合作的机制。

有关方面在道路管理、通讯保障等方面的进步，也显而易见。汶川地震的最初几天，交通管理很混乱，这次的芦山救灾，开通了绿色通道，第一天是生命的绿色通道，第二天才开通救灾物资的绿色通道，显得更为有序。

面对突如其来的强震，立党为公、执政为民理念再一次化为有力行动，党中央沉着应对、科学指挥，广大党员舍生忘死、冲锋在前。

"党旗飘起来，党徽亮出来，党员站出来"，临时安置点上，随处可见佩戴袖标的党员身影。

在雅安大地上，5100 多支党员突击队、8 万余名党员冲锋在前。震后 20 多个小时，灾区基层党组织和广大党员干部实现逐村逐户搜救，从废墟中救出 320 多人。

这一切再次证明，中国共产党是中国人民的主心骨，是战胜一切艰难险阻的坚强领导核心！

这一切也印证了中国共产党以人为本、执政为民的理念，展现了一种制度协同整合、高效应急的优势，见证了一个国家举国携手、握指成拳的巨大力量！

习近平同志 2013 年 5 月 21 日至 23 日在四川芦山地震灾区看望慰问受灾群众时强调，芦山强烈地震抢险救援阶段工作取得重大胜利，抗震救灾任务仍然十分艰巨，要继续全力救治伤员，妥善安置受灾群众，科学布局灾后恢复重建。

2013 年 9 月，习近平主席在哈萨克斯坦纳扎尔巴耶夫大学演讲时倡议用新的合作模式，共同建设丝绸之路经济带。同年 10 月，习近平主席在访问印尼期间，又提出构建 21 世纪海上丝绸之路的倡议——

# "一带一路"：合作共赢的宏伟蓝图

"一带一路"倡议的提出，对密切我国同中亚、南亚、西亚周边国家以及欧亚国家之间的经济贸易关系，深化区域多层次的交流合作，维护周边环境，无疑都具有重大意义。

一带，指的是"丝绸之路经济带"，是在陆地。它有三个走向，从中国出发，一是经中亚、俄罗斯到达欧洲；二是经中亚、西亚至波斯湾、地中海；三是中国到东南亚、南亚、印度洋。"一路"，指的是"21 世纪海上丝绸之路"，重点方向是两条，一是从中国沿海港口过南海到印度洋，延伸至欧洲；二是从中国沿海港口过南海到南太平洋。

丝绸之路经济带延展的欧亚大陆包含四大区域，即中亚、南亚、西亚和中东欧国家。其中南亚是丝绸之路经济带和 21 世纪海上丝绸之路的交会部。未来在这四个区域将会形成"四个支点、四个辐射面和四条路径"即以上海合作组织为支点，辐射独联体国家；以中巴经济走廊和孟中印缅经济走廊为支点，辐射南亚国家；以海合会为支点，辐射西亚国家；以《中国—中东欧国家合作布加勒斯特纲要》为核心，辐射中东欧国家。在这四大区域中，中亚地区为核心区，南亚地区为紧密区，西亚地区为延伸区，中东欧地区为拓展区。

丝绸之路经济带涵盖中亚、南亚、西亚和欧洲的部分地区，连接亚洲和欧洲两大经济圈。该区域包含 50 多个国家，人口总计 36.3 亿，占

新丝绸之路

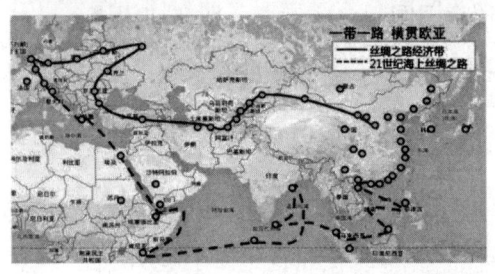

"一带一路"战略构想

全球人口总量的 51.4%，2013 年 GDP 总计 19.7 亿美元，占全世界 GDP 总额的 27%，与我国的贸易额为 5138.3 亿美元，占同期中国对外贸易进出口总额的 12.4%，是世界上最具发展潜力的经济带。

事实上，冷战结束后，构建新丝绸之路的设想和倡议就多次被多国所提及。例如，吉尔吉斯斯坦早在 1998 年就提出了"丝绸之路外交构想"；中亚国家曾多次提出复兴伟大的丝绸之路；俄罗斯近些年来屡次提出建立欧亚统一空间的设想；美国 2011 年 10 月也提出将其中亚、南亚政策统一命名为新丝绸之路战略。但相比之下，我国提出的"一带一路"构想计划更详，范围更广，涉及的国家和地区更多，受益面也更大。因此，我国提出的"一带一路"战略构想不仅受到中亚各国的积极响应，同时也受到上海合作组织成员国及观察国、联合国与欧盟等国际组织的赞扬和响应。因为它的提出，顺应了世界多极化、经济全球化、文化多样化以及社会信息化这一发展大潮流。

对我国而言，"一带一路"的构想是一个引领和深化未来我国西部大开发、构建全方位开放新格局的重大战略举措。西部地区拥有我国 72% 的国土面积、27% 的人口，与 13 个国家接壤，陆路边境线长达 1.85 万公里。然而整个西部地区对外贸易的总量却只占全国的 6%，利用外资和对外投资所占的比重不足 10%。而"丝绸之路经济带"的核心区域大体包括上海合作组织 6 个成员国、5 个观察国和欧亚经济共同体国家，总人口近 30 亿。因此，"一带一路"战略构想的实施，不仅将使我国西部地区与中亚、南亚、西亚的贸易往来和经济合作得到进一步加强，我国的西南、西北及东北将会由腹地变为开放的前沿，而且通过"一带一路"的建设，有利于我国形成陆海统筹、东西互济的全方位对外开放的新格局。例如，目前我国至欧洲的货物通过苏伊士运河的海路运输需要走 45 天。据估算，从我国连云港到荷兰的阿姆斯特丹，如果通过丝绸之路，运输距离可比海运缩短 9000 多公里，时间缩短近 1 个月，运费节约近 1/4。

对我国紧邻区域而言，"一带一路"的构想符合上海合作组织框架下区域经济合作发展的新方向。作为上海合作组织的成员国，无论是中国，还是俄罗斯、中亚国家，都面临着加快发展经济的重大任务，区域经济合作是该组织元首峰会和总理会议的重要议题，而丝绸之路经济带与欧亚经济共同体存在一定的互补性。尤其是双方大都处于丝绸之路经济带之间，有关国家通过丝绸之路经济带的建设从中获得更大的发展空间。

对国际社会而言，"一带一路"的构想体现了合作共赢的新理念和新模式。通过"一带一路"的建设，可以使亚洲、欧洲、非洲乃至世界各国的经济联系更加紧密，相互合作更加深入，发展空间更加广阔，对提升世界经济发展繁荣与和平进步具有重大而深远的意义。也必将成为一项造福于世界各国人民的伟大事业。

如今，我国提出构建并推动"一带一路"的倡议，体现了中国对欧亚非三大洲进行广泛交流与合作的博大胸怀，具有丰厚的历史积淀性和延续性。这不仅有利于推动中国自身的发展，使古老的丝绸之路重新焕发生机，而且惠及世界各国人民。目前，我国已是世界第二大经济体，经过 30

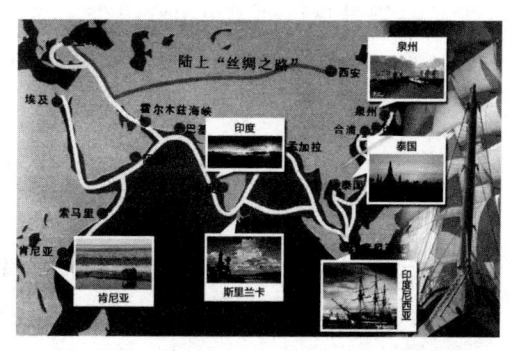

21 世纪海上丝绸之路

多年的对外开放，我们多边合作的经验越来越丰富，已经具备了在世界多边舞台上发出更多的声音、引导多边合作的能力。同时，欧亚大陆上的许多国家也都希望借中国的"东风"发展经济，准备与中国开展更加紧密的经济合作，这也为"丝绸之路"的全面复兴创造了良好的条件。

2015 年 3 月 28 日，国家发展改革委、外交部、商务部联合发布了《推动共建丝绸之路经济带和 21 世纪海上丝绸之路的愿景与行动》的纲领性文

亚欧大陆桥示意图

件，标志着"一带一路"顶层设计方案的正式出台。愿景与行动共分为以下几个部分：一、时代背景；二、共建原则；三、框架思路；四、合作重点；五、合作机制；六、中国各地方开放态势；七、中国积极行动、共创美好未来。透过这份愿景与行动，可以清晰地看到"一带一路"给中国、沿线国家和百姓带来的实实在在的利益。

——愿景与行动提出了"一带一路"的合作方向。丝绸之路经济带重点畅通中国经中亚、俄罗斯至欧洲（波罗的海）；中国经中亚、西亚至波斯湾、地中海；中国至东南亚、南亚、印度洋。21 世纪海上丝绸之路重点方向是从中国沿海港口过南海到印度洋，延伸至欧洲；从中国沿海港口过南海到南太平洋。

——愿景与行动提出了共建国际大通道和经济走廊。陆上依托国际大通道，共同打造新亚欧大陆桥、中蒙俄、中国—中亚—西亚、中国—中南半岛等国际经济合作走廊；海上以重点港口为节点，共同建设通畅安全高效的运输大通道，中巴、孟中印缅两个经济走廊与推进"一带一路"建设关联紧密，要进一步推动合作，取得更大进展。

——愿景与行动提出了各省份在一带一路规划中的定位。其中，新疆被定位为丝绸之路经济带核心区，福建则被定位为 21 世纪海上丝绸之路核心区。

就国内布局而言，西北和西南地区要发挥新疆独特的区位优势和向西开放重要窗口作用，打造丝绸之路经济带核心区；打造西安内陆型改革开放新高地，加快兰州、西宁开发开放，推进宁夏内陆开放型经济试验区建设；发挥内蒙古联通俄蒙的区位优势，完善黑龙江对俄铁路通道和区域铁路网，以及黑龙江、吉林、辽宁与俄远东地区陆海联运合作，建设向北开放的重要窗口。

西南地区要发挥广西与东盟国家陆海相邻的独特优势，形成 21 世纪海上丝绸之路与丝绸之路经济带有机衔接的重要门户；发挥云南区位优势，建设成为面向南亚、东南亚的辐射中心；推进西藏与尼泊尔等国家边境贸易和旅游文化合作。

沿海和港澳台地区要支持福建建设 21 世纪海上丝绸之路核心区；打造粤港澳大湾区；发挥海外侨胞以及香港、澳门特别行政区独特优势作用，积极参与和助力"一带一路"建设；为台湾地区参与"一带一路"建设作出妥善安排。

内陆地区要打造重庆西部开发开放重要支撑和成都、郑州、武汉、长沙、南昌、合肥等内陆开放型经济高地；打造"中欧班列"品牌，建设沟通境内外、连接东中西的运输通道。

中国是世界第二大经济体，也是一个制造大国。而亚洲有 40 亿人口，非洲有 10 亿人口，拉美有 5 亿人口，因此市场潜力非常巨大。据外界预计，"一带一路"战略将产生 21 万亿美元的经济规模。仅仅在公路、铁路、港口、油管、桥梁、输电网路、光缆传输等基础设施的互联互通上，就将衍生出庞大的商机。特别是中国经济发展已经进入新常态，将继续给包括亚洲国家在内的世界各国提供更多市场、增长、投资和合作的机遇。未来 5 年，中国进口商品将超过 10 万亿美元，对外投资将超过 5000 亿美元，出境旅游人数将超过 5 亿人次。

目前，已有 60 多个国家表示愿意参与"一带一路"的建设，并以多种形式与我国探讨、落实一些共建的方法和途径。这些国家的总人口约 44 亿，经济总量约 21 万亿美元，分别约占全球的 63% 和 29%。随着合作的深入，"一带一路"将有可能成为世界

繁忙的港口

21世纪海上丝绸之路示意图

上跨度最长的经济大走廊。在这条经济走廊上，2014年中国与沿线国家的货物贸易额达到1.12万亿美元，占我国货物贸易总额的1/4。而未来10年，这个数字将翻一番，突破2.5万亿美元。数字翻番，带来的将是更大的市场空间，更多的就业机会和更广的合作领域。一带一路的沿线国家，也将形成更加紧密的利益共同体、命运共同体和责任共同体。

到2016年底，我国出资400亿美元设立的丝路基金，已经顺利启动；倡导成立1000亿美金的亚洲基础设施投资银行，成员已达80多个国家和地区，遍及亚洲、欧洲、非洲、南美洲和大洋洲，在全球范围内掀起一股"亚投行热"。

习近平总书记强调指出："为了使我们欧亚各国经济联系更加紧密、相互合作更加深入、发展空间更加广阔，我们可以用创新的合作模式，共同建设'丝绸之路经济带'。这是一项造福沿途各国人民的大事业。"他还强调，"东南亚地区自古以来就是'海上丝绸之路'的重要枢纽，中国愿同东盟国家加强海上合作，使用好中国政府设立的中国—东盟海上合作基金，发展好海洋合作伙伴关系，共同建设21世纪'海上丝绸之路'"。

可以预见的是，"一带一路"这一合作共赢的宏伟蓝图必将在我国人民和世界各国人民的共同努力下得以实现！

---

　　**链接**：我国是历史上第一个发明丝绸的国家。它的发明与应用，极大地丰富了人们的物质文化生活，是我国古代人民对人类文明的重大贡献之一。

　　远在有历史记载以前，我国就已发明了养蚕技术。1977年，在浙江余姚的河姆渡遗址中，考古学家挖掘出一个骨制盅。人们惊奇地发现，盅上刻制有4条形态逼真的蚕纹，蚕的头部和身上的横节纹历历在目。这就说明早在7000年前，河姆渡人就开始注意养蚕了。1958年，在浙江吴兴钱山漾新石器时代遗址下层，已发现由家蚕丝织成的绢片、丝带和丝线，说明古籍中"伏羲氏化蚕""嫘祖教民养取丝"的传说是有据可考的。

河姆渡遗址

在公元前16至公元前11世纪的商代，我国种桑、养蚕、缫丝、织绸的技术，已有很大的发展，成为一项取得重大成就的手工业。那时的人不但会织平纹的很细的绢，而且还能织菱形方格的绢。我国从商代就有官办的丝绸作坊，周代的统治者设有专职的官吏"上丝"管理丝织。周代人还能控制丝支的粗细，并能把丝加以捻紧，然后织成绉织物，说明了当时缫丝技术已有高度发展。

到了汉代，在长安设有专供皇家纺织的"东西二织室"，并在河南、山东、四川等丝绸的产区设立国家的工官，给皇帝收集丝绸锦缎，统治者骄奢淫逸的生活，甚至连犬马都以锦为衣。隋唐以后，官办的丝织生产规模更大。

在人类历史上，曾经有过漫长的农业文明全球化进程，而主导这一历史进程的正是中国。当时，中国与西方世界的交流有两条通道，一条在内陆，一条在海上。

通常以为丝绸之路开辟于西汉张骞出使西域之后，事实上早在春秋战国时期就已经形成了。春秋战国时期，丝织业更是有了长足的进步，这时丝织物开始成批地向外推销。从汉代起，中国的丝绸不断大批地运往国外，成为世界闻名的产品。从中亚西北迁到黑海西北的塞人部落，通过他们的游牧方式，在公元前6到5世纪，在中国和希腊城邦之间充当了最古老的丝绸贸易商，他们开辟的从天山北麓通往中亚细亚和南俄罗斯的道路，形成了最早的丝绸之路。阿尔泰地区出土的公元前5世纪贵族石顶巨墓中的

养蚕缫丝

克里奥帕特拉　　　　恺撒

有花纹的斜纹绮和有刺绣的平纹绸，均来自中国内地。而在丝路西端的希腊，其雕刻和绘画中人像的衣着质料，在当时只有中国才能制造，亦可作为佐证。

中国丝绸在罗马帝国深受欢迎。据记载，恺撒大帝和被称为埃及艳后的克里奥帕特拉都喜欢穿中国的丝绸。开始丝绸的价格很贵，每磅竟然高达黄金12两！后来由于销售日增，以至平民百姓也纷纷穿起了丝绸。据西方史书记载，罗马人第一次见到丝绸是在公元前53年。与恺撒并称罗马"三巨头"的克拉苏出征东方，与西亚的帕提亚王朝开战。在著名的卡雷战役中，帕提亚人突然展开鲜艳的军旗，在明晃晃的太阳底下挥舞着。旗子耀眼刺目，晃得罗马人军心大乱，仓皇溃逃，克拉苏本人也死于此役。据考证，那些鲜艳的旗子就是罗马人以前从未见过的丝绸。

张骞

帕提亚位于波斯地区，与中国的交往始于张骞通西域。公元前138年到119年，为了联合大月氏共同抗击匈奴，张骞奉汉武帝之命，从长安出发，经河西走廊和新疆境内两通西域。他本人并没有到过帕提亚，但他派的副使去过。从此丝绸作为昂贵的国礼之一和重要的贸易商品进入西亚。皇帝的馈赠和民间的交换带来了丝绸之路最初的繁荣。很快，各国陆续派使前来汉朝建立关系，中国的丝绸也开始源源不断地通过中亚、西亚销往欧洲。

李希霍芬　　　　查士丁尼

那时从中国到西方去的大路，被欧洲人称为"丝绸之路"，中国也被称之为"丝国"。"丝绸之路"的概念最早是由德国地理学家、东方学家李希霍芬1877年在其巨著《中国》的首卷中，首次将"自公元114年至公元127年间连接中国与河中以及印度的丝绸贸易的西域道路"称为"丝绸之路"，从此这一概念广为传播。它指的是中国古代和中世纪从黄河流域和长江流域经由印度、中亚通往南亚、西亚以及欧洲、北非，以丝绸为主要媒介的贸易交往通道，由于这条路西运的货物中以丝绸制品的影响最大，故得名"丝绸之路"，简称"丝路"。最初，"丝绸之路"只是指从中国长安出发，横贯亚洲，进而连接非洲、欧洲的陆路通道。其后，"丝绸之路"的含义被不断扩大，被人们看作是东西方政治、经济、文化交流的桥梁。

但是，中国人虽然将丝绸卖到西方，却一直严守丝绸生产技术的秘密。直到552年，居住在君士坦丁堡的拜占庭帝国皇帝查士丁尼获得了一批走私丝绸及技术。后来，阿拉伯人得到了制丝技术，并加以发展，丝绸技术才慢慢地在近东地区流传开来。

"草原丝绸之路"起点张家口

西北丝绸之路

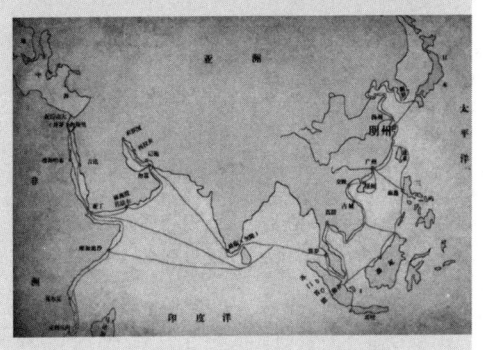

古代海上丝绸之路路线图

千年丝路输送的不仅仅是丝绸，往来的也不仅仅是贸易，还承载着来自不同国度和民族的人的情感与文化，是连接亚洲、欧洲和非洲三大洲之间的一条古代文明之路。这条由"西北丝绸之路""草原丝绸之路""西南丝绸之路"和"海上丝绸之路"组成的四通八达的"丝路"，在中外关系史上发挥了重要作用。到今天，"丝绸之路"几乎成了中西文化交流的代名词。

"西北丝绸之路"东起长安，经河西走廊到敦煌，从敦煌起分为南北两路：南路从敦煌经楼兰（今新疆若羌县境内）、于阗（今新疆和田）、莎车，穿越葱岭（今帕米尔高原）到安息（今伊朗），往西到达条支（今波斯湾）、大秦（罗马帝国及地中海东部沿岸地区）；北路从敦煌到交河（今新疆吐鲁番市境内）、龟兹（今新疆库车）、疏勒（今新疆喀什境内），穿越葱岭到大宛（今乌兹别克斯坦费尔干纳市），往西经安息到达大秦。汉武帝派张骞出使西域，形成了西北丝路的基本干道。汉魏隋唐的千余年间是西北丝路的全盛时期。通过这条通道，中国丝绸传入西亚和欧洲，中国的蚕种也传到了中亚细亚和欧洲。西亚、欧洲的商队也通过这条道路进入中国进行贸易。

"草原丝绸之路"是中国丝绸传入欧洲的第一条通道。它从蒙古高原到阿尔泰山，再经过准噶尔盆地，到哈萨克丘陵，或者直接由巴拉巴草原到黑海地区。它是一条由草原"草原丝绸之路"起点张家口游牧民族主导的东西方文化交流通道，将中国、波斯和希腊三个文化圈联系起来，促进了欧亚大陆东西两端的文化交流。

"西南丝绸之路"开辟更早，对中国历史影响颇大，长期以来却鲜为人知。1986年发掘的广汉三星堆遗址，证明此道上于殷商时期就有了商业往来，说明此路比西北丝绸之路要早得多。

"西南丝绸之路"是中国古代重要的商业道路，沿途生活着中国20多个民族。其起点是成都，分为灵关道、五尺道和永昌道3条，在叶榆（今云南大理境内）会合，行经保山、滇越（今腾冲）、掸国（今缅甸）至身毒（今印度），又称蜀身毒道。"西南丝绸之路"在战国时代就已经开发。张骞出使西域时，在大夏发现从身毒转贩而来的蜀布、邛竹杖，他向汉武帝报告后，元狩元年（前122年）汉武帝派张骞打通蜀身毒道。唐代这条商路更加兴旺发达。中国的丝绸、铁器、漆器从成都出发，沿着西南深山密林中的通道，输出到南亚、西亚以及欧洲，国内全程约3000公里。

"海上丝绸之路"是连接东西方的古代海上交通大动脉。"丝绸之路"的概念提出后，有些学者提出质疑，认为中国的丝绸不仅从陆路运往西方，而且也经由海道。法国汉学家沙畹在其所著《西突厥史料》中即提出，"丝绸之路有海陆两道"，将东西方的海上交通路线称之为"海上丝绸之路"。通过近百年来学者们的不懈努力，"海上丝绸之路"作为一个相对于"陆上丝绸之路"的独立概念被越来越多的人所认识并接受。

现在我们已经知道，早在先秦时期，岭南先民已经穿梭于南中国海乃至南太平洋沿岸及岛屿，当时的南越国以番禺（即今天的广州）和徐闻为主要贸易港口，输出漆器、陶器和丝织品等，输入珠玑、玳瑁和果品。

海上丝绸之路

春秋时期已经有了发达的造船术，当时的吴国就能够造出长 28 米、宽 3.6 米的大船。到东汉时，航船已使用风帆，罗马帝国（即大秦）的商人也第一次由海路到达广州进行贸易，而中国带有官方性质的商人亦到达了罗马。这标志着横

海底文物

贯亚、非、欧三大洲，且具有真正意义上的海上丝绸之路业已形成。

"海上丝绸之路"的兴起，在汉武帝灭掉南越国之后。从此，西汉的商人常出海贸易。在唐宋时期，由于西域战火不断，陆上丝绸之路被战争阻断，致使海上丝绸之路大兴。伴随着我国造船、航海技术的发展，我国通往高丽（即今天的朝鲜和韩国）、日本、东南亚、马六甲海峡、印度洋、红海及非洲大陆的航路纷纷开通。

古代海上丝绸之路主要包括南海起航线和东海起航线两条干线，它由中国沿海港出发，穿过东亚、东南亚、南亚、西亚至非洲东部，越印度洋，抵红海经陆路进入欧洲，或横渡黄海、东海，向东航行朝鲜半岛和日本，是古代中国与外国交通贸易和文化交往的海上大通道。通过"海上丝绸之路"，大量丝绸运往东南亚地区、阿拉伯国家以及北非一带，并通过那里再转运至欧洲各国。在隋、唐时运送的大宗货物是丝绸，到了宋、元，瓷器的出口便成为主流。各国商人也由海路来到中国，运输中国的瓷器、丝绸、

茶叶、漆器等到印度、罗马，也把西方的香料、宝石输入中国。

在元代，延续了唐宋时期海上丝绸之路的繁荣。从文献中可见，与中国交往的海外国家和地区多达 220 余个。元代还制定了堪称中国历史上第一部外贸管理法规——"至元法则"和"延祐法则"。

但是进入明清，海上丝绸之路却开始衰落了。明洪武三年（1370），为了抵制蕃货，政府发布了禁海令："不得擅出海与外国互市"。清朝康熙年间亦颁布"除东洋外不许与西洋等国贸易"等禁海令，乾隆以后实行"闭关锁国"政策，最终导致海上丝绸之路的一蹶不振。

不过，随着全球化时代的蓬勃发展，我国与古老的海上丝绸之路沿线国家和地区的文化与贸易往来仍然非常频繁。

# 结束语

中国有力量，源于在中华民族几千年绵延发展的历史长河中所积淀的厚重文化和内在的生生不息的强大生命力；

中国有力量，源于无数共产党人历经二十八载，前仆后继，为求得民族独立和人民解放所进行的可歌可泣的浴血奋战；

中国有力量，源于我们党历经六十多年的艰辛探索，找到了一条具有鲜明中国特色、明显制度优势、强大自我完善能力的先进制度——中国特色社会主义制度；

中国之所以有力量，源于我们党始终以社会主义核心价值观作为激励我国各族人民的自强不息的内在动力；

中国有力量，源于我们党把全国人民拧成一股绳，团结一心，众志成城，为实现两个一百年目标而共同奋斗。

中国有力量，中国力量不是"国强必霸"的负面力量，而是一种积极的力量，是世界和平的依靠力量。文化是一个民族的灵魂，是民族的血脉和基因。中华文化的核心是"仁""和"，儒家文化讲仁爱，道家文化讲自然，佛教文化讲善恶。正如习近平强调的那样："中华民族历来是爱好和平的民族，一直追求和传承和平、和睦、和谐的坚定理念。中华民族的血液中没有侵略他人、称霸世界的基因，中国人民不接受'国强必霸'的逻辑。"

习近平总书记满怀深情地勉励我们："站立在 960 万平方公里的广袤土地上，吸吮着中华民族漫长奋斗积累的文化养分，拥有 13 亿中国人民聚合的磅礴之力，我们走自己的路，具有无比广阔的舞台，具有无比深厚的历史底蕴，具有无比强大的前进定力。中国人民应该有这个信心，每一个中国人都应该有这个信心。"

习近平总书记从战略思想和战略布局的高度提出了全面建成小康社会、全面深化改革、全面依法治国、全面从严治党的"四个全面"的战略布局，为我国改革开放和社会主义现代化建设迈上新台阶提供了强力保障。

习近平总书记强调："上下同欲者胜。只要我们 13 亿多人民和衷共济，只要我们党永远同人民站在一起，大家撸起袖子加油干，我们就一定能够走好我们这一代人的长征路。"

战略布局已经定位，壮丽蓝图已经拟就，美好前景已经展现。

尽管我们知道，前面的道路不可能一帆风顺，拟好的蓝图不可能一蹴而就，美好的前景不可能唾手可得。但是我们坚信：

只要全国各族人民心往一处想，劲往一处使，凭借 13 亿人的智慧和凝聚起来的磅礴力量，当今世界就没有任何力量可以阻挡我们的前进步伐，近代以来中国人民梦寐以求的国家富强、民族复兴、人民幸福的"中国梦"的实现指日可待！

# 图书在版编目（CIP）数据

中国有力量：中华民族伟大复兴的大国气场 / 李江源编著．
-- 南昌：江西人民出版社，2017.1 (2018.11重印)

ISBN 978-7-210-08587-4

Ⅰ．①中… Ⅱ．①李… Ⅲ．①中国特色社会主义—社
会主义建设模式—研究 Ⅳ．① D616

中国版本图书馆 CIP 数据核字 (2016) 第 153456 号

**中国有力量：中华民族伟大复兴的大国气场**

李江源　编著

策划编辑：游道勤

责任编辑：王一木

出　　版：江西人民出版社

发　　行：各地新华书店

地　　址：江西省南昌市三经路 47 号附 1 号

编辑部电话：0791-88612505

发行部电话：0791-86898815

邮　　编：330006

网　　址：www.jxpph.com

E-mail:942867919@qq.com　web@jxpph.com

2017 年 1 月第 1 版　2018 年 11 月第 3 次印刷

开　　本：787 × 1092 毫米　1/16

印　　张：15.5

字　　数：300 千字

ISBN 978-7-210-08587-4

赣版权登字—01—2016—411

版权所有　侵权必究

定　　价：32.00 元

承 印 厂：南昌市红星印刷有限公司

赣人版图书凡属印刷、装订错误，请随时向承印厂调换